Collins easy learning

Irish
Verbs

A.J. Hughes

Ar eagraigh?

D'eagraíomar

Published by Collins
An imprint of HarperCollins Publishers
Westerhill Road
Bishopbriggs
Glasgow G64 2QT

Second Edition 2017

10 9 8 7 6 5 4 3 2 1

© HarperCollins Publishers 2011, 2017

ISBN 978-0-00-820709-0

Collins® is a registered trademark of
HarperCollins Publishers Limited

collins.co.uk/languagesupport

Typeset by Davidson Publishing Solutions,
Glasgow

Printed in Italy by GRAFICA VENETA S.p.A.

Acknowledgements
We would like to thank those authors and
publishers who kindly gave permission for
copyright material to be used in the Collins
Corpus. We would also like to thank Times
Newspapers Ltd for providing valuable data.

HarperCollins
PUBLISHERS
200
Since 1817

An tÚdar Tá an Dr Art Hughes, MA, MésL, PhD mar Stiúrthóir Cúrsa ar an Ghaeilge in Ollscoil Uladh Bhéal Feirste. Tá taithí 25 bliain ag an iarScoláire Fulbright seo i léachtóireacht na Gaeilge agus sa taighde in Éirinn, sa Fhrainc agus i Stáit Aontaithe Mheiriceá. De na 15 leabhar atá foilsithe aige, baineann sé cinn acu le haistriúcháin de nualitríocht na Gaeilge sa Bhéarla, sa Fhraincis agus sa Bhriotáinis. Tá cúig leabhar foilsithe fosta aige d'fhoghlaimeoirí na Gaeilge agus tá siad seo foilsithe ag Clólann Bheann Mhadagáin – tabhair cuairt ar an tsuíomh idirlín www.benmadiganpress.com.

The Author: Dr A.J. Hughes, MA, MésL, PhD is course Director for Irish language programmes in the University of Ulster at Belfast. This former Fulbright Scholar is an expert in Irish language and literature and has over 25 years of lecturing and researching on the subject in Ireland, France and USA. Of his 15 books to date, six have been translations of Irish literature into English, French and Breton. He has also published five books for learners and these have been published by Ben Madigan Press – see the website www.benmadiganpress.com.

MANAGING EDITOR
Maree Airlie

AUTHOR
Dr A.J. Hughes

FOR THE PUBLISHER
Gerry Breslin
Kerry Ferguson

CONTRIBUTOR
Gráinne Uí Dhuifinn

Clár

Contents

Abbreviations Noda

C	Connaught	**Cúige Chonnacht**
M	Munster	**Cúige Mumhan**
U	Ulster	**Cúige Uladh**
CO	Official Standard	**Caighdeán Oifigiúil**

aut.	autonomous	**saorbhriathar**
dep.	dependent form	**foirm spleách**
dial.	dialect	**canúint**
indep.	independent form	**foirm neamhspleách**
pl	plural	**uimhir iolra**
rel.	relative form	**foirm choibhneasta**
	in the independent	**neamhspleách**
sg	singular	**uimhir uatha**
var	variant	**leagan malartach**

Canúintí na Gaeilge
Irish Dialects

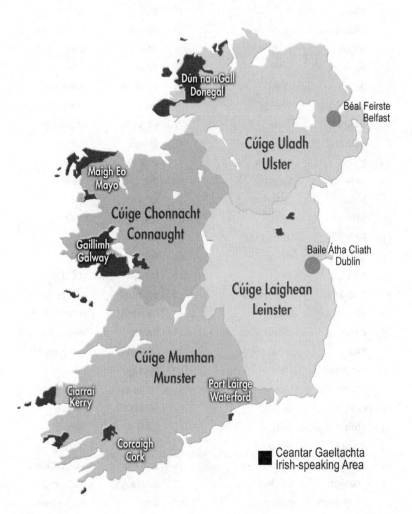

Dún na nGall
Donegal

Béal Feirste
Belfast

Cúige Uladh
Ulster

Maigh Eo
Mayo

Cúige Chonnacht
Connaught

Gaillimh
Galway

Baile Átha Cliath
Dublin

Cúige Laighean
Leinster

Cúige Mumhan
Munster

Port Láirge
Waterford

Ciarraí
Kerry

Corcaigh
Cork

Ceantar Gaeltachta
Irish-speaking Area

Na hEochairbhriathra

1	**abair**	say	31	**díol**	sell
2	**aithin**	recognise	32	**dírigh**	straighten
3	**aithris**	imitate	33	**dóigh**	burn
4	**amharc**	look	34	**druid**	close, shut
5	**at**	swell	35	**dúisigh**	wake up
6	**athraigh**	change	36	**dún**	close, shut
7	**báigh**	drown	37	**eagraigh**	organise
8	**bailigh**	gather	38	**éirigh**	get up
9	**bain**	cut, win	39	**éist**	listen
10	**beannaigh**	bless	40	**fág**	leave
11	**beir**	bear	41	**faigh**	get
12	**bí**	be	42	**fan**	wait
13	**is**	the copula	43	**fás**	grow
14	**bog**	move	44	**feic**	see
15	**bris**	break	45	**feoigh**	rot, decay
16	**brúigh**	press, push	46	**fiafraigh**	ask, enquire
17	**caill**	lose	47	**fill = pill** U	return
18	**caith**	spend, wear	48	**fliuch**	wet, soak
19	**cas**	twist, turn	49	**foghlaim**	learn, teach
20	**ceangail**	tie	50	**foilsigh**	publish
21	**ceannaigh**	buy	51	**freagair**	answer
22	**cloígh**	defeat	52	**freastail**	attend
23	**clois = cluin** U	hear	53	**géill**	yield
24	**codail**	sleep	54	**glan**	clean
25	**coinnigh**	keep	55	**goirtigh**	salt, pickle
26	**cruaigh**	harden	56	**gortaigh**	hurt, injure
27	**cruinnigh**	collect	57	**iarr**	ask, request
28	**cuir**	put	58	**imigh**	leave, go off
29	**dathaigh**	colour	59	**imir**	play (game)
30	**déan**	do, make	60	**inis**	tell

61	**iompair**	carry
62	**ionsaigh**	attack
63	**ith**	eat
64	**labhair**	speak
65	**las**	light
66	**léigh**	read
67	**lig**	let, permit
68	**maraigh**	kill
69	**meath**	wither, rot
70	**mill**	destroy, ruin
71	**mínigh**	explain
72	**mionnaigh**	swear
73	**mol**	praise
74	**múscail**	wake up
75	**neartaigh**	strengthen
76	**nigh**	wash
77	**oil**	train, rear
78	**ól**	drink
79	**ordaigh**	order
80	**oscail=foscail** U	open
81	**pacáil**	pack
82	**pós**	marry
83	**rith**	run
84	**roinn = rann**	divide
85	**sábháil**	save
86	**scanraigh**	frighten
87	**scaoil**	shoot, loosen
88	**scríobh**	write
89	**seachain**	avoid
90 ·	**seas**	stand

91	**sín**	stretch
92	**sínigh**	sign
93	**siúil**	walk
94	**smaoinigh**	think
95	**socraigh**	arrange
96	**stampáil**	stamp
97	**suigh**	sit
98	**tabhair**	give
99	**tagair**	refer
100	**taispeáin**	show
101	**taistil**	travel
102	**taitin**	shine
103	**tar**	come
104	**tarraing**	pull, draw
105	**teann**	tighten
106	**téigh**	go
107	**tiomáin**	drive
108	**tit**	fall
109	**tóg**	lift
110	**tosaigh**	begin
111	**trácht**	mention
112	**triomaigh**	dry
113	**tuig**	understand
114	**tuirsigh**	tire, exhaust
115	**ullmhaigh**	prepare

Réamhrá

Más foghlaimeoir thú nó más ag iarraidh an mheirg a bhaint de do chuid Gaeilge nó ag ullmhú do scrúduithe atá tú, tá an dá imleabhar *Easy Learning Irish Verbs* agus a chomhleabhar sraithe *Easy Learning Irish Grammar*, anseo le cuidiú leat.

Is féidir leis an téarmaíocht theicniúil bac a chur ar fhoghlaimeoirí atá ag iarraidh eolas a chur ar ghramadach theanga nua, ach mínítear na téarmaí seo ina n-iomláine san *Easy Learning Irish Grammar*. Is uirlis ghasta thagartha é an leabhar *Easy Learning Irish Verbs* a chuireann táblaí briathra ar fáil don bhunfhoghlaimeoir agus fiú don chainteoir líofa a úsáideann an teanga ar bhonn laethúil ar bhealach simplí soiléir.

Tá *Easy Learning Irish Verbs* struchtúrtha i ranna a éascóidh úsáid agus tuiscint na mbriathra duit.

Sa chéad roinn tugtar táblaí do 115 eochairbhriathar (idir rialta agus neamhrialta) ina dtugtar na seacht n-aimsir agus modh éagsúla – mar aon leis an ghas/fhréamh, leis an ainm briathartha, agus leis an aidiacht bhriathartha. Is iad an gas agus an t-ainm briathartha an dá chuid is tábhachtaí de bhriathar ar bith – agus cé go n-úsáidtear an aidiacht bhriathartha mar 'aidiacht', feicfear níos minice é mar 'rangabháil chaite' leis na na haimsirí éagsúla foirfe a dhéanamh. In *Aguisín A*, i ndiaidh na dtáblaí, tugtar leaganacha Béarla do na leaganacha difriúla den bhriathar a réimnítear i nGaeilge sna táblaí – agus úsáidtear an briathar *glan* 'clean' mar shampla.

Is sa Chaighdeán Oifigiúil a thugtar príomhtháblaí na mbriathra – bíodh go liostáiltear príomhleaganacha canúnacha mar fhonótaí sna táblaí céanna do na trí mhórchanúint: Cúige Uladh, Cúige Chonnacht agus Cúige Mumhan. Cuideoidh seo leis an úsáideoir eolas a chur ar an Chaighdeán Oifigiúil agus ar Gaeilge bheo na Gaeltachta a chluintear go minic fosta sna meáin chumarsáide agus a léitear i litríocht réigiúnach na Nua-Ghaeilge.

Tá *Treoir don Léitheoir* mar an dara roinn sa leabhar, roinn a thugann eolas ar struchtúr an bhriathair sa Ghaeilge mar aon le heolas ar an bhaint atá idir na Táblaí agus Innéacs na mBriathra ar chúl an leabhair. Tá achoimre úsáideach ar an bhriathar le fáil anseo – agus is mór is fiú an roinn seo a léamh!

Is é Innéacs na mBriathra an tríú roinn agus tá amach is isteach ar 3000 briathar san Innéacs. Tugtar na príomhfhoirmeacha a leanas san Innéacs: an gas, an chiall (i mBéarla), an t-ainm briathartha agus an aidiacht bhriathartha (colúin 1-4); agus ansin tugtar crostagairt i gcolún 5 do cheann de na 115 eochairbhriathar, ní a léireoidh na bunphatrúin a bheas ag an bhriathar áirithe sin. Cuireann Achoimre Gramadaí críoch leis an imleabhar seo de *Easy Learning Irish Verbs*.

Tugann *Easy Learning Irish Grammar* céim níos faide thú leis an fhoghlaim. Is forlíonadh é ar an méid eolais atá ar fáil in *Easy Learning Irish Verbs* ag tabhairt tuilleadh léirithe agus treoracha ar úsáid na mbriathra, gan trácht ar ghnéithe eile de ghramadach na Gaeilge. Is cinnte go gcuideoidh an dá leabhar *Easy Learning Irish Verbs* agus *Easy Learning Irish Grammar* leatsa, mar fhoghlaimeoir, agus tú ag tabhairt faoin Ghaeilge.

Introduction

Whether you are starting to learn Irish for the very first time, brushing up your language skills or revising for your exams, the *Easy Learning Irish Verbs* and its companion volume, the *Easy Learning Irish Grammar*, are here to help.

Newcomers can sometimes struggle with the technical terms they come across when they start to explore the grammar of a new language but these are explained fully in the *Easy Learning Irish Grammar*. The *Easy Learning Irish Verbs* is a handy reference source which presents verb tables for the learner and everyday language user in a simple, uncluttered manner.

Easy Learning Irish Verbs is divided into sections to help you become confident in using and understanding Irish verbs. The first section consists of the verb tables for 115 key Irish verbs (regular and irregular) which are given in full for the various seven tenses and moods – complete with the stem, the verbal noun plus the verbal adjective. The stem and the verbal noun (or infinitive) are the two most important parts of any verb. While the verbal adjective may be used as an 'adjective', it will appear more commonly as a 'past participle' in forming the various perfect tenses. *Appendix A* follows the verb tables and gives clear-cut information on the different parts of the Irish verbs conjugated by providing full parallel English translations of all the verbal forms for the sample verb *glan* 'clean'.

The main verb tables are presented in the Standard language – however some key variants are provided as footnotes to the tables for the three main dialects of Ulster, Connaught and Munster. This will enable the user to become acquainted with Standard Irish and with the key spoken variants in the *Gaeltacht* (or 'Irish-speaking') areas, often heard on the media, and found in the regional literature of Modern Irish.

The second section is a *Reader's Guide* which gives information on the general structure of the verb in Irish and indications as to how the Tables and the Verb Index relate to each other. This section provides a useful overview of the verb in Irish and is well worth a read!

The third section is the Verb Index itself which lists around 3300 verbs. The Index lists the main forms of each of these verbs (stem, English meaning, verbal noun and verbal adjective, columns 1-4) followed by a cross-reference in the 5th column to one of the 115 key verb tables, which will show you the patterns that any given verb follows. A short Grammar Appendix rounds off the volume *Easy Learning Irish Verbs*.

The *Easy Learning Irish Grammar* takes you a step further in your language learning. It supplements the information given in the *Easy Learning Irish Verbs* by offering even more guidance on the usage and meaning of verbs, as well as looking at the most important aspects of Irish grammar. Together, or individually, the Easy Learning titles offer you all the help you need when learning Irish.

1 abair say rá ráite

an aimsir chaite	the past tense
dúirt mé	ní dúirt
dúirt tú	an ndúirt?
dúirt sé/sí	go ndúirt
dúramar	nach ndúirt
dúirt sibh	ní dúradh/níor húradh
dúirt siad	an ndúradh?
dúradh/húradh	go/nach ndúradh

1sg dúrt/dúras, *2sg* dúrais, *2pl* dúrabhair **M** *1pl* dúirt muid **CU** *3pl* dúradar **MC** d'úirt, níor úirt, ar/gur/nár úirt *etc.*, *aut.* húradh: níor, ar gur, nár húradh; **CU**

an aimsir láithreach	the present tense
deirim	ní deir
deir tú	an ndeir?
deir sé/sí	go ndeir
deirimid	nach ndeir
deir sibh	
deir siad	
deirtear	

1pl deir muid **CU** *3pl* deirid (siad) **M** *rel.* a deir; deireann sé *dial.* *var. dep.* ní abrann, an abrann? *etc* **U**

an aimsir fháistineach	the future tense
déarfaidh mé	ní déarfaidh
déarfaidh tú	an ndéarfaidh?
déarfaidh sé/sí	go ndéarfaidh
déarfaimid	nach ndéarfaidh
déarfaidh sibh	
déarfaidh siad	
déarfar	

1sg déarfad, *2sg* déarfair **M** déarfaidh muid **CU** *rel.* a déarfas. *Dep.* ní abróchaidh, go n-abróchaidh (*var.* abóraidh) **U**

1 abair say rá ráite

an modh coinníollach

déarfainn
déarfá
déarfadh sé/sí
déarfaimis
déarfadh sibh
déarfaidís

déarfaí

the conditional mood

ní déarfadh
an ndéarfadh?
go ndéarfadh
nach ndéarfadh

1pl déarfadh muid **C** *3pl* déarfadh siad **U** *dep.* ní abróchainn (ní abórainn), ní abróchadh, go n-abróchadh (*var.* abóradh) **U**

an aimsir ghnáthchaite

deirinn
deirteá
deireadh sé/sí
deirimis
deireadh sibh
deiridís

deirtí

the imperfect tense

ní deireadh
an ndeireadh?
go ndeireadh
nach ndeireadh

1pl deireadh muid **C** *3pl* deireadh siad **U** Ba ghnách liom a rá *etc.* **U** *dep.* ní abrainn, ní abradh sé, go n-abradh *etc.* **U**

an modh ordaitheach
the imperative mood

abraim
abair
abradh sé/sí
abraimis
abraigí
abraidís

abairtear
 ná habair

an foshuiteach láithreach
the present subjunctive

go ndeire mé
go ndeire tú
go ndeire sé/sí
go ndeirimid
go ndeire sibh
go ndeire siad

go ndeirtear
 nár deire

3pl abradh siad **U**

1pl go ndeire muid, go n-abra *etc* **CU**

2 aithin recognise   aithint   aitheanta

an aimsir chaite	the past tense
d'aithin mé	níor aithin
d'aithin tú	ar aithin?
d'aithin sé/sí	gur aithin
d'aithníomar	nár aithin
d'aithin sibh	níor aithníodh/níor haithníodh
d'aithin siad	ar aithníodh?
aithníodh/haithníodh	gur/nár aithníodh

1sg d(h)'aithníos, 2sg d(h)'aithnís, 2pl d(h)'aithníobhair **M**
1pl d'aithin muid **UC** 3pl d'aithníodar **MC** aut. haithníodh **MCU**

an aimsir láithreach	the present tense
aithním	ní aithníonn
aithníonn tú	an aithníonn?
aithníonn sé/sí	go n-aithníonn
aithnímid	nach n-aithníonn
aithníonn sibh	
aithníonn siad	
aithnítear	

1pl aithníonn muid **C** 3pl aithníd (siad) **M**
aithnim, aithneann sé, muid etc. **U** rel. a aithníos/a aithneas

an aimsir fháistineach	the future tense
aithneoidh mé	ní aithneoidh
aithneoidh tú	an aithneoidh?
aithneoidh sé/sí	go n-aithneoidh
aithneoimid	nach n-aithneoidh
aithneoidh sibh	
aithneoidh siad	aithneochaidh **U**
aithneofar	

1sg aithneod, 2sg aithneoir **M** 1pl aithneoidh muid **C**
aithneochaidh mé, muid etc. **U** rel. a aithneos/a aithneochas

2 aithin recognise aithint aitheanta

an modh coinníollach	the conditional mood
d'aithneoinn	ní aithneodh
d'aithneofá	an aithneodh?
d'aithneodh sé/sí	go n-aithneodh
d'aithneoimis	nach n-aithneodh
d'aithneodh sibh	
d'aithneoidís	d'aithneochadh **U**
d'aithneofaí	

1sg d'aithneochainn, 3sg d'aithneochadh sé, siad etc. **U**
1pl d'aithneodh muid **C**

an aimsir ghnáthchaite	the imperfect tense
d'aithnínn	ní aithníodh
d'aithníteá	an aithníodh?
d'aithníodh sé/sí	go n-aithníodh
d'aithnímis	nach n-aithníodh
d'aithníodh sibh	
d'aithnídís	
d'aithnítí	

1pl d'aithníodh muid **C** 3pl d'aithníodh siad **U**
Ba ghnách liom aithint etc. **U**

an modh ordaitheach the imperative mood	an foshuiteach láithreach the present subjunctive
aithním	go n-aithní mé
aithin	go n-aithní tú
aithníodh sé/sí	go n-aithní sé/sí
aithnímis	go n-aithnímid
aithnígí	go n-aithní sibh
aithnídís	go n-aithní siad
aithnítear	go n-aithnítear
ná haithin	nár aithní

3pl aithníodh siad **U**   1pl go n-aithní muid **CU**

3 aithris imitate   aithris   aithriste

an aimsir chaite	the past tense
d'aithris mé	níor aithris
d'aithris tú	ar aithris?
d'aithris sé/sí	gur aithris
d'aithrisíomar	nár aithris
d'aithris sibh	níor aithrisíodh/níor haithrisíodh
d'aithris siad	ar aithrisíodh?
aithrisíodh, haithrisíodh **MCU**	gur/nár aithrisíodh

1sg d(h)'aithrisíos, *2sg* d(h)'aithrisís, *2pl* d(h)'aithrisíobhair **M**
1pl d'aithris muid **UC** *3pl* d'aithrisíodar **MC** *aut.* haithrisíodh

an aimsir láithreach	the present tense
aithrisím	ní aithrisíonn
aithrisíonn tú	an aithrisíonn?
aithrisíonn sé/sí	go n-aithrisíonn
aithrisímid	nach n-aithrisíonn
aithrisíonn sibh	
aithrisíonn siad	
aithrisítear	

1pl aithrisíonn muid **C** *3pl* aithrisíd (siad) **M**
aithrisim, aithriseann sé, muid *etc.* **U** *rel.* a aithrisíos/a aithriseas

an aimsir fháistineach	the future tense
aithriseoidh mé	ní aithriseoidh
aithriseoidh tú	an aithriseoidh?
aithriseoidh sé/sí	go n-aithriseoidh
aithriseoimid	nach n-aithriseoidh
aithriseoidh sibh	
aithriseoidh siad	aithriseochaidh **U**
aithriseofar	

1sg aithriseod, *2sg* aithriseoir **M** aithriseochaidh mé, muid *etc.* **U**
1pl aithriseoidh muid **C** *rel.* a aithriseos/a aithriseochas

3 aithris imitate aithris aithriste

an modh coinníollach	the conditional mood
d'aithriseoinn	ní aithriseodh
d'aithriseofá	an aithriseodh?
d'aithriseodh sé/sí	go n-aithriseodh
d'aithriseoimis	nach n-aithriseodh
d'aithriseodh sibh	
d'aithriseoidís	d'aithriseochadh U
d'aithriseofaí	

1sg d'aithriseochainn, 3sg d'aithriseochadh sé, siad etc. U
1pl d'aithriseodh muid C

an aimsir ghnáthchaite	the imperfect tense
d'aithrisínn	ní aithrisíodh
d'aithrisíteá	an aithrisíodh?
d'aithrisíodh sé/sí	go n-aithrisíodh
d'aithrisímis	nach n-aithrisíodh
d'aithrisíodh sibh	
d'aithrisídís	
d'aithrisítí	

1pl d'aithrisíodh muid C 3pl d'aithrisíodh siad U
Ba ghnách liom aithris etc. U

an modh ordaitheach the imperative mood	an foshuiteach láithreach the present subjunctive
aithrisím	go n-aithrisí mé
aithris	go n-aithrisí tú
aithrisíodh sé/sí	go n-aithrisí sé/sí
aithrisímis	go n-aithrisímid
aithrisígí	go n-aithrisí sibh
aithrisídís	go n-aithrisí siad
aithrisítear	go n-aithrisítear
ná haithris	nár aithrisí

3pl aithrisíodh siad U
1pl go n-aithrisí muid CU

4 amharc look   amharc   amharctha

an aimsir chaite	the past tense
d'amharc mé	níor amharc
d'amharc tú	ar amharc?
d'amharc sé/sí	gur amharc
d'amharcamar	nár amharc
d'amharc sibh	níor amharcadh/níor hamharcadh
d'amharc siad	ar amharcadh?
amharcadh/hamharcadh	gur/nár amharcadh

1sg d(h)'amharcas, *2sg* d(h)'amharcais, *2pl* d(h)'amharcabhair **M**
1pl d'amharc muid **CU** *3pl* d'amharcadar **MC** *aut.* hamharcadh **MCU** *var.* amhanc **U**

an aimsir láithreach	the present tense
amharcaim	ní amharcann
amharcann tú	an amharcann?
amharcann sé/sí	go n-amharcann
amharcaimid	nach n-amharcann
amharcann sibh	
amharcann siad	
amharctar	

1pl amharcann muid **CU** *3pl* amharcaid (siad) **M** *rel.* a amharcas

an aimsir fháistineach	the future tense
amharcfaidh mé	ní amharcfaidh
amharcfaidh tú	an amharcfaidh?
amharcfaidh sé/sí	go n-amharcfaidh
amharcfaimid	nach n-amharcfaidh
amharcfaidh sibh	
amharcfaidh siad	amharcóchaidh **U**
amharcfar	

1sg amharcfad, *2sg* amharcfair **M** amharcfaidh muid **C**
amhracóchaidh mé/muid **U**. *rel.* a amharcfas/a amharcóchas

4 amharc look   amharc   amharctha

an modh coinníollach
d'amharcfainn
d'amharcfá
d'amharcfadh sé/sí
d'amharcfaimis
d'amharcfadh sibh
d'amharcfaidís
d'amharcfaí

the conditional mood
ní amharcfadh
an amharcfadh?
go n-amharcfadh
nach n-amharcfadh

d'amharcóchadh **U**

1pl d'amharcfadh muid **C** *3pl*
d'amharcóchainn, d'amharcóchadh sé, siad **U**

an aimsir ghnáthchaite
d'amharcainn
d'amharctá
d'amharcadh sé/sí
d'amharcaimis
d'amharcadh sibh
d'amharcaidís
d'amharctaí

the imperfect tense
ní amharcadh
an amharcadh?
go n-amharcadh
nach n-amharcadh

1pl d'amharcadh muid **C** *3pl* d'amharcadh siad **U**
Ba ghnách liom amharc *etc.* **U**

an modh ordaitheach
the imperative mood
amharcaim
amharc
amharcadh sé/sí
amharcaimis
amharcaigí
amharcaidís
amharctar
 ná hamharc

3pl amharcadh siad **U**

an foshuiteach láithreach
the present subjunctive
go n-amharca mé
go n-amharca tú
go n-amharca sé/sí
go n-amharcaimid
go n-amharca sibh
go n-amharca siad
go n-amharctar
 nár amharca

1pl go n-amharca muid **CU**

5 at swell   at ata

an aimsir chaite	the past tense
d'at mé	níor at
d'at tú	ar at?
d'at sé/sí	gur at
d'atamar	nár at
d'at sibh	níor atadh/níor hatadh
d'at siad	ar atadh?
atadh/hatadh	gur/nár atadh

1sg d(h)'atas, *2sg* d(h)'atais, *2pl* d(h)'atabhair **M**
1pl d'at muid **CU** *3pl* d'atadar **MC** *aut.* hatadh **MCU**

an aimsir láithreach	the present tense
ataim	ní atann
atann tú	an atann?
atann sé/sí	go n-atann
ataimid	nach n-atann
atann sibh	
atann siad	
atar	

1pl atann muid **CU** *3pl* ataid (siad) **M** *rel.* a atas

an aimsir fháistineach	the future tense
atfaidh mé	ní atfaidh
atfaidh tú	an atfaidh?
atfaidh sé/sí	go n-atfaidh
atfaimid	nach n-atfaidh
atfaidh sibh	
atfaidh siad	
atfar	

1sg atfad, *2sg* atfair **M** atfaidh muid **C** atóchaidh mé/muid *etc.* **U** *rel.* a atfas/
a atóchas

5 at swell at ata

an modh coinníollach	the conditional mood
d'atfainn	ní atfadh
d'atfá	an atfadh?
d'atfadh sé/sí	go n-atfadh
d'atfaimis	nach n-atfadh
d'atfadh sibh	
d'atfaidís	
d'atfaí	

1pl d'atfadh muid **C** d'atóchainn, d'atóchadh sé/siad *etc.* **U**

an aimsir ghnáthchaite	the imperfect tense
d'atainn	ní atadh
d'atá	an atadh?
d'atadh sé/sí	go n-atadh
d'ataimis	nach n-atadh
d'atadh sibh	
d'ataidís	
d'ataí	

1pl d'atadh muid **C** *3pl* d'atadh siad, Ba ghnách liom at *etc.* **U**

an modh ordaitheach the imperative mood	an foshuiteach láithreach the present subjunctive
ataim	go n-ata mé
at	go n-ata tú
atadh sé/sí	go n-ata sé/sí
ataimis	go n-ataimid
ataigí	go n-ata sibh
ataidís	go n-ata siad
atar	go n-atar
ná hat	nár ata

3pl atadh siad **U**   *1pl* go n-ata muid **CU**

6 athraigh change   athrú   athraithe

an aimsir chaite	the past tense
d'athraigh mé	níor athraigh
d'athraigh tú	ar athraigh?
d'athraigh sé/sí	gur athraigh
d'athraíomar	nár athraigh
d'athraigh sibh	níor athraíodh/níor hathraíodh
d'athraigh siad	ar athraíodh?
athraíodh/hathraíodh	gur/nár athraíodh

1sg d(h)'athraíos, 2sg d(h)'athraís, 2pl d(h)'athraíobhair **M**
1pl d'athraigh muid **UC** 3pl d'athraíodar **MC** aut. hathraíodh **MCU**

an aimsir láithreach	the present tense
athraím	ní athraíonn
athraíonn tú	an athraíonn?
athraíonn sé/sí	go n-athraíonn
athraímid	nach n-athraíonn
athraíonn sibh	
athraíonn siad	
athraítear	

1pl athraíonn muid **C** 3pl athraíd (siad) **M**
athraim, athrann sé/muid etc. **U** rel. a athraíos

an aimsir fháistineach	the future tense
athróidh mé	ní athróidh
athróidh tú	an athróidh?
athróidh sé/sí	go n-athróidh
athróimid	nach n-athróidh
athróidh sibh	
athróidh siad	athróchaidh **U**
athrófar	

1sg athród, 2sg athróir **M** 1pl athróidh muid **C**
athróchaidh mé/muid etc. **U** rel. a athrós/a athróchas

6 athraigh change   athrú   athraithe

an modh coinníollach	the conditional mood
d'athróinn	ní athródh
d'athrófá	an athródh?
d'athródh sé/sí	go n-athródh
d'athróimis	nach n-athródh
d'athródh sibh	
d'athróidís	d'athróchadh U
d'athrófaí	

1sg d'athróchainn, 3sg d'athróchadh sé/siad etc. U
1pl d'athródh muid C

an aimsir ghnáthchaite	the imperfect tense
d'athraínn	ní athraíodh
d'athraíteá	an athraíodh?
d'athraíodh sé/sí	go n-athraíodh
d'athraímis	nach n-athraíodh
d'athraíodh sibh	
d'athraídís	
d'athraítí	

1pl d'athraíodh muid C 3pl d'athraíodh siad U
Ba ghnách liom athrú etc. U

an modh ordaitheach the imperative mood	an foshuiteach láithreach the present subjunctive
athraím	go n-athraí mé
athraigh	go n-athraí tú
athraíodh sé/sí	go n-athraí sé/sí
athraímis	go n-athraímid
athraígí	go n-athraí sibh
athraídís	go n-athraí siad
athraítear	go n-athraítear
ná hathraigh	nár athraí

3pl athraíodh siad U   1pl go n-athraí muid CU

7 báigh drown bá báite

an aimsir chaite	the past tense
bháigh mé	níor bháigh
bháigh tú	ar bháigh?
bháigh sé/sí	gur bháigh
bhámar	nár bháigh
bháigh sibh	níor bádh
bháigh siad	ar bádh?
bádh	gur/nár bádh

1sg (do) bhás, *2sg* (do) bháis, *2pl* (do) bhábhair **M**
1pl bháigh muid **CU** *3pl* (do) bhádar **MC** bháith = bháigh **U**

an aimsir láithreach	the present tense
báim	ní bhánn
bánn tú	an mbánn?
bánn sé/sí	go mbánn
báimid	nach mbánn
bánn sibh	
bánn siad	
báitear	

1pl bánn muid **CU** *3pl* báid (siad) **M**
báithim, báitheann *etc.* **U** *rel.* a bhás/a bháitheas

an aimsir fháistineach	the future tense
báfaidh mé	ní bháfaidh
báfaidh tú	an mbáfaidh?
báfaidh sé/sí	go mbáfaidh
báfaimid	nach mbáfaidh
báfaidh sibh	
báfaidh siad	
báfar	

1sg báfad, *2sg* báfair **M** báfaidh muid **CU** báithfidh
U *rel.* a bháfas

7 báigh drown   bá   báite

an modh coinníollach	the conditional mood
bháfainn	ní bháfadh
bháfá	an mbáfadh?
bháfadh sé/sí	go mbáfadh
bháfaimis	nach mbáfadh
bháfadh sibh	
bháfaidís	
bháfaí	

1pl bháfadh muid C 3pl bháfadh siad var. bháithfeadh siad etc. U

an aimsir ghnáthchaite	the imperfect tense
bháinn	ní bhádh
bháiteá	an mbádh?
bhádh sé/sí	go mbádh
bháimis	nach mbádh
bhádh sibh	
bháidís	
bháití	

1pl bhádh muid C, 3pl bhádh siad U
Ba ghnách liom bá etc. U

an modh ordaitheach the imperative mood	an foshuiteach láithreach the present subjunctive
báim	go mbá mé
báigh	go mbá tú
bádh sé/sí	go mbá sé/sí
báimis	go mbáimid
báigí	go mbá sibh
báidís	go mbá siad
báitear	go mbáitear
ná báigh	nár bhá

3pl bádh siad U

1pl go mbá muid CU

8 bailigh gather   bailiú   bailithe

an aimsir chaite	the past tense
bhailigh mé	níor bhailigh
bhailigh tú	ar bhailigh?
bhailigh sé/sí	gur bhailigh
bhailíomar	nár bhailigh
bhailigh sibh	níor bailíodh
bhailigh siad	ar bailíodh?
bailíodh	gur/nár bailíodh

1sg (do) bhailíos, *2sg* (do) bhailís, *2pl* (do) bhailíobhair **M**
1pl bhailigh muid **UC** *3pl* bhailíodar **MC**

an aimsir láithreach	the present tense
bailím	ní bhailíonn
bailíonn tú	an mbailíonn?
bailíonn sé/sí	go mbailíonn
bailímid	nach mbailíonn
bailíonn sibh	
bailíonn siad	
bailítear	

1pl bailíonn muid **C** *3pl* bailíd (siad) **M**
bailim, baileann sé/muid **U** *rel.* a bhailíos

an aimsir fháistineach	the future tense
baileoidh mé	ní bhaileoidh
baileoidh tú	an mbaileoidh?
baileoidh sé/sí	go mbaileoidh
baileoimid	nach mbaileoidh
baileoidh sibh	
baileoidh siad	
baileofar	

1sg baileod, *2sg* baileoir **M** *1pl* baileoidh muid **C**
baileochaidh mé/muid *etc.* **U** *rel.* a bhaileos/a bhaileochas

8 bailigh gather bailiú bailithe

an modh coinníollach
bhaileoinn
bhaileofá
bhaileodh sé/sí
bhaileoimis
bhaileodh sibh
bhaileoidís
bhaileofaí

the conditional mood
ní bhaileodh
an mbaileodh?
go mbaileodh
nach mbaileodh

1sg bhaileochainn, 3sg bhaileochadh sé, siad *etc.* **U**
1pl bhaileodh muid **C**

an aimsir ghnáthchaite
bhailínn
bhailíteá
bhailíodh sé/sí
bhailímis
bhailíodh sibh
bhailídís
bhailítí

the imperfect tense
ní bhailíodh
an mbailíodh?
go mbailíodh
nach mbailíodh

1pl bhailíodh muid **C**, 3pl bhailíodh siad **U**
Ba ghnách liom bailiú *etc.* **U**

an modh ordaitheach
the imperative mood
bailím
bailigh
bailíodh sé/sí
bailímis
bailígí
bailídís
bailítear
 ná bailigh

3pl bailíodh siad **U**

an foshuiteach láithreach
the present subjunctive
go mbailí mé
go mbailí tú
go mbailí sé/sí
go mbailímid
go mbailí sibh
go mbailí siad
go mbailítear
 nár bhailí

1pl go mbailí muid **CU**

9 bain cut, win   baint   bainte

an aimsir chaite	the past tense
bhain mé	níor bhain
bhain tú	ar bhain?
bhain sé/sí	gur bhain
bhaineamar	nár bhain
bhain sibh	níor baineadh
bhain siad	ar baineadh?
baineadh	gur/nár baineadh

1sg (do) bhaineas, *2sg* (do) bhainis, *2pl* (do) bhaineabhair **M**
1pl bhain muid **CU** *3pl* (do) bhaineadar **MC**

an aimsir láithreach	the present tense
bainim	ní bhaineann
baineann tú	an mbaineann?
baineann sé/sí	go mbaineann
bainimid	nach mbaineann
baineann sibh	
baineann siad	
baintear	

1pl baineann muid **CU** *3pl* bainid (siad) **M** *rel.* a bhaineas

an aimsir fháistineach	the future tense
bainfidh mé	ní bhainfidh
bainfidh tú	an mbainfidh?
bainfidh sé/sí	go mbainfidh
bainfimid	nach mbainfidh
bainfidh sibh	
bainfidh siad	
bainfear	

1sg bainfead, *2sg* bainfir **M** *1pl* bainfidh muid **CU** *rel.* a bhainfeas

9 **bain** cut, win **baint** **bainte**

an modh coinníollach	the conditional mood
bhainfinn	ní bhainfeadh
bhainfeá	an mbainfeadh?
bhainfeadh sé/sí	go mbainfeadh
bhainfimis	nach mbainfeadh
bhainfeadh sibh	
bhainfidís	
bhainfí	

1pl bhainfeadh muid **C** 3pl bhainfeadh siad **U**

an aimsir ghnáthchaite	the imperfect tense
bhaininn	ní bhaineadh
bhainteá	an mbaineadh?
bhaineadh sé/sí	go mbaineadh
bhainimis	nach mbaineadh
bhaineadh sibh	
bhainidís	
bhaintí	

1pl bhaineadh muid **C**, 3pl bhaineadh siad **U**
Ba ghnách liom baint *etc.* **U**

an modh ordaitheach the imperative mood	an foshuiteach láithreach the present subjunctive
bainim	go mbaine mé
bain	go mbaine tú
baineadh sé/sí	go mbaine sé/sí
bainimis	go mbainimid
bainigí	go mbaine sibh
bainidís	go mbaine siad
baintear	go mbaintear
ná bain	nár bhaine

3pl baineadh siad **U**   1pl go mbaine muid **CU**

10 beannaigh bless   beannú   beannaithe

an aimsir chaite	the past tense
bheannaigh mé	níor bheannaigh
bheannaigh tú	ar bheannaigh?
bheannaigh sé/sí	gur bheannaigh
bheannaíomar	nár bheannaigh
bheannaigh sibh	níor beannaíodh
bheannaigh siad	ar beannaíodh?
beannaíodh	gur/nár beannaíodh

1sg (do) bheannaíos, *2sg* (do) bheannaís, *2pl* (do) bheannaíobhair **M**
1pl bheannaigh muid **UC** *3pl* bheannaíodar **MC**

an aimsir láithreach	the present tense
beannaím	ní bheannaíonn
beannaíonn tú	an mbeannaíonn?
beannaíonn sé/sí	go mbeannaíonn
beannaímid	nach mbeannaíonn
beannaíonn sibh	
beannaíonn siad	
beannaítear	

1pl beannaíonn muid **C** *3pl* beannaíd (siad) **M**
beannaim, beannann sé/muid **U** *rel.* a bheannaíos

an aimsir fháistineach	the future tense
beannóidh mé	ní bheannóidh
beannóidh tú	an mbeannóidh?
beannóidh sé/sí	go mbeannóidh
beannóimid	nach mbeannóidh
beannóidh sibh	
beannóidh siad	beannóchaidh **U**
beannófar	

1sg beannód, *2sg* beannóir **M** *1pl* beannóidh muid **C**
beannóchaidh mé/muid *etc.* **U** *rel.* a bheannós/a bheannóchas

10 beannaigh bless   beannú   beannaithe

an modh coinníollach
bheannóinn
bheannófá
bheannódh sé/sí
bheannóimis
bheannódh sibh
bheannóidís
bheannófaí

the conditional mood
ní bheannódh
an mbeannódh?
go mbeannódh
nach mbeannódh

bheannóchadh **U**

1sg bheannóchainn, 3sg bheannóchadh sé/siad *etc.* **U**
1pl bheannódh muid **C**

an aimsir ghnáthchaite
bheannaínn
bheannaíteá
bheannaíodh sé/sí
bheannaímis
bheannaíodh sibh
bheannaídís
bheannaítí

the imperfect tense
ní bheannaíodh
an mbeannaíodh?
go mbeannaíodh
nach mbeannaíodh

1pl bheannaíodh muid **C** 3pl bheannaíodh siad **U**
Ba ghnách liom beannú *etc.* **U**

an modh ordaitheach
the imperative mood
beannaím
beannaigh
beannaíodh sé/sí
beannaímis
beannaígí
beannaídís
beannaítear
 ná beannaigh

3pl beannaíodh siad **U**

an foshuiteach láithreach
the present subjunctive
go mbeannaí mé
go mbeannaí tú
go mbeannaí sé/sí
go mbeannaímid
go mbeannaí sibh
go mbeannaí siad
go mbeannaítear
 nár bheannaí

1pl go mbeannaí muid **CU**

11 beir bear   breith   beirthe

an aimsir chaite	the past tense
rug mé	níor rug
rug tú	ar rug?
rug sé/sí	gur rug
rugamar	nár rug
rug sibh	níor rugadh
rug siad	ar rugadh?
rugadh	gur/nár rugadh

Free
Saor Breatha

1sg (do) rugas, *2sg* (do) rugais, *2pl* (do) rugabhair **M**
1pl rug muid **CU** *3pl* (do) rugadar **MC** bheir = rug *dial.*, riug **M**

an aimsir láithreach	the present tense
beirim	ní bheireann
beireann tú	an mbeireann?
beireann sé/sí	go mbeireann
beirimid	nach mbeireann
beireann sibh	
beireann siad	
beirtear	

1pl beireann muid **CU** *3pl* beirid (siad) **M** *rel.* a bheireas

an aimsir fháistineach	the future tense
béarfaidh mé	ní bhéarfaidh
béarfaidh tú	an mbéarfaidh?
béarfaidh sé/sí	go mbéarfaidh
béarfaimid	nach mbéarfaidh
béarfaidh sibh	
béarfaidh siad	
béarfar	

1sg béarfad, *2sg* béarfair **M** béarfaidh muid **CU** *rel.* a bhéarfas

11 beir bear   breith   beirthe

an modh coinníollach
bhéarfainn
bhéarfá
bhéarfadh sé/sí
bhéarfaimis
bhéarfadh sibh
bhéarfaidís
bhéarfaí

the conditional mood
ní bhéarfadh
an mbéarfadh?
go mbéarfadh
nach mbéarfadh

1pl bhéarfadh muid **C** *3pl* bhéarfadh siad **U**

an aimsir ghnáthchaite
bheirinn
bheirteá
bheireadh sé/sí
bheirimis
bheireadh sibh
bheiridís
bheirtí

the imperfect tense
ní bheireadh
an mbeireadh?
go mbeireadh
nach mbeireadh

1pl bheireadh muid **C** *3pl* bheireadh siad, Ba ghnách liom breith **U**

an modh ordaitheach
the imperative mood
beirim
beir
beireadh sé/sí
beirimis
beirigí
beiridís
beirtear
 ná beir

an foshuiteach láithreach
the present subjunctive
go mbeire mé
go mbeire tú
go mbeire sé/sí
go mbeirimid
go mbeire sibh
go mbeire siad
go mbeirtear
 nár bheire

3pl beireadh siad **U**

1pl go mbeire muid **CU**

12 bí be   bheith

an aimsir chaite	the past tense
bhí mé	ní raibh
bhí tú	an raibh?
bhí sé/sí	go raibh
bhíomar	nach raibh
bhí sibh	ní rabhthas
bhí siad	an rabhthas?
bhíothas	go/nach rabhthas

1sg (do) bhíos, *2sg* (do) bhís, *2pl* (do) bhíobhair **M**
1pl bhí muid **CU** *3pl* (do) bhíodar **MC** *aut.* bhíthear/rabhthar **U**

an aimsir láithreach	the present tense
tá mé/táim	atá mé/atáim
tá tú	atá tú
tá sé/sí	atá sé/sí
táimid	atáimid
tá sibh	atá sibh
tá siad	atá siad
táthar	atáthar

1pl (a)tá muid **CU** *3pl* (a)táid (siad) **M**
rel. athá, *also indep.* thá **M** *2sg* (a)taoi *var.* tánn tú, tánn sé *etc.* **M**

níl mé/nílim	go bhfuil mé/ go bhfuilim	nach bhfuil mé/ nach bhfuilim
níl tú	go bhfuil tú	nach bhfuil tú
níl sé/sí	go bhfuil sé/sí	nach bhfuil sé/sí
nílimid	go bhfuilimid	nach bhfuilimid
níl sibh	go bhfuil sibh	nach bhfuil sibh
níl siad	go bhfuil siad	nach bhfuil siad
níltear	go bhfuiltear	nach bhfuiltear

1pl níl muid, go/nach bhfuil muid **UC** *aut.* nílthear, bhfuilthear **U**

12 bí be bheith

an aimsir ghnáthláithreach
bím
bíonn tú
bíonn sé/sí
bímid
bíonn sibh
bíonn siad
bítear

the habitual present tense
ní bhíonn
an mbíonn?
go mbíonn
nach mbíonn

1pl bíonn muid **CU** *3pl* bíd (siad) **M** *rel.* a bhíos – a bíos **U**, a bhíonns **C**

an aimsir fháistineach
beidh mé
beidh tú
beidh sé/sí
beimid
beidh sibh
beidh siad
beifear

the future tense
ní bheidh
an mbeidh?
go mbeidh
nach mbeidh

1sg bead, *2sg* beir, beifir **M** *1pl* beidh muid **CU** *rel.* a bheas

an modh coinníollach
bheinn
bheifeá
bheadh sé/sí
bheimis
bheadh sibh
bheidís
bheifí

the conditional mood
ní bheadh
an mbeadh?
go mbeadh
nach mbeadh

1pl bheadh muid **C** *3pl* bheadh siad **U**

12 bí be bheith

an aimsir ghnáthchaite	the imperfect tense
bhínn	ní bhíodh
bhíteá	an mbíodh?
bhíodh sé/sí	go mbíodh
bhímis	nach mbíodh
bhíodh sibh	
bhídís	
bhítí	

1pl bhíodh muid **C** *3pl* bhíodh siad, Ba ghnách liom (a) bheith **U**

an modh ordaitheach the imperative mood	an foshuiteach láithreach the present subjunctive	
bím	go raibh mé	go mbí mé
bí	go raibh tú	go mbí tú
bíodh sé/sí	go raibh sé/sí	go mbí sé/sí
bímis	go rabhaimid	go mbímid
bígí	go raibh sibh	go mbí sibh
bídís	go raibh siad	go mbí siad
bítear	go rabhthar	go mbítear
ná bí	ná raibh	nár bhítear

3pl bíodh siad **U**   *1pl* go raibh muid go mbí muid **CU**

13 is *an chopail* *the copula*

An struchtúr: Is bádóir é. 'He is a boatman.'

an aimsir láithreach
Is bádóir mé.
Is bádóir thú.
Is bádóir é.
Is bádóir í.
Is bádóirí sinn.
Is bádóirí sibh.
Is bádóirí iad.

the present tense
Ní bádóir é.
(Chan bádóir é. **U**)
An bádóir é?   Is ea.
              Ní hea.
Deir sé gur bádóir é.
Deir sé nach bádóir é.

Ní hé, ní hí, ní hea, ní hiad. Ní hailtire é *or* Ní ailtire é.
Deir sé gurb é/í/ea/iad. *1pl* Is bádóirí muid **UC**

an aimsir chaite = an modh coinníollach
the past tense = the conditional mood

an aimsir chaite
Ba bhádóir mé.
Ba bhádóir thú.
Ba bhádóir é.
Ba bhádóir í.
Ba bhádóirí sinn.
Ba bhádóirí sibh.
Ba bhádóirí iad.

the past tense
Níor bhádóir é.
(Char bhádóir é. **U**)
Ar bhádóir é?   B'ea.
              Níorbh ea.
Deir sé gur bhádóir é.
Deir sé nár bhádóir é.

1pl Ba bhádóirí muid **UC** Ba dhochtúir, shagart, thógálaí é. **CO** = Ba dochtúir/sagart/
tógálaí é. **CU** Aspirate *bcfgmp* but not *dts*

an aimsir chaite
B'ailtire mé.
B'ailtire thú.
B'ailtire é.
B'ailtire í.
B'ailtirí sinn. ... muid.
B'ailtirí sibh.
B'ailtirí iad.

the past tense
Níorbh ailtire é.
(Charbh ailtire é. **U**)
Arbh ailtire é?   B'ea. ·
              Níorbh ea.
Deir sé gurbh ailtire é.
Deir sé nárbh ailtire é.
B'fhealsamh é. *etc.*

13 is *an chopail* *the copula*

Bádóir atá ann. 'He is a boatman.'

an aimsir láithreach	the present tense
Bádóir atá ionam.	Ní bádóir atá ann.
Bádóir atá ionat.	(Chan bádóir atá ann. U)
Bádóir atá ann.	An bádóir atá ann?
Bádóir atá inti.	Is ea./Ní hea.
Bádóirí atá ionainn.	Deir sé gur bádóir atá ann
Bádóirí atá ionaibh.	Deir sé nach bádóir atá ann.
Bádóirí atá iontu.	

Bádóir is ea é. 'He is a boatman.'

an aimsir láithreach	the present tense
Bádóir is ea mé.	Ní bádóir is ea é.
Bádóir is ea thú.	An bádóir is ea é?
Bádóir is ea é.	Is ea./Ní hea.
Bádóir is ea í.	Deir sé gur bádóir is ea é.
Bádóirí is ea sinn.	Deir sé nach bádóir is ea é.
Bádóirí is ea sibh.	
Bádóirí is ea iad.	

Tá sé ina bhádóir. 'He is a boatman.'

an aimsir láithreach	the present tense
Tá mé i mo bhádóir.	Níl sé ina bhádóir.
Tá tú i do bhádóir.	(Chan fhuil sé ina bhádóir. U)
Tá sé ina bhádóir.	An bhfuil sé ina bhádóir?
Tá sí ina bádóir.	Tá./Níl.
Táimid inár mbádóirí.	Deir sé go bhfuil sé ina bhádóir
Tá sibh in bhur mbádóirí.	Deir sé nach bhfuil sé ina bhádóir
Tá siad ina mbádóirí.	

13 is *an chopail* *the copula*

Bádóir a bhí ann. 'He was a boatman.'

an aimsir chaite	the past tense
Bádóir a bhí ionam.	Ní bádóir a bhí ann.
Bádóir a bhí ionat.	(Chan bádóir a bhí ann. **U**)
Bádóir a bhí ann.	An bádóir a bhí ann?
Bádóir a bhí inti.	Is ea./Ní hea.
Bádóirí a bhí ionainn.	Deir sé gur bádóir a bhí ann.
Bádóirí a bhí ionaibh.	Deir sé nach bádóir a bhí ann.
Bádóirí a bhí iontu.	*Alt.* Níor bhádóir a bhí ann. etc.

Bádóir ab ea é. 'He was a boatman.'

an aimsir chaite	the past tense
Bádóir ab ea mé.	Ní bádóir ab ea é.
Bádóir ab ea thú.	An bádóir ab ea é?
Bádóir ab ea é.	Is ea./Ní hea.
Bádóir ab ea í.	Deir sé gur bádóir ab ea é.
Bádóirí ab ea sinn.	Deir sé nach bádóir ab ea é.
Bádóirí ab ea sibh.	
Bádóirí ab ea iad.	*Alt.* Níor bhádóir ab ea é. *etc.*

Bhí sé ina bhádóir. 'He was a boatman.'

an aimsir chaite	the past tense
Bhí mé i mo bhádóir.	Ní raibh sé ina bhádóir.
Bhí tú i do bhádóir.	(Cha raibh sé ina bhádóir. **U**)
Bhí sé ina bhádóir.	An raibh sé ina bhádóir?
Bhí sí ina bádóir.	Bhí./Ní raibh.
Bhíomar/Bhí muid inár mbádóirí.	Deir sé go raibh sé ina bhádóir
Bhí sibh in bhur mbádóirí.	Deir sé nach raibh sé ina bhádóir
Bhí siad ina mbádóirí.	

14 bog move   bogadh   bogtha

an aimsir chaite	the past tense
bhog mé	níor bhog
bhog tú	ar bhog?
bhog sé/sí	gur bhog
bhogamar	nár bhog
bhog sibh	níor bogadh
bhog siad	ar bogadh?
bogadh	gur/nár bogadh

1sg (do) bhogas, *2sg* (do) bhogais, *2pl* (do) bhogabhair **M**
1pl bhog muid **CU** *3pl* (do) bhogadar **MC**

an aimsir láithreach	the present tense
bogaim	ní bhogann
bogann tú	an mbogann?
bogann sé/sí	go mbogann
bogaimid	nach mbogann
bogann sibh	
bogann siad	
bogtar	

1pl bogann muid **CU** *3pl* bogaid (siad) **M** *rel.* a bhogas

an aimsir fháistineach	the future tense
bogfaidh mé	ní bhogfaidh
bogfaidh tú	an mbogfaidh?
bogfaidh sé/sí	go mbogfaidh
bogfaimid	nach mbogfaidh
bogfaidh sibh	
bogfaidh siad	
bogfar	

1sg bogfad, *2sg* bogfair **M** *1pl* bogfaidh muid **CU** *rel.* a bhogfas

14 bog move   bogadh   bogtha

an modh coinníollach	the conditional mood
bhogfainn	ní bhogfadh
bhogfá	an mbogfadh?
bhogfadh sé/sí	go mbogfadh
bhogfaimis	nach mbogfadh
bhogfadh sibh	
bhogfaidís	
bhogfaí	

1pl bhogfadh muid **C** 3pl bhogfadh siad **U**

an aimsir ghnáthchaite	the imperfect tense
bhogainn	ní bhogadh
bhogtá	an mbogadh?
bhogadh sé/sí	go mbogadh
bhogaimis	nach mbogadh
bhogadh sibh	
bhogaidís	
bhogtaí	

1pl bhogadh muid **C** 3pl bhogadh siad **U**
Ba ghnách liom bogadh *etc.* **U**

an modh ordaitheach the imperative mood	an foshuiteach láithreach the present subjunctive
bogaim	go mboga mé
bog	go mboga tú
bogadh sé/sí	go mboga sé/sí
bogaimis	go mbogaimid
bogaigí	go mboga sibh
bogaidís	go mboga siad
bogtar	go mbogtar
ná bog	nár bhoga

3pl bogadh siad **U**   1pl go mboga muid **CU**

15 bris break   briseadh   briste

an aimsir chaite	the past tense
bhris mé	níor bhris
bhris tú	ar bhris?
bhris sé/sí	gur bhris
bhriseamar	nár bhris
bhris sibh	níor briseadh
bhris siad	ar briseadh?
briseadh	gur/nár briseadh

1sg (do) bhriseas, *2sg* (do) bhrisis, *2pl* (do) bhriseabhair **M**
1pl bhris muid **CU** *3pl* (do) bhriseadar **MC**

an aimsir láithreach	the present tense
brisim	ní bhriseann
briseann tú	an mbriseann?
briseann sé/sí	go mbriseann
brisimid	nach mbriseann
briseann sibh	
briseann siad	
bristear	

1pl briseann muid **CU** *3pl* brisid (siad) **M** *rel.* a bhriseas

an aimsir fháistineach	the future tense
brisfidh mé	ní bhrisfidh
brisfidh tú	an mbrisfidh?
brisfidh sé/sí	go mbrisfidh
brisfimid	nach mbrisfidh
brisfidh sibh	
brisfidh siad	
brisfear	

1sg brisfead, *2sg* brisfir **M** *1pl* brisfidh muid **CU** *rel.* a bhrisfeas

15 bris break   briseadh   briste

an modh coinníollach	**the conditional mood**
bhrisfinn	ní bhrisfeadh
bhrisfeá	an mbrisfeadh?
bhrisfeadh sé	go mbrisfeadh
bhrisfimis	nach mbrisfeadh
bhrisfeadh sibh	
bhrisfidís	
bhrisfí	

1pl bhrisfeadh muid **C** *3pl* bhrisfeadh siad **U**

an aimsir ghnáthchaite	**the imperfect tense**
bhrisinn	ní bhriseadh
bhristeá	an mbriseadh?
bhriseadh sé/sí	go mbriseadh
bhrisimis	nach mbriseadh
bhriseadh sibh	
bhrisidís	
bhristí	

1pl bhriseadh muid **C** *3pl* bhriseadh siad **U**
Ba ghnách liom briseadh **U**

an modh ordaitheach **the imperative mood**	**an foshuiteach láithreach** **the present subjunctive**
brisim	go mbrise mé
bris	go mbrise tú
briseadh sé/sí	go mbrise sé/sí
brisimis	go mbrisimid
brisigí	go mbrise sibh
brisidís	go mbrise siad
bristear	go mbristear
ná bris	nár bhrise

3pl briseadh siad **U**   *1pl* go mbrise muid **CU**

16 brúigh press, push   brú   brúite

an aimsir chaite
bhrúigh mé
bhrúigh tú
bhrúigh sé/sí
bhrúmar
bhrúigh sibh
bhrúigh siad
brúdh

the past tense
níor bhrúigh
ar bhrúigh?
gur bhrúigh
nár bhrúigh
níor brúdh
ar brúdh?
gur/nár brúdh

1sg (do) bhrús, *2sg* (do) bhrúis, *2pl* (do) bhrúbhair **M**
1pl bhrúigh muid **CU** *3pl* (do) bhrúdar **MC**

an aimsir láithreach
brúim
brúnn tú
brúnn sé/sí
brúimid
brúnn sibh
brúnn siad
brúitear

the present tense
ní bhrúnn
an mbrúnn?
go mbrúnn
nach mbrúnn

1pl brúnn muid **CU** *3pl* brúid (siad) **M** *rel.* a bhrús

an aimsir fháistineach
brúfaidh mé
brúfaidh tú
brúfaidh sé/sí
brúfaimid
brúfaidh sibh
brúfaidh siad
brúfar

the future tense
ní bhrúfaidh
an mbrúfaidh?
go mbrúfaidh
nach mbrúfaidh

1sg brúfad, *2sg* brúfair **M** *1pl* brúfaidh muid **CU** *rel.* a bhrúfas

16 brúigh press, push   brú   brúite

an modh coinníollach
bhrúfainn
bhrúfá
bhrúfadh sé/sí
bhrúfaimis
bhrúfadh sibh
bhrúfaidís
bhrúfaí

the conditional mood
ní bhrúfadh
an mbrúfadh?
go mbrúfadh
nach mbrúfadh

1pl bhrúfadh muid **C** *3pl* bhrúfadh siad **U**

an aimsir ghnáthchaite
bhrúinn
bhrúiteá
bhrúdh sé/sí
bhrúimis
bhrúdh sibh
bhrúidís
bhrúití

the imperfect tense
ní bhrúdh
an mbrúdh?
go mbrúdh
nach mbrúdh

1pl bhrúdh muid **C**, *3pl* bhrúdh siad **U**
Ba ghnách liom brú *etc.* **U**

an modh ordaitheach
the imperative mood
brúim
brúigh
brúdh sé/sí
brúimis
brúigí
brúidís
brúitear
 ná brúigh

3pl brúdh siad **U**

an foshuiteach láithreach
the present subjunctive
go mbrú mé
go mbrú tú
go mbrú sé/sí
go mbrúimid
go mbrú sibh
go mbrú siad
go mbrúitear
 nár bhrú

1pl go mbrú muid **CU**

17 caill lose cailleadh caillte

an aimsir chaite	the past tense
chaill mé	níor chaill
chaill tú	ar chaill?
chaill sé/sí	gur chaill
chailleamar	nár chaill
chaill sibh	níor cailleadh
chaill siad	ar cailleadh?
cailleadh	gur/nár cailleadh

1sg (do) chailleas, *2sg* (do) chaillis, *2pl* (do) chailleabhair **M**
1pl chaill muid **CU** *3pl* (do) chailleadar **MC**

an aimsir láithreach	the present tense
caillim	ní chailleann
cailleann tú	an gcailleann?
cailleann sé/sí	go gcailleann
caillimid	nach gcailleann
cailleann sibh	
cailleann siad	
cailltear	

1pl cailleann muid **CU** *3pl* caillid (siad) **M** *rel.* a chailleas

an aimsir fháistineach	the future tense
caillfidh mé	ní chaillfidh
caillfidh tú	an gcaillfidh?
caillfidh sé/sí	go gcaillfidh
caillfimid	nach gcaillfidh
caillfidh sibh	
caillfidh siad	
caillfear	

1sg caillfead, *2sg* caillfir **M** *1pl* caillfidh muid **CU** *rel.* a chaillfeas

17 caill lose   cailleadh   caillte

an modh coinníollach
chaillfinn
chaillfeá
chaillfeadh sé/sí
chaillfimis
chaillfeadh sibh
chaillfidís
chaillfí

the conditional mood
ní chaillfeadh
an gcaillfeadh?
go gcaillfeadh
nach gcaillfeadh

1pl chaillfeadh muid **C** *3pl* chaillfeadh siad **U**

an aimsir ghnáthchaite
chaillinn
chaillteá
chailleadh sé/sí
chaillimis
chailleadh sibh
chaillidís
chailltí

the imperfect tense
ní chailleadh
an gcailleadh?
go gcailleadh
nach gcailleadh

1pl chailleadh muid **C** *3pl* chailleadh siad **U**
Ba ghnách liom cailleadh/cailliúint **U**

an modh ordaitheach
the imperative mood
caillim
caill
cailleadh sé/sí
caillimis
cailligí
caillidís
cailltear
 ná caill

3pl cailleadh siad **U**

an foshuiteach láithreach
the present subjunctive
go gcaille mé
go gcaille tú
go gcaille sé/sí
go gcaillimid
go gcaille sibh
go gcaille siad
go gcailltear
 nár chaille

1pl go gcaille muid **CU**

18 caith spend, wear   caitheamh   caite

an aimsir chaite	the past tense
chaith mé	níor chaith
chaith tú	ar chaith?
chaith sé/sí	gur chaith
chaitheamar	nár chaith
chaith sibh	níor caitheadh
chaith siad	ar caitheadh?
caitheadh	gur/nár caitheadh

1sg (do) chaitheas, *2sg* (do) chaithis, *2pl* (do) chaitheabhair **M**
1pl chaith muid **CU** *3pl* (do) chaitheadar **MC**

an aimsir láithreach	the present tense
caithim	ní chaitheann
caitheann tú	an gcaitheann?
caitheann sé/sí	go gcaitheann
caithimid	nach gcaitheann
caitheann sibh	
caitheann siad	
caitear	

1pl caitheann muid **CU** *3pl* caithid (siad) **M** *rel.* a chaitheas

an aimsir fháistineach	the future tense
caithfidh mé	ní chaithfidh
caithfidh tú	an gcaithfidh?
caithfidh sé/sí	go gcaithfidh
caithfimid	nach gcaithfidh
caithfidh sibh	
caithfidh siad	
caithfear	

1sg caithfead, *2sg* caithfir **M** *1pl* caithfidh muid **CU** *rel.* a chaithfeas

18 caith spend, wear caitheamh caite

an modh coinníollach	the conditional mood
chaithfinn	ní chaithfeadh
chaithfeá	an gcaithfeadh?
chaithfeadh sé/sí	go gcaithfeadh
chaithfimis	nach gcaithfeadh
chaithfeadh sibh	
chaithfidís	
chaithfí	

1pl chaithfeadh muid **C** 3pl chaithfeadh siad **U**

an aimsir ghnáthchaite	the imperfect tense
chaithinn	ní chaitheadh
chaiteá	an gcaitheadh?
chaitheadh sé/sí	go gcaitheadh
chaithimis	nach gcaitheadh
chaitheadh sibh	
chaithidís	
chaití	

1pl chaitheadh muid **C** 3pl chaitheadh siad **U**
Ba ghnách liom caitheamh **U**

an modh ordaitheach the imperative mood	an foshuiteach láithreach the present subjunctive
caithim	go gcaithe mé
caith	go gcaithe tú
caitheadh sé/sí	go gcaithe sé/sí
caithimis	go gcaithimid
caithigí	go gcaithe sibh
caithidís	go gcaithe siad
caitear	go gcaitear
ná caith	nár chaithe

3pl caitheadh siad **U**   1pl go gcaithe muid **CU**

19 cas twist, turn casadh casta

an aimsir chaite	the past tense
chas mé	níor chas
chas tú	ar chas?
chas sé/sí	gur chas
chasamar	nár chas
chas sibh	níor casadh
chas siad	ar casadh?
casadh	gur/nár casadh

1sg (do) chasas, *2sg* (do) chasais, *2pl* (do) chasabhair **M**
1pl chas muid **CU** *3pl* (do) chasadar **MC**

an aimsir láithreach	the present tense
casaim	ní chasann
casann tú	an gcasann?
casann sé/sí	go gcasann
casaimid	nach gcasann
casann sibh	
casann siad	
castar	

1pl casann muid **CU** *3pl* casaid (siad) **M** *rel.* a chasas

an aimsir fháistineach	the future tense
casfaidh mé	ní chasfaidh
casfaidh tú	an gcasfaidh?
casfaidh sé/sí	go gcasfaidh
casfaimid	nach gcasfaidh
casfaidh sibh	
casfaidh siad	
casfar	

1sg casfad, *2sg* casfair **M** *1pl* casfaidh muid **CU** *rel.* a chasfas

19 cas twist, turn casadh casta

an modh coinníollach
chasfainn
chasfá
chasfadh sé/sí
chasfaimis
chasfadh sibh
chasfaidís
chasfaí

the conditional mood
ní chasfadh
an gcasfadh?
go gcasfadh
nach gcasfadh

1pl chasfadh muid **C** *3pl* chasfadh siad **U**

an aimsir ghnáthchaite
chasainn
chastá
chasadh sé/sí
chasaimis
chasadh sibh
chasaidís
chastaí

the imperfect tense
ní chasadh
an gcasadh?
go gcasadh
nach gcasadh

1pl chasadh muid **C** *3pl* chasadh siad **U**
Ba ghnách liom casadh *etc.* **U**

an modh ordaitheach
the imperative mood
casaim
cas
casadh sé/sí
casaimis
casaigí
casaidís
castar
  ná cas

3pl casadh siad **U**

an foshuiteach láithreach
the present subjunctive
go gcasa mé
go gcasa tú
go gcasa sé/sí
go gcasaimid
go gcasa sibh
go gcasa siad
go gcastar
  nár chasa

1pl go gcasa muid **CU**

20 **ceangail** tie   **ceangal**   **ceangailte**

an aimsir chaite	**the past tense**
cheangail mé	níor cheangail
cheangail tú	ar cheangail?
cheangail sé/sí	gur cheangail
cheanglaíomar	nár cheangail
cheangail sibh	níor ceanglaíodh
cheangail siad	ar ceanglaíodh?
ceanglaíodh	gur/nár ceanglaíodh

1sg (do) cheanglaíos, 2sg (do) cheanglaís, 2pl (do) cheanglaíobhair **M**
1pl cheangail muid **UC** 3pl cheanglaíodar **MC**

an aimsir láithreach	**the present tense**
ceanglaím	ní cheanglaíonn
ceanglaíonn tú	an gceanglaíonn?
ceanglaíonn sé/sí	go gceanglaíonn
ceanglaímid	nach gceanglaíonn
ceanglaíonn sibh	
ceanglaíonn siad	
ceanglaítear	

1pl ceanglaíonn muid **C** 3pl ceanglaíd (siad) **M** ceanglaim, ceanglann sé, muid etc. **U** rel.
a cheanglaíos/a cheanglas

an aimsir fháistineach	**the future tense**
ceanglóidh mé	ní cheanglóidh
ceanglóidh tú	an gceanglóidh?
ceanglóidh sé/sí	go gceanglóidh
ceanglóimid	nach gceanglóidh
ceanglóidh sibh	
ceanglóidh siad	ceanglóchaidh **U**
ceanglófar	

1sg ceanglód, 2sg ceanglóir **M** ceanglóchaidh mé/muid etc. **U**
1pl ceanglóidh muid **C** rel. a cheanglós/a cheanglóchas

20 ceangail tie   ceangal   ceangailte

an modh coinníollach
the conditional mood
cheanglóinn
cheanglófá
cheanglódh sé/sí
cheanglóimis
cheanglódh sibh
cheanglóidís
cheanglófaí

the conditional mood
ní cheanglódh
an gceanglódh?
go gceanglódh
nach gceanglódh

cheanglóchadh **U**

1sg cheanglóchainn, 3sg cheanglóchadh sé, siad *etc*. **U**
1pl cheanglódh muid **C**

an aimsir ghnáthchaite
the imperfect tense
cheanglaínn
cheanglaíteá
cheanglaíodh sé/sí
cheanglaímis
cheanglaíodh sibh
cheanglaídís
cheanglaítí

the imperfect tense
ní cheanglaíodh
an gceanglaíodh?
go gceanglaíodh
nach gceanglaíodh

1pl cheanglaíodh muid **C** 3pl cheanglaíodh siad **U**
Ba ghnách liom ceangal *etc*. **U**

an modh ordaitheach
the imperative mood
ceanglaím
ceangail
ceanglaíodh sé/sí
ceanglaímis
ceanglaígí
ceanglaídís
ceanglaítear
 ná ceangail

3pl ceanglaíodh siad **U**

an foshuiteach láithreach
the present subjunctive
go gceanglaí mé
go gceanglaí tú
go gceanglaí sé/sí
go gceanglaímid
go gceanglaí sibh
go gceanglaí siad
go gceanglaítear
nár cheanglaí

1pl go gceanglaí muid **CU**

21 ceannaigh buy ceannach ceannaithe

an aimsir chaite	the past tense
cheannaigh mé	níor cheannaigh
cheannaigh tú	ar cheannaigh?
cheannaigh sé/sí	gur cheannaigh
cheannaíomar	nár cheannaigh
cheannaigh sibh	níor ceannaíodh
cheannaigh siad	ar ceannaíodh?
ceannaíodh	gur/nár ceannaíodh

1sg (do) cheannaíos, *2sg* (do) cheannaís, *2pl* (do) cheannaíobhair **M**
1pl cheannaigh muid **UC** *3pl* cheannaíodar **MC**

an aimsir láithreach	the present tense
ceannaím	ní cheannaíonn
ceannaíonn tú	an gceannaíonn?
ceannaíonn sé/sí	go gceannaíonn
ceannaímid	nach gceannaíonn
ceannaíonn sibh	
ceannaíonn siad	
ceannaítear	

1pl ceannaíonn muid **C** *3pl* ceannaíd (siad) **M**
ceannaim, ceannann sé/muid **U** *rel.* a cheannaíos

an aimsir fháistineach	the future tense
ceannóidh mé	ní cheannóidh
ceannóidh tú	an gceannóidh?
ceannóidh sé/sí	go gceannóidh
ceannóimid	nach gceannóidh
ceannóidh sibh	
ceannóidh siad	ceannóchaidh **U**
ceannófar	

1sg ceannód, *2sg* ceannóir **M** *1pl* ceannóidh muid **C**
ceannóchaidh mé/muid *etc.* **U** *rel.* a cheannós/a cheannóchas

21 ceannaigh buy ceannach ceannaithe

an modh coinníollach	the conditional mood
cheannóinn	ní cheannódh
cheannófá	an gceannódh?
cheannódh sé/sí	go gceannódh
cheannóimis	nach gceannódh
cheannódh sibh	
cheannóidís	cheannóchadh **U**
cheannófaí	

1sg cheannóchainn, 3sg cheannóchadh sé/siad etc. **U**
1pl cheannódh muid **C**

an aimsir ghnáthchaite	the imperfect tense
cheannaínn	ní cheannaíodh
cheannaíteá	an gceannaíodh?
cheannaíodh sé/sí	go gceannaíodh
cheannaímis	nach gceannaíodh
cheannaíodh sibh	
cheannaídís	
cheannaítí	

1pl cheannaíodh muid **C** 3pl cheannaíodh siad **U**
Ba ghnách liom ceannacht etc. **U**

an modh ordaitheach the imperative mood	an foshuiteach láithreach the present subjunctive
ceannaím	go gceannaí mé
ceannaigh	go gceannaí tú
ceannaíodh sé/sí	go gceannaí sé/sí
ceannaímis	go gceannaímid
ceannaígí	go gceannaí sibh
ceannaídís	go gceannaí siad
ceannaítear	go gceannaítear
ná ceannaigh	nár cheannaí

3pl ceannaíodh siad **U**   1pl go gceannaí muid **CU**

22 cloígh defeat   cloí   cloíte

an aimsir chaite	the past tense
chloígh mé	níor chloígh
chloígh tú	ar chloígh?
chloígh sé/sí	gur chloígh
chloíomar	nár chloígh
chloígh sibh	níor cloíodh
chloígh siad	ar cloíodh?
cloíodh	gur/nár cloíodh

1sg (do) chloíos, *2sg* (do) chloís, *2pl* (do) chloíobhair **M**
1pl chloígh muid **CU** *3pl* (do) chloíodar **MC**

an aimsir láithreach	the present tense
cloím	ní chloíonn
cloíonn tú	an gcloíonn?
cloíonn sé/sí	go gcloíonn
cloímid	nach gcloíonn
cloíonn sibh	
cloíonn siad	
cloítear	

1pl cloíonn muid **CU** *3pl* cloíd (siad) **M** *rel.* a chloíos

an aimsir fháistineach	the future tense
cloífidh mé	ní chloífidh
cloífidh tú	an gcloífidh?
cloífidh sé/sí	go gcloífidh
cloífimid	nach gcloífidh
cloífidh sibh	
cloífidh siad	
cloífear	

1sg cloífead, *2sg* cloífir **M** *1pl* cloífidh muid **CU** *rel.* a chloífeas

22 cloígh defeat   cloí   cloíte

an modh coinníollach	the conditional mood
chloífinn	ní chloífeadh
chloífeá	an gcloífeadh?
chloífeadh sé/sí	go gcloífeadh
chloífimis	nach gcloífeadh
chloífeadh sibh	
chloífidís	
chloífí	

1pl chloífeadh muid **C** *3pl* chloífeadh siad **U**

an aimsir ghnáthchaite	the imperfect tense
chloínn	ní chloíodh
chloíteá	an gcloíodh?
chloíodh sé/sí	go gcloíodh
chloímis	nach gcloíodh
chloíodh sibh	
chloídís	
chloítí	

1pl chloíodh muid **C** *3pl* chloíodh siad **U**
Ba ghnách liom cloí *etc.* **U**

an modh ordaitheach the imperative mood	an foshuiteach láithreach the present subjunctive
cloím	go gcloí mé
cloígh	go gcloí tú
cloíodh sé/sí	go gcloí sé/sí
cloímis	go gcloímid
cloígí	go gcloí sibh
cloídís	go gcloí siad
cloítear	go gcloítear
ná cloígh	nár chloí

3pl cloíodh siad **U**   *1pl* go gcloí muid **CU**

23 clois hear *CM* cloisteáil cloiste

an aimsir chaite	the past tense
chuala mé	níor chuala
chuala tú	ar chuala?
chuala sé/sí	gur chuala
chualamar	nár chuala
chuala sibh	níor chualathas
chuala siad	ar chualathas?
chualathas	gur/nár chualathas

1sg (do) chuala(s), *2sg* (do) chualais, *2pl* (do) chualabhair **M**
1pl chuala muid **CU** *3pl* (do) chualadar **MC**
ní chuala an/go/nach gcuala **U** d'airigh & mhothaigh 'heard' *dial*

an aimsir láithreach	the present tense
cluinim = cloisim	ní chluineann
cluineann tú	an gcluineann?
cluineann sé/sí	go gcluineann
cluinimid	nach gcluineann
cluineann sibh	
cluineann siad	cloiseann **MC**
cluintear	= cluineann **U**

1pl cloiseann/cluineann muid **CU**; *3pl* cloisid (siad) **M**
rel. a chluineas/a chloiseas

an aimsir fháistineach	the future tense
cluinfidh mé	ní chluinfidh
cluinfidh tú	an gcluinfidh?
cluinfidh sé	go gcluinfidh
cluinfimid	nach gcluinfidh
cluinfidh sibh	
cluinfidh siad	cloisfidh **MC**
cluinfear	= cluinfidh **U**

1sg cloisfead, *2sg* cloisfir **M**
cloisfidh/cluinfidh muid **CU** *rel.* a chloisfeas/a chluinfeas

23 cluin hear U cluinstin cluinte

an modh coinníollach	the conditional mood
chluinfinn	ní chluinfeadh
chluinfeá	an gcluinfeadh?
chluinfeadh sé/sí	go gcluinfeadh
chluinfimis	nach gcluinfeadh
chluinfeadh sibh	
chluinfidís	chloisfeadh **MC**
chluinfí	= chluinfeadh **U**

1pl chloisfeadh muid **C**, *3pl* chluinfeadh siad **U**

an aimsir ghnáthchaite	the imperfect tense
chluininn	ní chluineadh
chluinteá	an gcluineadh?
chluineadh sé/sí	go gcluineadh
chluinimis	nach gcluineadh
chluineadh sibh	
chluinidís	chloiseadh **MC**
chluintí	= chluineadh **U**

1pl chloiseadh muid **C**
3pl chluineadh siad, Ba ghnách liom cluinstean **U**

an modh ordaitheach the imperative mood	an foshuiteach láithreach the present subjunctive
cluinim = cloisim	go gcluine mé = gcloise
cluin = clois	go gcluine tú
cluineadh sé/sí = cloiseadh	go gcluine sé/sí
cluinimis = cloisimis	go gcluinimid
cluinigí = cloisigí	go gcluine sibh
cluineadh siad = cloisidís	go gcluine siad
cluintear = cloistear	go gcluintear = gcloistear
ná cluin = ná clois	nár chluine = nár chloise

3pl cluineadh siad **U**   *1pl* go gcloise/gcluine muid **CU**

24 codail sleep codladh codalta

an aimsir chaite	the past tense
chodail mé	níor chodail
chodail tú	ar chodail?
chodail sé/sí	gur chodail
chodlaíomar	nár chodail
chodail sibh	níor codlaíodh
chodail siad	ar codlaíodh?
codlaíodh	gur/nár codlaíodh

1sg (do) chodlaíos, 2sg (do) chodlaís, 2pl (do) chodlaíobhair **M**
1pl chodail muid **UC** 3pl chodlaíodar **MC** var. chodlaigh **U**

an aimsir láithreach	the present tense
codlaím	ní chodlaíonn
codlaíonn tú	an gcodlaíonn?
codlaíonn sé/sí	go gcodlaíonn
codlaímid	nach gcodlaíonn
codlaíonn sibh	
codlaíonn siad	
codlaítear	

1pl codlaíonn muid **C** 3pl codlaíd (siad) **M**
codlaim, codlann sé, muid etc. **U** rel. a chodlaíos/a chodlas

an aimsir fháistineach	the future tense
codlóidh mé	ní chodlóidh
codlóidh tú	an gcodlóidh?
codlóidh sé/sí	go gcodlóidh
codlóimid	nach gcodlóidh
codlóidh sibh	
codlóidh siad	codlóchaidh **U**
codlófar	

1sg codlód, 2sg codlóir **M** codlóchaidh mé/muid etc. **U**
1pl codlóidh muid **C** rel. a chodlós/a chodlóchas

24 codail sleep codladh codalta

an modh coinníollach	the conditional mood
chodlóinn	ní chodlódh
chodlófá	an gcodlódh?
chodlódh sé/sí	go gcodlódh
chodlóimis	nach gcodlódh
chodlódh sibh	
chodlóidís	chodlóchadh **U**
chodlófaí	

1sg chodlóchainn, 3sg chodlóchadh sé, siad etc. **U**
1pl chodlódh muid **C**

an aimsir ghnáthchaite	the imperfect tense
chodlaínn	ní chodlaíodh
chodlaíteá	an gcodlaíodh?
chodlaíodh sé/sí	go gcodlaíodh
chodlaímis	nach gcodlaíodh
chodlaíodh sibh	
chodlaídís	
chodlaítí	

1pl chodlaíodh muid **C** 3pl chodlaíodh siad **U**
Ba ghnách liom codladh etc. **U**

an modh ordaitheach the imperative mood	an foshuiteach láithreach the present subjunctive
codlaím	go gcodlaí mé
codail	go gcodlaí tú
codlaíodh sé/sí	go gcodlaí sé/sí
codlaímis	go gcodlaímid
codlaígí	go gcodlaí sibh
codlaídís	go gcodlaí siad
codlaítear	go gcodlaítear
ná codail	nár chodlaí

3pl codlaíodh siad **U**   1pl go gcodlaí muid **CU**

25 coinnigh keep coinneáil coinnithe

an aimsir chaite	the past tense
choinnigh mé	níor choinnigh
choinnigh tú	ar choinnigh?
choinnigh sé/sí	gur choinnigh
choinníomar	nár choinnigh
choinnigh sibh	níor coinníodh
choinnigh siad	ar coinníodh?
coinníodh	gur/nár coinníodh

1sg (do) choinníos, *2sg* (do) choinnís, *2pl* (do) choinníobhair **M**
1pl choinnigh muid **UC** *3pl* choinníodar **MC**

an aimsir láithreach	the present tense
coinním	ní choinníonn
coinníonn tú	an gcoinníonn?
coinníonn sé/sí	go gcoinníonn
coinnímid	nach gcoinníonn
coinníonn sibh	
coinníonn siad	
coinnítear	

1pl coinníonn muid **C** *3pl* coinníd (siad) **M**
coinnim, coinneann sé/muid **U** *rel.* a choinníos

an aimsir fháistineach	the future tense
coinneoidh mé	ní choinneoidh
coinneoidh tú	an gcoinneoidh?
coinneoidh sé/sí	go gcoinneoidh
coinneoimid	nach gcoinneoidh
coinneoidh sibh	
coinneoidh siad	coinneochaidh **U**
coinneofar	

1sg coinneod, *2sg* coinneoir **M** *1pl* coinneoidh muid **C**
coinneochaidh mé/muid *etc.* **U** *rel.* a choinneos/a choinneochas

25 coinnigh keep coinneáil coinnithe

an modh coinníollach
choinneoinn
choinneofá
choinneodh sé/sí
choinneoimis
choinneodh sibh
choinneoidís
choinneofaí

the conditional mood
ní choinneodh
an gcoinneodh?
go gcoinneodh
nach gcoinneodh

choinneochadh **U**

1sg choinneochainn, *3sg* choinneochadh sé, siad *etc.* **U**
1pl choinneodh muid **C**

an aimsir ghnáthchaite
choinnínn
choinníteá
choinníodh sé/sí
choinnímis
choinníodh sibh
choinnídís
choinnítí

the imperfect tense
ní choinníodh
an gcoinníodh?
go gcoinníodh
nach gcoinníodh

1pl choinníodh muid **C**, *3pl* choinníodh siad **U**
Ba ghnách liom coinneáil(t) *etc.* **U**

an modh ordaitheach
the imperative mood
coinním
coinnigh
coinníodh sé/sí
coinnímis
coinnígí
coinnídís
coinnítear
  ná coinnigh

3pl coinníodh siad **U**

an foshuiteach láithreach
the present subjunctive
go gcoinní mé
go gcoinní tú
go gcoinní sé/sí
go gcoinnímid
go gcoinní sibh
go gcoinní siad
go gcoinnítear
  nár choinní

1pl go gcoinní muid **CU**

26 cruaigh harden   cruachan   cruaite

an aimsir chaite	the past tense
chruaigh mé	níor chruaigh
chruaigh tú	ar chruaigh?
chruaigh sé/sí	gur chruaigh
chruamar	nár chruaigh
chruaigh sibh	níor cruadh
chruaigh siad	ar cruadh?
cruadh	gur/nár cruadh

1sg (do) chruas, *2sg* (do) chruais, *2pl* (do) chruabhair **M**
1pl chruaigh muid **CU** *3pl* (do) chruadar **MC**

an aimsir láithreach	the present tense
cruaim	ní chruann
cruann tú	an gcruann?
cruann sé/sí	go gcruann
cruaimid	nach gcruann
cruann sibh	
cruann siad	
cruaitear	

1pl cruann muid **CU** *3pl* cruaid (siad) **M** *dial.* cruaidheann
rel. a chruas

an aimsir fháistineach	the future tense
cruafaidh mé	ní chruafaidh
cruafaidh tú	an gcruafaidh?
cruafaidh sé/sí	go gcruafaidh
cruafaimid	nach gcruafaidh
cruafaidh sibh	
cruafaidh siad	
cruafar	

1sg cruafad, *2sg* cruafair **M** *1pl* cruafaidh muid **CU** *dial.* cruaidhfidh
rel. a chruafas

26 **cruaigh** harden **cruachan cruaite**

an modh coinníollach	**the conditional mood**
chruafainn	ní chruafadh
chruafá	an gcruafadh?
chruafadh sé/sí	go gcruafadh
chruafaimis	nach gcruafadh
chruafadh sibh	
chruafaidís	
chruafaí	

1pl chruafadh muid **C** *3pl* chruafadh siad **U** *dial.* chruaidhfeadh

an aimsir ghnáthchaite	**the imperfect tense**
chruainn	ní chruadh
chruaiteá	an gcruadh?
chruadh sé/sí	go gcruadh
chruaimis	nach gcruadh
chruadh sibh	
chruaidís	
chruaití	

1pl chruadh muid **C**, *3pl* chruadh siad **U**
Ba ghnách liom cruaidheadh *etc.* **U**

an modh ordaitheach the imperative mood	**an foshuiteach láithreach the present subjunctive**
cruaim	go gcrua mé
cruaigh	go gcrua tú
cruadh sé/sí	go gcrua sé/sí
cruaimis	go gcruaimid
cruaigí	go gcrua sibh
cruaidís	go gcrua siad
cruaitear	go gcruaitear
ná cruaigh	nár chrua

3pl cruadh siad **U**   *1pl* go gcrua muid **CU**

27 cruinnigh gather cruinniú cruinnithe

an aimsir chaite · the past tense

an aimsir chaite	the past tense
chruinnigh mé	níor chruinnigh
chruinnigh tú	ar chruinnigh?
chruinnigh sé/sí	gur chruinnigh
chruinníomar	nár chruinnigh
chruinnigh sibh	níor cruinníodh
chruinnigh siad	ar cruinníodh?
cruinníodh	gur/nár cruinníodh

1sg (do) chruinníos, *2sg* (do) chruinnís, *2pl* (do) chruinníobhair **M**
1pl chruinnigh muid **UC** *3pl* chruinníodar **MC**

an aimsir láithreach · the present tense

an aimsir láithreach	the present tense
cruinním	ní chruinníonn
cruinníonn tú	an gcruinníonn?
cruinníonn sé/sí	go gcruinníonn
cruinnímid	nach gcruinníonn
cruinníonn sibh	
cruinníonn siad	
cruinnítear	

1pl cruinníonn muid **C** *3pl* cruinníd (siad) **M**
cruinnim, cruinneann sé/muid **U** *rel.* a chruinníos

an aimsir fháistineach · the future tense

an aimsir fháistineach	the future tense
cruinneoidh mé	ní chruinneoidh
cruinneoidh tú	an gcruinneoidh?
cruinneoidh sé/sí	go gcruinneoidh
cruinneoimid	nach gcruinneoidh
cruinneoidh sibh	
cruinneoidh siad	cruinneochaidh **U**
cruinneofar	

1sg cruinneod, *2sg* cruinneoir **M** *1pl* cruinneoidh muid **C**
cruinneochaidh mé/muid *etc.* **U** *rel.* a chruinneos/a chruinneochas

27 cruinnigh gather cruinniú cruinnithe

an modh coinníollach
chruinneoinn
chruinneofá
chruinneodh sé/sí
chruinneoimis
chruinneodh sibh
chruinneoidís
chruinneofaí

the conditional mood
ní chruinneodh
an gcruinneodh?
go gcruinneodh
nach gcruinneodh

chruinneochadh **U**

1sg chruinneochainn, 3sg chruinneochadh sé, siad etc. **U**
1pl chruinneodh muid **C**

an aimsir ghnáthchaite
chruinnínn
chruinníteá
chruinníodh sé/sí
chruinnímis
chruinníodh sibh
chruinnídís
chruinnítí

the imperfect tense
ní chruinníodh
an gcruinníodh?
go gcruinníodh
nach gcruinníodh

1pl chruinníodh muid **C**, 3pl chruinníodh siad **U**
Ba ghnách liom cruinniú etc. **U**

an modh ordaitheach
the imperative mood
cruinním
cruinnigh
cruinníodh sé/sí
cruinnímis
cruinnígí
cruinnídís
cruinnítear
 ná cruinnigh

3pl cruinníodh siad **U**

an foshuiteach láithreach
the present subjunctive
go gcruinní mé
go gcruinní tú
go gcruinní sé/sí
go gcruinnímid
go gcruinní sibh
go gcruinní siad
go gcruinnítear
 nár chruinní

1pl go gcruinní muid **CU**

28 cuir put cur curtha

an aimsir chaite
chuir mé
chuir tú
chuir sé/sí
chuireamar
chuir sibh
chuir siad
cuireadh

the past tense
níor chuir
ar chuir?
gur chuir
nár chuir
níor cuireadh
ar cuireadh?
gur/nár cuireadh

1sg (do) chuireas, *2sg* (do) chuiris, *2pl* (do) chuireabhair **M**
1pl chuir muid **CU** *3pl* (do) chuireadar **MC**

an aimsir láithreach
cuirim
cuireann tú
cuireann sé/sí
cuirimid
cuireann sibh
cuireann siad
cuirtear

the present tense
ní chuireann
an gcuireann?
go gcuireann
nach gcuireann

1pl cuireann muid **CU** *3pl* cuirid (siad) **M** *rel.* a chuireas

an aimsir fháistineach
cuirfidh mé
cuirfidh tú
cuirfidh sé/sí
cuirfimid
cuirfidh sibh
cuirfidh siad
cuirfear

the future tense
ní chuirfidh
an gcuirfidh?
go gcuirfidh
nach gcuirfidh

1sg cuirfead, *2sg* cuirfir **M** cuirfidh muid **CU** *rel.* a chuirfeas

28 cuir put cur curtha

an modh coinníollach
chuirfinn
chuirfeá
chuirfeadh sé/sí
chuirfimis
chuirfeadh sibh
chuirfidís
chuirfí

the conditional mood
ní chuirfeadh
an gcuirfeadh?
go gcuirfeadh
nach gcuirfeadh

1pl chuirfeadh muid **C** *3pl* chuirfeadh siad **U**

an aimsir ghnáthchaite
chuirinn
chuirteá
chuireadh sé/sí
chuirimis
chuireadh sibh
chuiridís
chuirtí

the imperfect tense
ní chuireadh
an gcuireadh?
go gcuireadh
nach gcuireadh

1pl chuireadh muid **C** *3pl* chuireadh siad **U**
Ba ghnách liom cur *etc.* **U**

an modh ordaitheach
the imperative mood
cuirim
cuir
cuireadh sé/sí
cuirimis
cuirigí
cuiridís
cuirtear
 ná cuir

3pl cuireadh siad **U**

an foshuiteach láithreach
the present subjunctive
go gcuire mé
go gcuire tú
go gcuire sé/sí
go gcuirimid
go gcuire sibh
go gcuire siad
go gcuirtear
 nár chuire

1pl go gcuire muid **CU**

29 **dathaigh** colour **dathú daite**

an aimsir chaite	the past tense
dhathaigh mé	níor dhathaigh
dhathaigh tú	ar dhathaigh?
dhathaigh sé/sí	gur dhathaigh
dhathaíomar	nár dhathaigh
dhathaigh sibh	níor dathaíodh
dhathaigh siad	ar dathaíodh?
dathaíodh	gur/nár dathaíodh

1sg (do) dhathaíos, 2sg (do) dhathaís, 2pl (do) dhathaíobhair **M**
1pl dhathaigh muid **UC** 3pl dhathaíodar **MC**

an aimsir láithreach	the present tense
dathaím	ní dhathaíonn
dathaíonn tú	an ndathaíonn?
dathaíonn sé/sí	go ndathaíonn
dathaímid	nach ndathaíonn
dathaíonn sibh	
dathaíonn siad	
dathaítear	

1pl dathaíonn muid **C** 3pl dathaíd (siad) **M**
dathaim, dathann sé/muid **U** rel. a dhathaíos

an aimsir fháistineach	the future tense
dathóidh mé	ní dhathóidh
dathóidh tú	an ndathóidh?
dathóidh sé/sí	go ndathóidh
dathóimid	nach ndathóidh
dathóidh sibh	
dathóidh siad	dathóchaidh **U**
dathófar	

1sg dathód, 2sg dathóir **M** 1pl dathóidh muid **C**
dathóchaidh mé/muid etc. **U** rel. a dhathós/a dhathóchas

29 dathaigh colour dathú daite

an modh coinníollach	the conditional mood
dhathóinn	ní dhathódh
dhathófá	an ndathódh?
dhathódh sé/sí	go ndathódh
dhathóimis	nach ndathódh
dhathódh sibh	
dhathóidís	dhathóchadh **U**
dhathófaí	

1sg dhathóchainn, 3sg dhathóchadh sé/siad etc. **U**
1pl dhathódh muid **C**

an aimsir ghnáthchaite	the imperfect tense
dhathaínn	ní dhathaíodh
dhathaíteá	an ndathaíodh?
dhathaíodh sé/sí	go ndathaíodh
dhathaímis	nach ndathaíodh
dhathaíodh sibh	
dhathaídís	
dhathaítí	

1pl dhathaíodh muid **C** 3pl dhathaíodh siad **U**
Ba ghnách liom dathú etc. **U**

an modh ordaitheach the imperative mood	an foshuiteach láithreach the present subjunctive
dathaím	go ndathaí mé
dathaigh	go ndathaí tú
dathaíodh sé/sí	go ndathaí sé/sí
dathaímis	go ndathaímid
dathaígí	go ndathaí sibh
dathaídís	go ndathaí siad
dathaítear	go ndathaítear
ná dathaigh	nár dhathaí

3pl dathaíodh siad **U**   1pl go ndathaí muid **CU**

30 déan do, make   déanamh   déanta

an aimsir chaite	the past tense
rinne mé	ní dhearna
rinne tú	an ndearna?
rinne sé	go ndearna
rinneamar	nach ndearna
rinne sibh	ní dhearnadh
rinne siad	an ndearnadh?
rinneadh	go/nach ndearnadh

1sg (do) dheineas, *2sg* (do) dheinis, *2pl* (do) dheineabhair, *3pl* dheineadar, *var.* dhin-**M**
1pl rinne muid **CU** *3pl* rinneadar **C**
rinn, ní thearn, an/go/nach dtearn **U**

an aimsir láithreach	the present tense
déanaim	ní dhéanann
déanann tú	an ndéanann?
déanann sé/sí	go ndéanann
déanaimid	nach ndéanann
déanann sibh	*Indep.* ghní **U**
déanann siad	díonann **C**
déantar	deineann **M**

1pl déanann muid **C** *3pl* déanaid (siad) **M** *rel.* a dhéanas;
indep. ghním, ghní tú/sé *var.* ní sé, *rel.* a ghníos; ní theán sé, go ndeán **U**

an aimsir fháistineach	the future tense
déanfaidh mé	ní dhéanfaidh
déanfaidh tú	an ndéanfaidh?
déanfaidh sé/sí	go ndéanfaidh
déanfaimid	nach ndéanfaidh
déanfaidh sibh	
déanfaidh siad	
déanfar	

1sg déanfad, *2sg* déanfair **M** *1pl* déanfaidh muid **CU** *rel.* a dhéanfas;
indep. ghéanfaidh/dhéanfaidh, ní theánfaidh, go ndeánfaidh **U**

30 déan do, make   déanamh   déanta

an modh coinníollach
dhéanfainn
dhéanfá
dhéanfadh sé/sí
dhéanfaimis
dhéanfadh sibh
dhéanfaidís
dhéanfaí

the conditional mood
ní dhéanfadh
an ndéanfadh?
go ndéanfadh
nach ndéanfadh

1pl dhéanfadh muid **C** *3pl* dhéanfadh siad, *var.* gheánfadh **U**

an aimsir ghnáthchaite
dhéanainn
dhéantá
dhéanadh sé/sí
dhéanaimis
dhéanadh sibh
dhéanaidís
dhéantaí

the imperfect tense
ní dhéanadh
an ndéanadh?
go ndéanadh
nach ndéanadh

1pl dhéanadh muid **C** Ba ghnách liom déanamh *etc.*
Indep. ghnínn, ghnítheá, ghníodh sé, siad *etc.*, *var.* níodh **U**

**an modh ordaitheach
the imperative mood**
déanaim
déan
déanadh sé/sí
déanaimis
déanaigí
déanaidís
déantar
 ná déan

3pl déanadh siad **U**

**an foshuiteach láithreach
the present subjunctive**
go ndéana mé
go ndéana tú
go ndéana sé/sí
go ndéanaimid
go ndéana sibh
go ndéana siad
go ndéantar
 nár dhéana

1pl go ndéana muid **CU**
go ndéanaidh **U**

31 díol sell   díol   díolta

an aimsir chaite	the past tense
dhíol mé	níor dhíol
dhíol tú	ar dhíol?
dhíol sé/sí	gur dhíol
dhíolamar	nár dhíol
dhíol sibh	níor díoladh
dhíol siad	ar díoladh?
díoladh	gur/nár díoladh

1sg (do) dhíolas, *2sg* (do) dhíolais, *2pl* (do) dhíolabhair **M**
1pl dhíol muid **CU** *3pl* (do) dhíoladar **MC**

an aimsir láithreach	the present tense
díolaim	ní dhíolann
díolann tú	an ndíolann?
díolann sé/sí	go ndíolann
díolaimid	nach ndíolann
díolann sibh	
díolann siad	
díoltar	

1pl díolann muid **CU** *3pl* díolaid (siad) **M** *rel.* a dhíolas

an aimsir fháistineach	the future tense
díolfaidh mé	ní dhíolfaidh
díolfaidh tú	an ndíolfaidh?
díolfaidh sé/sí	go ndíolfaidh
díolfaimid	nach ndíolfaidh
díolfaidh sibh	
díolfaidh siad	
díolfar	

1sg díolfad, *2sg* díolfair **M** *1pl* díolfaidh muid **CU** *rel.* a dhíolfas

31 díol sell díol díolta

an modh coinníollach	the conditional mood
dhíolfainn	ní dhíolfadh
dhíolfá	an ndíolfadh?
dhíolfadh sé/sí	go ndíolfadh
dhíolfaimis	nach ndíolfadh
dhíolfadh sibh	
dhíolfaidís	
dhíolfaí	

1pl dhíolfadh muid **C** *3pl* dhíolfadh siad **U**

an aimsir ghnáthchaite	the imperfect tense
dhíolainn	ní dhíoladh
dhíoltá	an ndíoladh?
dhíoladh sé/sí	go ndíoladh
dhíolaimis	nach ndíoladh
dhíoladh sibh	
dhíolaidís	
dhíoltaí	

1pl dhíoladh muid **C** *3pl* dhíoladh siad **U**
Ba ghnách liom díol *etc.* **U**

an modh ordaitheach the imperative mood	an foshuiteach láithreach the present subjunctive
díolaim	go ndíola mé
díol	go ndíola tú
díoladh sé/sí	go ndíola sé/sí
díolaimis	go ndíolaimid
díolaigí	go ndíola sibh
díolaidís	go ndíola siad
díoltar	go ndíoltar
ná díol	nár dhíola

3pl díoladh siad **U**   *1pl* go ndíola muid **CU**

32 dirigh straighten   díriú   dírithe

an aimsir chaite	the past tense
dhírigh mé	níor dhírigh
dhírigh tú	ar dhírigh?
dhírigh sé/sí	gur dhírigh
dhíríomar	nár dhírigh
dhírigh sibh	níor díríodh
dhírigh siad	ar díríodh?
díríodh	gur/nár díríodh

1sg (do) dhíríos, *2sg* (do) dhírís, *2pl* (do) dhíríobhair **M**
1pl dhírigh muid **UC** *3pl* dhíríodar **MC**

an aimsir láithreach	the present tense
dírím	ní díríonn
díríonn tú	an ndíríonn?
díríonn sé/sí	go ndíríonn
dírímid	nach ndíríonn
díríonn sibh	
díríonn siad	
dírítear	

1pl díríonn muid **C** *3pl* díríd (siad) **M**
dírim, díreann sé/muid **U** *rel.* a dhíríos

an aimsir fháistineach	the future tense
díreoidh mé	ní dhíreoidh
díreoidh tú	an ndíreoidh?
díreoidh sé/sí	go ndíreoidh
díreoimid	nach ndíreoidh
díreoidh sibh	
díreoidh siad	díreochaidh **U**
díreofar	

1sg díreod, *2sg* díreoir **M** *1pl* díreoidh muid **C**
díreochaidh mé/muid *etc*. **U** *rel.* a dhíreos/a dhíreochas

32 **dirigh** straighten **díriú dírithe**

an modh coinníollach

dhíreoinn
dhíreofá
dhíreodh sé/sí
dhíreoimis
dhíreodh sibh
dhíreoidís
dhíreofaí

the conditional mood

ní dhíreodh
an ndíreodh?
go ndíreodh
nach ndíreodh

dhíreochadh **U**

1sg dhíreochainn, *3sg* dhíreochadh sé, siad *etc.* **U**
1pl dhíreodh muid **C**

an aimsir ghnáthchaite

dhírínn
dhíríteá
dhíríodh sé/sí
dhírímis
dhíríodh sibh
dhírídís
dhírítí

the imperfect tense

ní dhíríodh
an ndíríodh?
go ndíríodh
nach ndíríodh

1pl dhíríodh muid **C**, *3pl* dhíríodh siad **U**
Ba ghnách liom díriú *etc.* **U**

an modh ordaitheach
the imperative mood

dírím
dírigh
díríodh sé/sí
dírímis
dírígí
dírídís
dírítear
 ná dírigh

3pl díríodh siad **U**

an foshuiteach láithreach
the present subjunctive

go ndírí mé
go ndírí tú
go ndírí sé/sí
go ndírímid
go ndírí sibh
go ndírí siad
go ndírítear
 nár dhírí

1pl go ndírí muid **CU**

33 dóigh burn   dó   dóite

an aimsir chaite	the past tense
dhóigh mé	níor dhóigh
dhóigh tú	ar dhóigh?
dhóigh sé/sí	gur dhóigh
dhómar	nár dhóigh
dhóigh sibh	níor dódh
dhóigh siad	ar dódh?
dódh	gur/nár dódh

1sg (do) dhós, *2sg* (do) dhóis, *2pl* (do) dhóbhair **M**
1pl dhóigh muid **CU** *3pl* (do) dhódar **MC** *vn* dóghadh **U**

an aimsir láithreach	the present tense
dóim	ní dhónn
dónn tú	an ndónn?
dónn sé/sí	go ndónn
dóimid	nach ndónn
dónn sibh	
dónn siad	
dóitear	

1pl dónn muid **CU** *3pl* dóid (siad) **M** *dial.* dóigheann
rel. a dhós

an aimsir fháistineach	the future tense
dófaidh mé	ní dhófaidh
dófaidh tú	an ndófaidh?
dófaidh sé/sí	go ndófaidh
dófaimid	nach ndófaidh
dófaidh sibh	
dófaidh siad	
dófar	

1sg dófad, *2sg* dófair **M** *1pl* dófaidh muid **CU** *dial.* dóighfidh
rel. a dhófas

33 dóigh burn dó dóite

an modh coinníollach	the conditional mood
dhófainn	ní dhófadh
dhófá	an ndófadh?
dhófadh sé/sí	go ndófadh
dhófaimis	nach ndófadh
dhófadh sibh	
dhófaidís	
dhófaí	

1pl dhófadh muid **C** *3pl* dhófadh siad **U** *dial.* dhóighfeadh

an aimsir ghnáthchaite	the imperfect tense
dhóinn	ní dhódh
dhóiteá	an ndódh?
dhódh sé/sí	go ndódh
dhóimis	nach ndódh
dhódh sibh	
dhóidís	
dhóití	

1pl dhódh muid **C**, *3pl* dhódh siad **U**
Ba ghnách liom dó/dóghadh *etc.* **U**

an modh ordaitheach the imperative mood	an foshuiteach láithreach the present subjunctive
dóim	go ndó mé
dóigh	go ndó tú
dódh sé/sí	go ndó sé/sí
dóimis	go ndóimid
dóigí	go ndó sibh
dóidís	go ndó siad
dóitear	go ndóitear
ná dóigh	nár dhó

3pl dódh siad **U**   *1pl* go ndó muid **CU**

34 druid close   druidim   druidte

an aimsir chaite	the past tense
dhruid mé	níor dhruid
dhruid tú	ar dhruid?
dhruid sé/sí	gur dhruid
dhruideamar	nár dhruid
dhruid sibh	níor druideadh
dhruid siad	ar druideadh?
druideadh	gur/nár druideadh

1sg (do) dhruideas, *2sg* (do) dhruidis, *2pl* (do) dhruideabhair **M**
1pl dhruid muid **CU** *3pl* (do) dhruideadar **MC**

an aimsir láithreach	the present tense
druidim	ní dhruideann
druideann tú	an ndruideann?
druideann sé/sí	go ndruideann
druidimid	nach ndruideann
druideann sibh	
druideann siad	
druidtear	

1pl druideann muid **CU** *3pl* druidid (siad) **M** *rel.* a dhruideas

an aimsir fháistineach	the future tense
druidfidh mé	ní dhruidfidh
druidfidh tú	an ndruidfidh?
druidfidh sé/sí	go ndruidfidh
druidfimid	nach ndruidfidh
druidfidh sibh	
druidfidh siad	
druidfear	

1sg druidfead, *2sg* druidfir **M** *1pl* druidfidh muid **CU** *rel.* a dhruidfeas

34 druid close   druidim   druidte

an modh coinníollach
dhruidfinn
dhruidfeá
dhruidfeadh sé/sí
dhruidfimis
dhruidfeadh sibh
dhruidfidís

dhruidfí

the conditional mood
ní dhruidfeadh
an ndruidfeadh?
go ndruidfeadh
nach ndruidfeadh

1pl dhruidfeadh muid **C** *3pl* dhruidfeadh siad **U**

an aimsir ghnáthchaite
dhruidinn
dhruidteá
dhruideadh sé/sí
dhruidimis
dhruideadh sibh
dhruididís

dhruidtí

the imperfect tense
ní dhruideadh
an ndruideadh?
go ndruideadh
nach ndruideadh

1pl dhruideadh muid **C** *3pl* dhruideadh siad **U**
Ba ghnách liom druidim *etc.* **U**

an modh ordaitheach
the imperative mood
druidim
druid
druideadh sé/sí
druidimis
druidigí
druididís

druidtear
 ná druid

3pl druideadh siad **U**

an foshuiteach láithreach
the present subjunctive
go ndruide mé
go ndruide tú
go ndruide sé
go ndruidimid
go ndruide sibh
go ndruide siad

go ndruidtear
 nár dhruide

1pl go ndruide muid **CU**

35 dúisigh awaken   dúiseacht   dúisithe

an aimsir chaite	the past tense
dhúisigh mé	níor dhúisigh
dhúisigh tú	ar dhúisigh?
dhúisigh sé/sí	gur dhúisigh
dhúisíomar	nár dhúisigh
dhúisigh sibh	níor dúisíodh
dhúisigh siad	ar dúisíodh?
dúisíodh	gur/nár dúisíodh

1sg (do) dhúisíos, *2sg* (do) dhúisís, *2pl* (do) dhúisíobhair **M**
1pl dhúisigh muid **UC** *3pl* dhúisíodar **MC**

an aimsir láithreach	the present tense
dúisím	ní dhúisíonn
dúisíonn tú	an ndúisíonn?
dúisíonn sé/sí	go ndúisíonn
dúisímid	nach ndúisíonn
dúisíonn sibh	
dúisíonn siad	
dúisítear	

1pl dúisíonn muid **C** *3pl* dúisíd (siad) **M**
dúisim, dúiseann sé/muid **U** *rel.* a dhúisíos

an aimsir fháistineach	the future tense
dúiseoidh mé	ní dhúiseoidh
dúiseoidh tú	an ndúiseoidh?
dúiseoidh sé/sí	go ndúiseoidh
dúiseoimid	nach ndúiseoidh
dúiseoidh sibh	
dúiseoidh siad	
dúiseofar	

1sg dúiseod, *2sg* dúiseoir **M** *1pl* dúiseoidh muid **C**
dúiseochaidh mé/muid *etc.* **U** *rel.* a dhúiseos/a dhúiseochas

35 dúisigh awaken   dúiseacht   dúisithe

an modh coinníollach
dhúiseoinn
dhúiseofá
dhúiseodh sé/sí
dhúiseoimis
dhúiseodh sibh
dhúiseoidís
dhúiseofaí

the conditional mood
ní dhúiseodh
an ndúiseodh?
go ndúiseodh
nach ndúiseodh

1sg dhúiseochainn, *3sg* dhúiseochadh sé, siad *etc.* **U**
1pl dhúiseodh muid **C**

an aimsir ghnáthchaite
dhúisínn
dhúisíteá
dhúisíodh sé/sí
dhúisímis
dhúisíodh sibh
dhúisídís
dhúisítí

the imperfect tense
ní dhúisíodh
an ndúisíodh?
go ndúisíodh
nach ndúisíodh

1pl dhúisíodh muid **C**, *3pl* dhúisíodh siad **U**
Ba ghnách liom dúiseacht *etc.* **U**

an modh ordaitheach
the imperative mood
dúisím
dúisigh
dúisíodh sé/sí
dúisímis
dúisígí
dúisídís
dúisítear
  ná dúisigh

an foshuiteach láithreach
the present subjunctive
go ndúisí mé
go ndúisí tú
go ndúisí sé/sí
go ndúisímid
go ndúisí sibh
go ndúisí siad
go ndúisítear
  nár dhúisí

3pl dúisíodh siad **U**

1pl go ndúisí muid **CU**

36 dún close dúnadh dúnta

an aimsir chaite	the past tense
dhún mé	níor dhún
dhún tú	ar dhún?
dhún sé/sí	gur dhún
dhúnamar	nár dhún
dhún sibh	níor dúnadh
dhún siad	ar dúnadh?
dúnadh	gur/nár dúnadh

1sg (do) dhúnas, *2sg* (do) dhúnais, *2pl* (do) dhúnabhair **M**
1pl dhún muid **CU** *3pl* (do) dhúnadar **MC**

an aimsir láithreach	the present tense
dúnaim	ní dhúnann
dúnann tú	an ndúnann?
dúnann sé/sí	go ndúnann
dúnaimid	nach ndúnann
dúnann sibh	
dúnann siad	
dúntar	

1pl dúnann muid **CU** *3pl* dúnaid (siad) **M** *rel.* a dhúnas

an aimsir fháistineach	the future tense
dúnfaidh mé	ní dhúnfaidh
dúnfaidh tú	an ndúnfaidh?
dúnfaidh sé/sí	go ndúnfaidh
dúnaimid	nach ndúnfaidh
dúnfaidh sibh	
dúnfaidh siad	
dúnfar	

1sg dúnfad, *2sg* dúnfair **M** *1pl* dúnfaidh muid **CU** *rel.* a dhúnfas

36 dún close   dúnadh   dúnta

an modh coinníollach	the conditional mood
dhúnfainn	ní dhúnfadh
dhúnfá	an ndúnfadh?
dhúnfadh sé/sí	go ndúnfadh
dhúnfaimis	nach ndúnfadh
dhúnfadh sibh	
dhúnfaidís	
dhúnfaí	

1pl dhúnfadh muid **C** *3pl* dhúnfadh siad **U**

an aimsir ghnáthchaite	the imperfect tense
dhúnainn	ní dhúnadh
dhúntá	an ndúnadh?
dhúnadh sé/sí	go ndúnadh
dhúnaimis	nach ndúnadh
dhúnadh sibh	
dhúnaidís	
dhúntaí	

1pl dhúnadh muid **C** *3pl* dhúnadh siad **U**
Ba ghnách liom dúnadh *etc.* **U**

an modh ordaitheach the imperative mood	an foshuiteach láithreach the present subjunctive
dúnaim	go ndúna mé
dún	go ndúna tú
dúnadh sé/sí	go ndúna sé/sí
dúnaimis	go ndúnaimid
dúnaigí	go ndúna sibh
dúnaidís	go ndúna siad
dúntar	go ndúntar
ná dún	nár dhúna

3pl dúnadh siad **U**   *1pl* go ndúna muid **CU**

37 eagraigh organise eagrú eagraithe

an aimsir chaite
d'eagraigh mé
d'eagraigh tú
d'eagraigh sé/sí
d'eagraíomar
d'eagraigh sibh
d'eagraigh siad
eagraíodh/heagraíodh

the past tense
níor eagraigh
ar eagraigh?
gur eagraigh
nár eagraigh
níor eagraíodh/níor heagraíodh
ar eagraíodh?
gur/nár eagraíodh

1sg d(h)'eagraíos, *2sg* d(h)'eagraís, *2pl* d(h)'eagraíobhair **M**
1pl d'eagraigh muid **UC** *3pl* d'eagraíodar **MC** *aut.* heagraíodh **MCU**

an aimsir láithreach
eagraím
eagraíonn tú
eagraíonn sé/sí
eagraímid
eagraíonn sibh
eagraíonn siad
eagraítear

the present tense
ní eagraíonn
an eagraíonn?
go n-eagraíonn
nach n-eagraíonn

1pl eagraíonn muid **C** *3pl* eagraíd (siad) **M**
eagraim, eagrann sé/muid *etc.* **U** *rel.* a eagraíos

an aimsir fháistineach
eagróidh mé
eagróidh tú
eagróidh sé/sí
eagróimid
eagróidh sibh
eagróidh siad
eagrófar

the future tense
ní eagróidh
an eagróidh?
go n-eagróidh
nach n-eagróidh

eagróchaidh **U**

1sg eagród, *2sg* eagróir **M** *1pl* eagróidh muid **C**
eagróchaidh mé/muid *etc.* **U** *rel.* a eagrós/a eagróchas

37 eagraigh organise eagrú eagraithe

an modh coinníollach
d'eagróinn
d'eagrófá
d'eagródh sé/sí
d'eagróimis
d'eagródh sibh
d'eagróidís
d'eagrófaí

the conditional mood
ní eagródh
an eagródh?
go n-eagródh
nach n-eagródh

d'eagróchadh **U**

1sg d'eagróchainn, *3sg* d'eagróchadh sé/siad *etc.* **U**
1pl d'eagródh muid **C**

an aimsir ghnáthchaite
d'eagraínn
d'eagraíteá
d'eagraíodh sé/sí
d'eagraímis
d'eagraíodh sibh
d'eagraídís
d'eagraítí

the imperfect tense
ní eagraíodh
an eagraíodh?
go n-eagraíodh
nach n-eagraíodh

1pl d'eagraíodh muid **C** *3pl* d'eagraíodh siad **U**
Ba ghnách liom eagrú *etc.* **U**

an modh ordaitheach
the imperative mood
eagraím
eagraigh
eagraíodh sé/sí
eagraímis
eagraígí
eagraídís
eagraítear
 ná heagraigh

3pl eagraíodh siad **U**

an foshuiteach láithreach
the present subjunctive
go n-eagraí mé
go n-eagraí tú
go n-eagraí sé/sí
go n-eagraímid
go n-eagraí sibh
go n-eagraí siad
go n-eagraítear
 nár eagraí

1pl go n-eagraí muid **CU**

38 éirigh get up   éirí   éirithe

an aimsir chaite	the past tense
d'éirigh mé	níor éirigh
d'éirigh tú	ar éirigh?
d'éirigh sé/sí	gur éirigh
d'éiríomar	nár éirigh
d'éirigh sibh	níor éiríodh/níor héiríodh
d'éirigh siad	ar éiríodh?
éiríodh/héiríodh	gur/nár éiríodh

1sg d(h)'éiríos, *2sg* d(h)'éirís, *2pl* d(h)'éiríobhair **M**
1pl d'éirigh muid **UC** *3pl* d'éiríodar **MC** *aut.* héiríodh **MCU**

an aimsir láithreach	the present tense
éirím	ní éiríonn
éiríonn tú	an éiríonn?
éiríonn sé/sí	go n-éiríonn
éirímid	nach n-éiríonn
éiríonn sibh	
éiríonn siad	
éirítear	

1pl éiríonn muid **C** *3pl* éiríd (siad) **M**
éirim, éireann sé, muid *etc.* **U** *rel.* a éiríos

an aimsir fháistineach	the future tense
éireoidh mé	ní éireoidh
éireoidh tú	an éireoidh?
éireoidh sé/sí	go n-éireoidh
éireoimid	nach n-éireoidh
éireoidh sibh	
éireoidh siad	éireochaidh **U**
éireofar	

1sg éireod, *2sg* éireoir **M** éireochaidh mé, muid *etc.* **U**
1pl éireoidh muid **C** *rel.* a éireos/a éireochas

38 éirigh get up éirí éirithe

an modh coinníollach
d'éireoinn
d'éireofá
d'éireodh sé/sí
d'éireoimis
d'éireodh sibh
d'éireoidís
d'éireofaí

the conditional mood
ní éireodh
an éireodh?
go n-éireodh
nach n-éireodh

d'éireochadh **U**

1sg d'éireochainn, 3sg d'éireochadh sé, siad *etc.* **U**
1pl d'éireodh muid **C**

an aimsir ghnáthchaite
d'éirínn
d'éiríteá
d'éiríodh sé/sí
d'éirímis
d'éiríodh sibh
d'éirídís
d'éirítí

the imperfect tense
ní éiríodh
an éiríodh?
go n-éiríodh
nach n-éiríodh

1pl d'éiríodh muid **C** 3pl d'éiríodh siad **U**
Ba ghnách liom éirí *etc.* **U**

an modh ordaitheach
the imperative mood
éirím
éirigh
éiríodh sé/sí
éirímis
éirígí
éirídís
éirítear
  ná héirigh

3pl éiríodh siad **U**

an foshuiteach láithreach
the present subjunctive
go n-éirí mé
go n-éirí tú
go n-éirí sé/sí
go n-éirímid
go n-éirí sibh
go n-éirí siad
go n-éirítear
  nár éirí

1pl go n-éirí muid **CU**

39 éist listen   éisteacht   éiste

an aimsir chaite	the past tense
d'éist mé	níor éist
d'éist tú	ar éist?
d'éist sé/sí	gur éist
d'éisteamar	nár éist
d'éist sibh	níor éisteadh/níor hé.
d'éist siad	ar éisteadh?
éisteadh/héisteadh	gur/nár éisteadh

1sg d(h)'éisteas, *2sg* d(h)'éistis, *2pl* d(h)'éisteabhair **M**
1pl d'éist muid **CU** *3pl* d'éisteadar **MC** *aut*. héisteadh **MCU**

an aimsir láithreach	the present tense
éistim	ní éisteann
éisteann tú	an éisteann?
éisteann sé/sí	go n-éisteann
éistimid	nach n-éisteann
éisteann sibh	
éisteann siad	
éistear	

1pl éisteann muid **CU** *3pl* éistid (siad) **M** *rel*. a éisteas

an aimsir fháistineach	the future tense
éistfidh mé	ní éistfidh
éistfidh tú	an éistfidh?
éistfidh sé/sí	go n-éistfidh
éistfimid	nach n-éistfidh
éistfidh sibh	
éistfidh siad	
éistfear	

1sg éistfead, *2sg* éistfir **M** *1pl* éistfidh muid **CU** *rel*. a éistfeas
var. éisteochaidh **U**

39 éist listen éisteacht éiste

an modh coinníollach
d'éistfinn
d'éistfeá
d'éistfeadh sé/sí
d'éistfimis
d'éistfeadh sibh
d'éistfidís
d'éistfí

the conditional mood
ní éistfeadh
an éistfeadh?
go n-éistfeadh
nach n-éistfeadh

1pl d'éistfeadh muid **C** *3pl* d'éistfeadh siad **U**
var. d'éisteochainn, d'éisteochadh sé/siad **U**

an aimsir ghnáthchaite
d'éistinn
d'éisteá
d'éisteadh sé/sí
d'éistimis
d'éisteadh sibh
d'éistidís
d'éistí

the imperfect tense
ní éisteadh
an éisteadh?
go n-éisteadh
nach n-éisteadh

1pl d'éisteadh muid **C** *3pl* d'éisteadh siad **U**
Ba ghnách liom éisteacht *etc.* **U**

an modh ordaitheach
the imperative mood
éistim
éist
éisteadh sé/sí
éistimis
éistigí
éistidís
éistear
  ná héist

3pl éisteadh siad **U**

an foshuiteach láithreach
the present subjunctive
go n-éiste mé
go n-éiste tú
go n-éiste sé
go n-éistimid
go n-éiste sibh
go n-éiste siad
go n-éistear
  nár éiste

1pl go n-éiste muid **CU**

40 fág leave fágáil fágtha

an aimsir chaite	the past tense
d'fhág mé	níor fhág
d'fhág tú	ar fhág?
d'fhág sé/sí	gur fhág
d'fhágamar	nár fhág
d'fhág sibh	níor fágadh
d'fhág siad	ar fágadh?
fágadh	gur/nár fágadh

1sg d(h)'fhágas, *2sg* d(h)'fhágais, *2pl* d(h)'fhágabhair **M**
1pl d'fhág muid **CU** *3pl* d(h)'fhágadar **MC**

an aimsir láithreach	the present tense
fágaim	ní fhágann
fágann tú	an bhfágann?
fágann sé/sí	go bhfágann
fágaimid	nach bhfágann
fágann sibh	
fágann siad	
fágtar	

1pl fágann muid **CU** *3pl* fágaid (siad) **M** *rel.* a fhágas

an aimsir fháistineach	the future tense
fágfaidh mé	ní fhágfaidh
fágfaidh tú	an bhfágfaidh?
fágfaidh sé/sí	go bhfágfaidh
fágfaimid	nach bhfágfaidh
fágfaidh sibh	
fágfaidh siad	
fágfar	

1sg fágfad, *2sg* fágfair **M** *1pl* fágfaidh muid **CU** *var.* fuígfidh **U**
rel. a fhágfas/a fhuígfeas

40 fág leave   fágáil   fágtha

an modh coinníollach	the conditional mood
d'fhágfainn	ní fhágfadh
d'fhágfá	an bhfágfadh?
d'fhágfadh sé/sí	go bhfágfadh
d'fhágfaimis	nach bhfágfadh
d'fhágfadh sibh	
d'fhágfaidís	
d'fhágfaí	

1pl d'fhágfadh muid **C** *3pl* d'fhágfadh siad **U** *var.* d'fhuígfeadh **U**

an aimsir ghnáthchaite	the imperfect tense
d'fhágainn	ní fhágadh
d'fhágtá	an bhfágadh?
d'fhágadh sé/sí	go bhfágadh
d'fhágaimis	nach bhfágadh
d'fhágadh sibh	
d'fhágaidís	
d'fhágtaí	

1pl d'fhágadh muid **C** *3pl* d'fhágadh siad **U**
Ba ghnách liom fágáil *etc.* **U**

an modh ordaitheach the imperative mood	an foshuiteach láithreach the present subjunctive
fágaim	go bhfága mé
fág	go bhfága tú
fágadh sé/sí	go bhfága sé/sí
fágaimis	go bhfágaimid
fágaigí	go bhfága sibh
fágaidís	go bhfága siad
fágtar	go bhfágtar
ná fág	nár fhága

3pl fágadh siad **U**   *1pl* go bhfága muid **CU**

41 faigh get   fáil   faighte

an aimsir chaite	the past tense
fuair mé	ní bhfuair
fuair tú	an bhfuair?
fuair sé/sí	go bhfuair
fuaireamar	nach bhfuair
fuair sibh	ní bhfuarthas
fuair siad	an bhfuarthas?
fuarthas	go/nach bhfuarthas

1sg (do) fuaras, *2sg* (do) fuarais, *2pl* (do) fuarabhair **M**
1pl fuair muid **CU** *3pl* (do) fuaradar **MC** *aut*. frítheadh **C**

an aimsir láithreach	the present tense
faighim	ní fhaigheann
faigheann tú	an bhfaigheann?
faigheann sé/sí	go bhfaigheann
faighimid	nach bhfaigheann
faigheann sibh	gheibh **U**
faigheann siad	*dial*. faghann
faightear	

1pl faigheann muid **CU** *3pl* faighid (siad) **M** *rel*. a fhaigheas – a gheibh **U** *indep*.
gheibhim, gheibh tú/sé/muid *etc*., gheibhthear **U** *indep*.

an aimsir fháistineach	the future tense
gheobhaidh mé	ní bhfaighidh
gheobhaidh tú	an bhfaighidh?
gheobhaidh sé/sí	go bhfaighidh
gheobhaimid	nach bhfaighidh
gheobhaidh sibh	
gheobhaidh siad	*dial. dep*. bhfuighidh
gheofar	

1sg gheobhad, *2sg* gheobh(f)air **M**
1pl gheobhaidh muid **CU** *rel*. a gheobhas

41 faigh get   fáil   faighte

an modh coinníollach	the conditional mood
gheobhainn	ní bhfaigheadh
gheofá	an bhfaigheadh?
gheobhadh sé/sí	go bhfaigheadh
gheobhaimis	nach bhfaigheadh
gheobhadh sibh	
gheobhaidís	*dial.* bhfuigheadh
gheofaí	

1pl gheobhadh muid **C** *3pl* gheobhadh siad **U**

an aimsir ghnáthchaite	the imperfect tense
d'fhaighinn	ní fhaigheadh
d'fhaighteá	an bhfaigheadh?
d'fhaigheadh sé/sí	go bhfaigheadh
d'fhaighimis	nach bhfaigheadh
d'fhaigheadh sibh	
d'fhaighidís	
d'fhaightí	

1pl d'fhaigheadh muid **C** *indep.* gheibhinn, gheibhtheá, gheibheadh sé/siad *etc.*
gheibhthí, Ba ghnách liom fáil **U**

an modh ordaitheach the imperative mood	an foshuiteach láithreach the present subjunctive
faighim	go bhfaighe mé
faigh	go bhfaighe tú
faigheadh sé/sí	go bhfaighe sé/sí
faighimis	go bhfaighimid
faighigí	go bhfaighe sibh
faighidís	go bhfaighe siad
faightear	go bhfaightear
ná faigh	nár fhaighe

3pl faigheadh siad **U**   *1pl* go bhfaighe muid **CU**

42 fan wait fanacht fanta

an aimsir chaite	the past tense
d'fhan mé	níor fhan
d'fhan tú	ar fhan?
d'fhan sé/sí	gur fhan
d'fhanamar	nár fhan
d'fhan sibh	níor fanadh
d'fhan siad	ar fanadh?
fanadh	gur/nár fanadh

1sg d(h)'fhanas, *2sg* d(h)'fhanais, *2pl* d(h)'fhanabhair **M**
1pl d'fhan muid **CU** *3pl* d(h)'fhanadar **MC**

an aimsir láithreach	the present tense
fanaim	ní fhanann
fanann tú	an bhfanann?
fanann sé/sí	go bhfanann
fanaimid	nach bhfanann
fanann sibh	
fanann siad	
fantar	

1pl fanann muid **CU** *3pl* fanaid (siad) **M** *rel.* a fhanas

an aimsir fháistineach	the future tense
fanfaidh mé	ní fhanfaidh
fanfaidh tú	an bhfanfaidh?
fanfaidh sé/sí	go bhfanfaidh
fanfaimid	nach bhfanfaidh
fanfaidh sibh	
fanfaidh siad	
fanfar	

1sg fanfad, *2sg* fanfair **M** *1pl* fanfaidh muid **CU** *var.* fanóchaidh **U**
rel. a fhanóchas

42 fan wait   fanacht   fanta

an modh coinníollach
d'fhanfainn
d'fhanfá
d'fhanfadh sé/sí
d'fhanfaimis
d'fhanfadh sibh
d'fhanfaidís
d'fhanfaí

the conditional mood
ní fhanfadh
an bhfanfadh?
go bhfanfadh
nach bhfanfadh

1pl d'fhanfadh muid **C** d'fhanóchainn, d'fhanóchadh sé/siad **U**

an aimsir ghnáthchaite
d'fhanainn
d'fhantá
d'fhanadh sé/sí
d'fhanaimis
d'fhanadh sibh
d'fhanaidís
d'fhantaí

the imperfect tense
ní fhanadh
an bhfanadh?
go bhfanadh
nach bhfanadh

1pl d'fhanadh muid **C** *3pl* d'fhanadh siad **U**
Ba ghnách liom fanacht **U**

an modh ordaitheach
the imperative mood
fanaim
fan
fanadh sé/sí
fanaimis
fanaigí
fanaidís
fantar
  ná fan

3pl fanadh siad **U**

an foshuiteach láithreach
the present subjunctive
go bhfana mé
go bhfana tú
go bhfana sé/sí
go bhfanaimid
go bhfana sibh
go bhfana siad
go bhfantar
  nár fhana

1pl go bhfana muid **CU**

43 fás grow   fás   fásta

an aimsir chaite	the past tense
d'fhás mé	níor fhás
d'fhás tú	ar fhás?
d'fhás sé/sí	gur fhás
d'fhásamar	nár fhás
d'fhás sibh	níor fásadh
d'fhás siad	ar fásadh?
fásadh	gur/nár fásadh

1sg d(h)'fhásas, *2sg* d(h)'fhásais, *2pl* d(h)'fhásabhair **M**
1pl d'fhás muid **CU** *3pl* d(h)'fhásadar **MC**

an aimsir láithreach	the present tense
fásaim	ní fhásann
fásann tú	an bhfásann?
fásann sé/sí	go bhfásann
fásaimid	nach bhfásann
fásann sibh	
fásann siad	
fástar	

1pl fásann muid **CU** *3pl* fásaid (siad) **M** *rel.* a fhásas

an aimsir fháistineach	the future tense
fásfaidh mé	ní fhásfaidh
fásfaidh tú	an bhfásfaidh?
fásfaidh sé/sí	go bhfásfaidh
fásfaimid	nach bhfásfaidh
fásfaidh sibh	
fásfaidh siad	
fásfar	

1sg fásfad, fásfair **M** *1pl* fásfaidh muid **CU** *rel.* a fhásfas

43 fás grow   fás   fásta

an modh coinníollach
d'fhásfainn
d'fhásfá
d'fhásfadh sé/sí
d'fhásfaimis
d'fhásfadh sibh
d'fhásfaidís
d'fhásfaí

the conditional mood
ní fhásfadh
an bhfásfadh?
go bhfásfadh
nach bhfásfadh

1pl d'fhásfadh muid **C** *3pl* d'fhásfadh siad **U**

an aimsir ghnáthchaite
d'fhásainn
d'fhástá
d'fhásadh sé/sí
d'fhásaimis
d'fhásadh sibh
d'fhásaidís
d'fhástaí

the imperfect tense
ní fhásadh
an bhfásadh?
go bhfásadh
nach bhfásadh

1pl d'fhásadh muid **C** *3pl* d'fhásadh siad **U**
Ba ghnách liom fás *etc.* **U**

an modh ordaitheach
the imperative mood
fásaim
fás
fásadh sé/sí
fásaimis
fásaigí
fásaidís
fástar
 ná fás

an foshuiteach láithreach
the present subjunctive
go bhfása mé
go bhfása tú
go bhfása sé/sí
go bhfásaimid
go bhfása sibh
go bhfása siad
go bhfástar
 nár fhása

3pl fásadh siad **U**

1pl go bhfása muid **CU**

44 feic see   feiscint/feiceáil   feicthe

an aimsir chaite	the past tense
chonaic mé	ní fhaca
chonaic tú	an bhfaca?
chonaic sé/sí	go bhfaca
chonaiceamar	nach bhfaca
chonaic sibh	ní fhacthas
chonaic siad	an bhfacthas?
chonacthas	go/nach bhfacthas

1sg (do) chonac, *2sg* (do) chonaicís, *2pl* (do) chonaiceabhair; *dep* fheaca **M**
1pl chonaic muid **CU** *3pl* chonaiceadar/chonacadar **MC**

an aimsir láithreach	the present tense
feicim	ní fheiceann
feiceann tú	an bhfeiceann?
feiceann sé/sí	go bhfeiceann
feicimid	nach bhfeiceann
feiceann sibh	
feiceann siad	*Indep.* tchí **U**
feictear	*Indep.* c(h)íonn **M**

Indep. cím, cíonn tú/sé *etc.* chí- **M** tchím, tchí tú/sé/muid (tchíonn), tchíthear **U**
1pl feiceann muid **C** *3pl* cíonn/cíd (siad)

an aimsir fháistineach	the future tense
feicfidh mé	ní fheicfidh
feicfidh tú	an bhfeicfidh?
feicfidh sé/sí	go bhfeicfidh
feicfimid	nach bhfeicfidh
feicfidh sibh	
feicfidh siad	*Indep.* tchífidh **U**
feicfear	*Indep.* c(h)ífidh **M**

Indep. cífead, cífir *var.* cífidh tú/sé, cífid (siad), *var.* chífidh **M**
1pl feicfidh muid **C** *indep.* tchífidh mé/tú/sé/muid, *aut.* tchífear **U**

44 feic see   feiscint/feiceáil   feicthe

an modh coinníollach	the conditional mood
d'fheicfinn	ní fheicfeadh
d'fheicfeá	an bhfeicfeadh?
d'fheicfeadh sé/sí	go bhfeicfeadh
d'fheicfimis	nach bhfeicfeadh
d'fheicfeadh sibh	
d'fheicfidís	*Indep.* tchífeadh **U**
d'fheicfí	*Indep.* chífeadh **M**

Indep. chífinn, chífeá, chífimis, chífidís **M**
1pl d'fheicfeadh muid **C** *indep.* tchífinn, tchífeá, tchífeadh sé/siad *etc.* **U**

an aimsir ghnáthchaite	the imperfect tense
d'fheicinn	ní fheiceadh
d'fheicteá	an bhfeiceadh?
d'fheiceadh sé/sí	go bhfeiceadh
d'fheicimis	nach bhfeiceadh
d'fheiceadh sibh	
d'fheicidís	*Indep.* tchíodh **U**
d'fheictí	*Indep.* chíodh **M**

Indep. chínn, chíteá, chíodh sé, chímis, chídis **M**
1pl d'fheiceadh muid **C** *indep.* tchínn, tchítheá, tchíodh sé/siad *etc.*
Ba ghnách liom feiceáil. **U**

an modh ordaitheach the imperative mood	an foshuiteach láithreach the present subjunctive
feicim	go bhfeice mé
feic	go bhfeice tú
feiceadh sé/sí	go bhfeice sé/sí
feicimis	go bhfeicimid
feicigí	go bhfeice sibh
feicidís	go bhfeice siad
feictear	go bhfeictear
ná feic	nár fheice

3pl feiceadh siad **U**   1pl go bhfeice muid **CU**

45 feoigh rot feo feoite

an aimsir chaite	the past tense
d'fheoigh mé	níor fheoigh
d'fheoigh tú	ar fheoigh?
d'fheoigh sé/sí	gur fheoigh
d'fheomar	nár fheoigh
d'fheoigh sibh	níor feodh
d'fheoigh siad	ar feodh?
feodh	gur/nár feodh

1sg d(h)'fheos, *2sg* d(h)'fheois, *2pl* d(h)'fheobhair **M**
1pl d'fheoigh muid **CU** *3pl* d(h)'fheodar **MC** *vn* feoghadh **U**

an aimsir láithreach	the present tense
feoim	ní fheonn
feonn tú	an bhfeonn?
feonn sé/sí	go bhfeonn
feoimid	nach bhfeonn
feonn sibh	
feonn siad	
feoitear	

1pl feonn muid **CU** *3pl* feoid (siad) **M** *dial.* feoigheann
rel. a fheos

an aimsir fháistineach	the future tense
feofaidh mé	ní fheofaidh
feofaidh tú	an bhfeofaidh?
feofaidh sé/sí	go bhfeofaidh
feofaimid	nach bhfeofaidh
feofaidh sibh	
feofaidh siad	
feofar	

1sg feofad, *2sg* feofair **M** *1pl* feofaidh muid **CU** *dial.* feoighfidh
rel. a fheofas

45 feoigh rot feo feoite

an modh coinníollach	the conditional mood
d'fheofainn	ní fheofadh
d'fheofá	an bhfeofadh?
d'fheofadh sé/sí	go bhfeofadh
d'fheofaimis	nach bhfeofadh
d'fheofadh sibh	
d'fheofaidís	
d'fheofaí	

1pl d'fheofadh muid **C** *3pl* d'fheofadh siad **U** *dial.* d'fheoighfeadh

an aimsir ghnáthchaite	the imperfect tense
d'fheoinn	ní fheodh
d'fheoiteá	an bhfeodh?
d'fheodh sé/sí	go bhfeodh
d'fheoimis	nach bhfeodh
d'fheodh sibh	
d'fheoidís	
d'fheoití	

1pl d'fheodh muid **C**, *3pl* d'fheodh siad **U**
Ba ghnách liom feo/feoghadh *etc.* **U**

an modh ordaitheach the imperative mood	an foshuiteach láithreach the present subjunctive
feoim	go bhfeo mé
feoigh	go bhfeo tú
feodh sé/sí	go bhfeo sé/sí
feoimis	go bhfeoimid
feoigí	go bhfeo sibh
feoidís	go bhfeo siad
feoitear	go bhfeoitear
ná feoigh	nár fheo

3pl feodh siad **U**   *1pl* go bhfeo muid **CU**

46 fiafraigh ask   fiafraí   fiafraithe

an aimsir chaite	**the past tense**
d'fhiafraigh mé	níor fhiafraigh
d'fhiafraigh tú	ar fhiafraigh?
d'fhiafraigh sé/sí	gur fhiafraigh
d'fhiafraíomar	nár fhiafraigh
d'fhiafraigh sibh	níor fiafraíodh
d'fhiafraigh siad	ar fiafraíodh?
fiafraíodh	gur/nár fiafraíodh

1sg d(h)'fhiafraíos, 2sg d(h)'fhiafraís, 2pl d(h)'fhiafraíobhair **M**
1pl d'fhiafraigh muid **UC** 3pl d(h)'fhiafraíodar **MC**

an aimsir láithreach	**the present tense**
fiafraím	ní fhiafraíonn
fiafraíonn tú	an bhfiafraíonn?
fiafraíonn sé/sí	go bhfiafraíonn
fiafraímid	nach bhfiafraíonn
fiafraíonn sibh	
fiafraíonn siad	
fiafraítear	

1pl fiafraíonn muid **C** 3pl fiafraíd (siad) **M**
fiafraim, fiafrann sé/muid **U** rel. a fhiafraíos

an aimsir fháistineach	**the future tense**
fiafróidh mé	ní fhiafróidh
fiafróidh tú	an bhfiafróidh?
fiafróidh sé/sí	go bhfiafróidh
fiafróimid	nach bhfiafróidh
fiafróidh sibh	
fiafróidh siad	fiafróchaidh **U**
fiafrófar	

1sg fiafród, 2sg fiafróir **M** 1pl fiafróidh muid **C**
fiafróchaidh mé/muid etc. **U** rel. a fhiafrós/a fhiafróchas

46 fiafraigh ask fiafraí fiafraithe

an modh coinníollach	**the conditional mood**
d'fhiafróinn	ní fhiafródh
d'fhiafrófá	an bhfiafródh?
d'fhiafródh sé/sí	go bhfiafródh
d'fhiafróimis	nach bhfiafródh
d'fhiafródh sibh	
d'fhiafróidís	d'fhiafróchadh **U**
d'fhiafrófaí	

1sg d'fhiafróchainn, 3sg d'fhiafróchadh sé/siad etc. **U**
1pl d'fhiafródh muid **C**

an aimsir ghnáthchaite	**the imperfect tense**
d'fhiafraínn	ní fhiafraíodh
d'fhiafraíteá	an bhfiafraíodh?
d'fhiafraíodh sé/sí	go bhfiafraíodh
d'fhiafraímis	nach bhfiafraíodh
d'fhiafraíodh sibh	
d'fhiafraídís	
d'fhiafraítí	

1pl d'fhiafraíodh muid **C** 3pl d'fhiafraíodh siad **U**
Ba ghnách liom fiafraí etc. **U**

an modh ordaitheach the imperative mood	**an foshuiteach láithreach the present subjunctive**
fiafraím	go bhfiafraí mé
fiafraigh	go bhfiafraí tú
fiafraíodh sé/sí	go bhfiafraí sé/sí
fiafraímis	go bhfiafraímid
fiafraígí	go bhfiafraí sibh
fiafraídís	go bhfiafraí siad
fiafraítear	go bhfiafraítear
ná fiafraigh	nár fhiafraí

3pl fiafraíodh siad **U**   1pl go bhfiafraí muid **CU**

47 fill, pill U return   filleadh   fillte

an aimsir chaite	the past tense
d'fhill mé	níor fhill
d'fhill tú	ar fhill?
d'fhill sé/sí	gur fhill
d'fhilleamar	nár fhill
d'fhill sibh	níor filleadh
d'fhill siad	ar filleadh?
filleadh	gur/nár filleadh

1sg d(h)'fhilleas, *2sg* d(h)'fhillis, *2pl* d(h)'fhilleabhair **M**
1pl d'fhill muid **C** phill muid **U** *3pl* d'fhilleadar **MC**

an aimsir láithreach	the present tense
fillim	ní fhilleann
filleann tú	an bhfilleann?
filleann sé/sí	go bhfilleann
fillimid	nach bhfilleann
filleann sibh	
filleann siad	pilleann **U**
filltear	

1pl filleann muid **C** pilleann muid **U** *3pl* fillid (siad) **M**
rel. a fhilleas/a philleas

an aimsir fháistineach	the future tense
fillfidh mé	ní fhillfidh
fillfidh tú	an bhfillfidh?
fillfidh sé/sí	go bhfillfidh
fillfimid	nach bhfillfidh
fillfidh sibh	
fillfidh siad	pillfidh **U**
fillfear	

1sg fillfead, *2sg* fillfir **M** *1pl* fillfidh muid **C** pillfidh muid **U**
rel. a fhillfeas/a phillfeas

47 fill, pill *U* return　filleadh　fillte

an modh coinníollach	the conditional mood
d'fhillfinn	ní fhillfeadh
d'fhillfeá	an bhfillfeadh?
d'fhillfeadh sé/sí	go bhfillfeadh
d'fhillfimis	nach bhfillfeadh
d'fhillfeadh sibh	
d'fhillfidís	phillfeadh **U**
d'fhillfí	

1pl d'fhillfeadh muid **C** *3pl* phillfeadh siad **U**

an aimsir ghnáthchaite	the imperfect tense
d'fhillinn	ní fhilleadh
d'fhillteá	an bhfilleadh?
d'fhilleadh sé/sí	go bhfilleadh
d'fhillimis	nach bhfilleadh
d'fhilleadh sibh	
d'fhillidís	philleadh **U**
d'fhilltí	

1pl d'fhilleadh muid **C** *3pl* philleadh siad **U**
Ba ghnách liom pilleadh *etc.* **U**

an modh ordaitheach the imperative mood	an foshuiteach láithreach the present subjunctive
fillim	go bhfille mé
fill	go bhfille tú
filleadh sé/sí	go bhfille sé/sí
fillimis	go bhfillimid
filligí	go bhfille sibh
fillidís	go bhfille siad
filltear	go bhfilltear
ná fill	nár fhille

pill *3pl* pilleadh siad **U**

1pl go bhfille muid **C**
go bpille muid **U**

48 fliuch wet fliuchadh fliuchta

an aimsir chaite
d'fhliuch mé
d'fhliuch tú
d'fhliuch sé/sí
d'fhliuchamar
d'fhliuch sibh
d'fhliuch siad
fliuchadh

the past tense
níor fhliuch
ar fhliuch?
gur fhliuch
nár fhliuch
níor fliuchadh
ar fliuchadh?
gur/nár fliuchadh

1sg (do) fhliuchas, *2sg* (do) fhliuchais, *2pl* (do) fhliuchabhair **M**
1pl d'fhliuch muid **CU** *3pl* (do) fhliuchadar **MC**

an aimsir láithreach
fliuchaim
fliuchann tú
fliuchann sé/sí
fliuchaimid
fliuchann sibh
fliuchann siad
fliuchtar

the present tense
ní fhliuchann
an bhfliuchann?
go bhfliuchann
nach bhfliuchann

1pl fliuchann muid **CU** *3pl* fliuchaid (siad) **M** *rel.* a fhliuchas

an aimsir fháistineach
fliuchfaidh mé
fliuchfaidh tú
fliuchfaidh sé/sí
fliuchfaimid
fliuchfaidh sibh
fliuchfaidh siad
fliuchfar

the future tense
ní fhliuchfaidh
an bhfliuchfaidh?
go bhfliuchfaidh
nach bhfliuchfaidh

1sg fliuchfad, *2sg* fliuchfair **M** *1pl* fliuchfaidh muid **CU**
rel. a fhliuchfas

48 fliuch wet   fliuchadh   fliuchta

an modh coinníollach
d'fhliuchfainn
d'fhliuchfá
d'fhliuchfadh sé/sí
d'fhliuchfaimis
d'fhliuchfadh sibh
d'fhliuchfaidís
d'fhliuchfaí

the conditional mood
ní fhliuchfadh
an bhfliuchfadh?
go bhfliuchfadh
nach bhfliuchfadh

1pl d'fhliuchfadh muid **C** 3pl d'fhliuchfadh siad **U**

an aimsir ghnáthchaite
d'fhliuchainn
d'fhliuchtá
d'fhliuchadh sé/sí
d'fhliuchaimis
d'fhliuchadh sibh
d'fhliuchaidís
d'fhliuchtaí

the imperfect tense
ní fhliuchadh
an bhfliuchadh?
go bhfliuchadh
nach bhfliuchadh

1pl d'fhliuchadh muid **C** 3pl d'fhliuchadh siad **U**
Ba ghnách liom fliuchadh *etc.* **U**

an modh ordaitheach
the imperative mood
fliuchaim
fliuch
fliuchadh sé/sí
fliuchaimis
fliuchaigí
fliuchaidís
fliuchtar
 ná fliuch

3pl fliuchadh siad **U**

an foshuiteach láithreach
the present subjunctive
go bhfliucha mé
go bhfliucha tú
go bhfliucha sé
go bhfliuchaimid
go bhfliucha sibh
go bhfliucha siad
go bhfliuchtar
 nár fhliucha

1pl go bhfliucha muid **CU**

49 foghlaim learn   foghlaim   foghlamtha

an aimsir chaite	the past tense
d'fhoghlaim mé	níor fhoghlaim
d'fhoghlaim tú	ar fhoghlaim?
d'fhoghlaim sé/sí	gur fhoghlaim
d'fhoghlaimíomar	nár fhoghlaim
d'fhoghlaim sibh	níor foghlaimíodh
d'fhoghlaim siad	ar foghlaimíodh?
foghlaimíodh	gur/nár foghlaimíodh

1sg d(h)'fhoghlaimíos, 2sg d(h)'fhoghlaimís, 2pl d(h)'fhoghlaimíobhair **M**
1pl d'fhoghlaim muid **UC** 3pl d'fhoghlaimíodar **MC**

an aimsir láithreach	the present tense
foghlaimím	ní fhoghlaimíonn
foghlaimíonn tú	an bhfoghlaimíonn?
foghlaimíonn sé/sí	go bhfoghlaimíonn
foghlaimímid	nach bhfoghlaimíonn
foghlaimíonn sibh	
foghlaimíonn siad	
foghlaimítear	

1pl foghlaimíonn muid **C** 3pl foghlaimíd (siad) **M**
foghlaimim, foghlaimeann sé, muid etc. **U** rel. a fhoghlaimíos/a fhoghlaimeas

an aimsir fháistineach	the future tense
foghlaimeoidh mé	ní fhoghlaimeoidh
foghlaimeoidh tú	an bhfoghlaimeoidh?
foghlaimeoidh sé/sí	go bhfoghlaimeoidh
foghlaimeoimid	nach bhfoghlaimeoidh
foghlaimeoidh sibh	
foghlaimeoidh siad	foghlaimeochaidh **U**
foghlaimeofar	

1sg foghlaimeod, 2sg foghlaimeoir **M** foghlaimeochaidh mé etc. **U**
1pl foghlaimeoidh muid **C** rel. a fhoghlaimeos/fhoghlaimeochas

49 foghlaim learn foghlaim foghlamtha

an modh coinníollach
d'fhoghlaimeoinn
d'fhoghlaimeofá
d'fhoghlaimeodh sé/sí
d'fhoghlaimeoimis
d'fhoghlaimeodh sibh
d'fhoghlaimeoidís
d'fhoghlaimeofaí

the conditional mood
ní fhoghlaimeodh
an bhfoghlaimeodh?
go bhfoghlaimeodh
nach bhfoghlaimeodh

d'fhoghlaimeochadh **U**

1sg d'fhoghlaimeochainn, *3sg* d'fhoghlaimeochadh sé, siad *etc*. **U**
1pl d'fhoghlaimeodh muid **C**

an aimsir ghnáthchaite
d'fhoghlaimínn
d'fhoghlaimíteá
d'fhoghlaimíodh sé/sí
d'fhoghlaimímis
d'fhoghlaimíodh sibh
d'fhoghlaimídís
d'fhoghlaimítí

the imperfect tense
ní fhoghlaimíodh
an bhfoghlaimíodh?
go bhfoghlaimíodh
nach bhfoghlaimíodh

1pl d'fhoghlaimíodh muid **C** *3pl* d'fhoghlaimíodh siad **U**
Ba ghnách liom foghlaim *etc*. **U**

an modh ordaitheach
the imperative mood
foghlaimím
foghlaim
foghlaimíodh sé/sí
foghlaimímis
foghlaimígí
foghlaimídís
foghlaimítear
 ná foghlaim

3pl foghlaimíodh siad **U**

an foshuiteach láithreach
the present subjunctive
go bhfoghlaimí mé
go bhfoghlaimí tú
go bhfoghlaimí sé/sí
go bhfoghlaimímid
go bhfoghlaimí sibh
go bhfoghlaimí siad
go bhfoghlaimítear
 nár fhoghlaimí

1pl go bhfoghlaimí muid **CU**

50 foilsigh publish   foilsiú   foilsithe

an aimsir chaite	the past tense
d'fhoilsigh mé	níor fhoilsigh
d'fhoilsigh tú	ar fhoilsigh?
d'fhoilsigh sé/sí	gur fhoilsigh
d'fhoilsíomar	nár fhoilsigh
d'fhoilsigh sibh	níor foilsíodh
d'fhoilsigh siad	ar foilsíodh?
foilsíodh	gur/nár foilsíodh

1sg d(h)'fhoilsíos, *2sg* d(h)'fhoilsís, *2pl* d(h)'fhoilsíobhair **M**
1pl d'fhoilsigh muid **UC** *3pl* d'fhoilsíodar **MC**

an aimsir láithreach	the present tense
foilsím	ní fhoilsíonn
foilsíonn tú	an bhfoilsíonn?
foilsíonn sé/sí	go bhfoilsíonn
foilsímid	nach bhfoilsíonn
foilsíonn sibh	
foilsíonn siad	
foilsítear	

1pl foilsíonn muid **C** *3pl* foilsíd (siad) **M**
foilsim, foilseann sé, muid **U** *rel*. a fhoilsíos

an aimsir fháistineach	the future tense
foilseoidh mé	ní fhoilseoidh
foilseoidh tú	an bhfoilseoidh?
foilseoidh sé/sí	go bhfoilseoidh
foilseoimid	nach bhfoilseoidh
foilseoidh sibh	
foilseoidh siad	foilseochaidh **U**
foilseofar	

1sg foilseod, *2 sg* foilseoir **M** *1pl* foilseoidh muid **C**
foilseochaidh mé, muid *etc*. **U** *rel*. a fhoilseos/a fhoilseochas

50 foilsigh publish foilsiú foilsithe

an modh coinníollach	the conditional mood
d'fhoilseoinn	ní fhoilseodh
d'fhoilseofá	an bhfoilseodh?
d'fhoilseodh sé/sí	go bhfoilseodh
d'fhoilseoimis	nach bhfoilseodh
d'fhoilseodh sibh	
d'fhoilseoidís	d'fhoilseochadh **U**
d'fhoilseofaí	

1sg d'fhoilseochainn, *3sg* d'fhoilseochadh sé, siad *etc*. **U**
1pl d'fhoilseodh muid **C**

an aimsir ghnáthchaite	the imperfect tense
d'fhoilsínn	ní fhoilsíodh
d'fhoilsíteá	an bhfoilsíodh?
d'fhoilsíodh sé/sí	go bhfoilsíodh
d'fhoilsímis	nach bhfoilsíodh
d'fhoilsíodh sibh	
d'fhoilsídís	
d'fhoilsítí	

1pl d'fhoilsíodh muid **C**, *3pl* d'fhoilsíodh siad **U**
Ba ghnách liom foilsiú *etc*. **U**

an modh ordaitheach the imperative mood	an foshuiteach láithreach the present subjunctive
foilsím	go bhfoilsí mé
foilsigh	go bhfoilsí tú
foilsíodh sé/sí	go bhfoilsí sé/sí
foilsímis	go bhfoilsímid
foilsígí	go bhfoilsí sibh
foilsídís	go bhfoilsí siad
foilsítear	go bhfoilsítear
ná foilsigh	nár fhoilsí

3pl foilsíodh siad **U**   *1pl* go bhfoilsí muid **CU**

51 freagair answer   freagairt   freagartha

an aimsir chaite	the past tense
d'fhreagair mé	níor fhreagair
d'fhreagair tú	ar fhreagair?
d'fhreagair sé/sí	gur fhreagair
d'fhreagraíomar	nár fhreagair
d'fhreagair sibh	níor freagraíodh
d'fhreagair siad	ar freagraíodh?
freagraíodh	gur/nár freagraíodh

1sg d(h)'fhreagraíos, 2sg d(h)'fhreagraís, 2pl d(h)'fhreagraíobhair **M**
1pl d'fhreagair muid **UC** 3pl d'fhreagraíodar **MC**

an aimsir láithreach	the present tense
freagraím	ní fhreagraíonn
freagraíonn tú	an bhfreagraíonn?
freagraíonn sé/sí	go bhfreagraíonn
freagraímid	nach bhfreagraíonn
freagraíonn sibh	
freagraíonn siad	
freagraítear	

1pl freagraíonn muid **C** 3pl freagraíd (siad) **M**
freagraim, freagrann sé, muid etc. **U**

an aimsir fháistineach	the future tense
freagróidh mé	ní fhreagróidh
freagróidh tú	an bhfreagróidh?
freagróidh sé/sí	go bhfreagróidh
freagróimid	nach bhfreagróidh
freagróidh sibh	
freagróidh siad	freagróchaidh **U**
freagrófar	

1sg freagród, 2sg freagróir **M**
freagróchaidh mé/muid etc. **U** 1pl freagróidh muid **C**

51 freagair answer   freagairt   freagartha

an modh coinníollach
d'fhreagróinn
d'fhreagrófá
d'fhreagródh sé/sí
d'fhreagróimis
d'fhreagródh sibh
d'fhreagróidís
d'fhreagrófaí

the conditional mood
ní fhreagródh
an bhfreagródh?
go bhfreagródh
nach bhfreagródh

d'fhreagróchadh **U**

1sg d'fhreagróchainn, 3sg d'fhreagróchadh sé *etc.* **U**
1pl d'fhreagródh muid **C** 3pl d'fhreagróchadh siad **U**

an aimsir ghnáthchaite
d'fhreagraínn
d'fhreagraíteá
d'fhreagraíodh sé/sí
d'fhreagraímis
d'fhreagraíodh sibh
d'fhreagraídís
d'fhreagraítí

the imperfect tense
ní fhreagraíodh
an bhfreagraíodh?
go bhfreagraíodh
nach bhfreagraíodh

1pl d'fhreagraíodh muid **C** 3pl d'fhreagraíodh siad **U**
Ba ghnách liom freagairt *etc.* **U**

an modh ordaitheach
the imperative mood
freagraím
freagair
freagraíodh sé/sí
freagraímis
freagraígí
freagraídís
freagraítear
  ná freagair

3pl freagraíodh siad **U**

an foshuiteach láithreach
the present subjunctive
go bhfreagraí mé
go bhfreagraí tú
go bhfreagraí sé/sí
go bhfreagraímid
go bhfreagraí sibh
go bhfreagraí siad
go bhfreagraítear
  nár fhreagraí

1pl go bhfreagraí muid **CU**

52 freastail attend   freastal   freastalta

an aimsir chaite	the past tense
d'fhreastail mé	níor fhreastail
d'fhreastail tú	ar fhreastail?
d'fhreastail sé/sí	gur fhreastail
d'fhreastalaíomar	nár fhreastail
d'fhreastail sibh	níor freastalaíodh
d'fhreastail siad	ar freastalaíodh?
freastalaíodh	gur/nár freastalaíodh

1sg d(h)'fhreastalaíos, 2sg d(h)'fhreastalaís, 2pl d(h)'fhreastalaíobhair **M**
1pl d'fhreastail muid **UC** 3pl d'fhreastalaíodar **MC**

an aimsir láithreach	the present tense
freastalaím	ní fhreastalaíonn
freastalaíonn tú	an bhfreastalaíonn?
freastalaíonn sé/sí	go bhfreastalaíonn
freastalaímid	nach bhfreastalaíonn
freastalaíonn sibh	
freastalaíonn siad	
freastalaítear	

1pl freastalaíonn muid **UC** 3pl freastalaíd (siad) **M**
freastalaim, freastalann sé, muid etc. **U** rel. a fhreastralaíos

an aimsir fháistineach	the future tense
freastalóidh mé	ní fhreastalóidh
freastalóidh tú	an bhfreastalóidh?
freastalóidh sé/sí	go bhfreastalóidh
freastalóimid	nach bhfreastalóidh
freastalóidh sibh	
freastalóidh siad	freastalóchaidh **U**
freastalófar	

1sg freastalód, 2sg freastalóir **M** freastalóchaidh mé/muid etc. **U**
1pl freastalóidh muid **C** rel. a fhreastalós/a fhreastalóchas

52 freastail attend   freastal   freastalta

an modh coinníollach
d'fhreastalóinn
d'fhreastalófá
d'fhreastalódh sé/sí
d'fhreastalóimis
d'fhreastalódh sibh
d'fhreastalóidís
d'fhreastalófaí

the conditional mood
ní fhreastalódh
an bhfreastalódh?
go bhfreastalódh
nach bhfreastalódh

d'fhreastalóchadh **U**

1sg d'fhreastalóchainn, 3sg d'fhreastalóchadh sé, siad etc. **U**
1pl d'fhreastalódh muid **C**

an aimsir ghnáthchaite
d'fhreastalaínn
d'fhreastalaíteá
d'fhreastalaíodh sé/sí
d'fhreastalaímis
d'fhreastalaíodh sibh
d'fhreastalaídís
d'fhreastalaítí

the imperfect tense
ní fhreastalaíodh
an bhfreastalaíodh?
go bhfreastalaíodh
nach bhfreastalaíodh

1pl d'fhreastalaíodh muid **C** 3pl d'fhreastalaíodh siad **U**
Ba ghnách liom freastal etc. **U**

an modh ordaitheach
the imperative mood
freastalaím
freastail
freastalaíodh sé/sí
freastalaímis
freastalaígí
freastalaídís
freastalaítear
  ná freastail

an foshuiteach láithreach
the present subjunctive
go bhfreastalaí mé
go bhfreastalaí tú
go bhfreastalaí sé/sí
go bhfreastalaímid
go bhfreastalaí sibh
go bhfreastalaí siad
go bhfreastalaítear
  nár fhreastalaí

3pl freastalaíodh siad **U**

1pl go bhfreastalaí muid **UC**

53 géill yield   géilleadh   géillte

an aimsir chaite	the past tense
ghéill mé	níor ghéill
ghéill tú	ar ghéill?
ghéill sé/sí	gur ghéill
ghéilleamar	nár ghéill
ghéill sibh	níor géilleadh
ghéill siad	ar géilleadh?
géilleadh	gur/nár géilleadh

1sg (do) ghéilleas, 2sg (do) ghéillis, 2pl (do) ghéilleabhair **M**
1pl ghéill muid **CU** 3pl (do) ghéilleadar **MC**

an aimsir láithreach	the present tense
géillim	ní ghéilleann
géilleann tú	an ngéilleann?
géilleann sé/sí	go ngéilleann
géillimid	nach ngéilleann
géilleann sibh	
géilleann siad	
géilltear	

1pl géilleann muid **CU** 3pl géillid (siad) **M** rel. a ghéilleas

an aimsir fháistineach	the future tense
géillfidh mé	ní ghéillfidh
géillfidh tú	an ngéillfidh?
géillfidh sé/sí	go ngéillfidh
géillfimid	nach ngéillfidh
géillfidh sibh	
géillfidh siad	
géillfear	

1sg géillfead, 2sg géillfir **M** 1pl géillfidh muid **CU** rel. a ghéillfeas

53 géill yield   géilleadh   géillte

an modh coinníollach
ghéillfinn
ghéillfeá
ghéillfeadh sé/sí
ghéillfimis
ghéillfeadh sibh
ghéillfidís
ghéillfí

the conditional mood
ní ghéillfeadh
an ngéillfeadh?
go ngéillfeadh
nach ngéillfeadh

1pl ghéillfeadh muid **C** *3pl* ghéillfeadh siad **U**

an aimsir ghnáthchaite
ghéillinn
ghéillteá
ghéilleadh sé/sí
ghéillimis
ghéilleadh sibh
ghéillidís
ghéilltí

the imperfect tense
ní ghéilleadh
an ngéilleadh?
go ngéilleadh
nach ngéilleadh

1pl ghéilleadh muid **C** *3pl* ghéilleadh siad **U**
Ba ghnách liom géillstean **U**

an modh ordaitheach
the imperative mood
géillim
géill
géilleadh sé/sí
géillimis
géilligí
géillidís
géilltear
 ná géill

an foshuiteach láithreach
the present subjunctive
go ngéille mé
go ngéille tú
go ngéille sé/sí
go ngéillimid
go ngéille sibh
go ngéille siad
go ngéilltear
 nár ghéille

3pl géilleadh siad **U**

1pl go ngéille muid **CU**

54 glan clean glanadh glanta

an aimsir chaite
ghlan mé
ghlan tú
ghlan sé/sí
ghlanamar
ghlan sibh
ghlan siad
glanadh

the past tense
níor ghlan
ar ghlan?
gur ghlan
nár ghlan
níor glanadh
ar glanadh?
gur/nár glanadh

1sg (do) ghlanas, *2sg* (do) ghlanais, *2pl* (do) ghlanabhair **M**
1pl ghlan muid **CU** *3pl* (do) ghlanadar **MC**

an aimsir láithreach
glanaim
glanann tú
glanann sé/sí
glanaimid
glanann sibh
glanann siad
glantar

the present tense
ní ghlanann
an nglanann?
go nglanann
nach nglanann

1pl glanann muid **CU** *3pl* glanaid (siad) **M** *rel.* a ghlanas

an aimsir fháistineach
glanfaidh mé
glanfaidh tú
glanfaidh sé/sí
glanfaimid
glanfaidh sibh
glanfaidh siad
glanfar

the future tense
ní ghlanfaidh
an nglanfaidh?
go nglanfaidh
nach nglanfaidh

1sg glanfad, *2sg* glanfair **M** *1pl* glanfaidh muid **CU** *rel.* a ghlanfas

54 glan clean   glanadh   glanta

an modh coinníollach	the conditional mood
ghlanfainn	ní ghlanfadh
ghlanfá	an nglanfadh?
ghlanfadh sé/sí	go nglanfadh
ghlanfaimis	nach nglanfadh
ghlanfadh sibh	
ghlanfaidís	
ghlanfaí	

1pl ghlanfadh muid **C** *3pl* ghlanfadh siad **U**

an aimsir ghnáthchaite	the imperfect tense
ghlanainn	ní ghlanadh
ghlantá	an nglanadh?
ghlanadh sé/sí	go nglanadh
ghlanaimis	nach nglanadh
ghlanadh sibh	
ghlanaidís	
ghlantaí	

1pl ghlanadh muid **C** *3pl* ghlanadh siad **U**
Ba ghnách liom glanadh *etc.* **U**

an modh ordaitheach the imperative mood	an foshuiteach láithreach the present subjunctive
glanaim	go nglana mé
glan	go nglana tú
glanadh sé/sí	go nglana sé/sí
glanaimis	go nglanaimid
glanaigí	go nglana sibh
glanaidís	go nglana siad
glantar	go nglantar
ná glan	nár ghlana

3pl glanadh siad **U**   *1pl* go nglana muid **CU**

55 goirtigh pickle goirtiú goirtithe

an aimsir chaite	the past tense
ghoirtigh mé	níor ghoirtigh
ghoirtigh tú	ar ghoirtigh?
ghoirtigh sé/sí	gur ghoirtigh
ghoirtíomar	nár ghoirtigh
ghoirtigh sibh	níor goirtíodh
ghoirtigh siad	ar goirtíodh?
goirtíodh	gur/nár goirtíodh

1sg (do) ghoirtíos, *2sg* (do) ghoirtís, *2pl* (do) ghoirtíobhair **M**
1pl ghoirtigh muid **UC** *3pl* ghoirtíodar **MC**

an aimsir láithreach	the present tense
goirtím	ní ghoirtíonn
goirtíonn tú	an ngoirtíonn?
goirtíonn sé/sí	go ngoirtíonn
goirtímid	nach ngoirtíonn
goirtíonn sibh	
goirtíonn siad	
goirtítear	

1pl goirtíonn muid **C** *3pl* goirtíd (siad) **M**
goirtim, goirteann sé/muid **U** *rel.* a ghoirtíos

an aimsir fháistineach	the future tense
goirteoidh mé	ní ghoirteoidh
goirteoidh tú	an ngoirteoidh?
goirteoidh sé/sí	go ngoirteoidh
goirteoimid	nach ngoirteoidh
goirteoidh sibh	
goirteoidh siad	goirteochaidh **U**
goirteofar	

1sg goirteod, *2sg* goirteoir **M** *1pl* goirteoidh muid **C**
goirteochaidh mé/muid *etc.* **U** *rel.* a ghoirteos/a ghoirteochas

55 goirtigh pickle   goirtiú   goirtithe

an modh coinníollach	the conditional mood
ghoirteoinn	ní ghoirteodh
ghoirteofá	an ngoirteodh?
ghoirteodh sé/sí	go ngoirteodh
ghoirteoimis	nach ngoirteodh
ghoirteodh sibh	
ghoirteoidís	ghoirteochadh **U**
ghoirteofaí	

1sg ghoirteochainn, 3sg ghoirteochadh sé, siad *etc.* **U**
1pl ghoirteodh muid **C**

an aimsir ghnáthchaite	the imperfect tense
ghoirtínn	ní ghoirtíodh
ghoirtíteá	an ngoirtíodh?
ghoirtíodh sé/sí	go ngoirtíodh
ghoirtímis	nach ngoirtíodh
ghoirtíodh sibh	
ghoirtídís	
ghoirtítí	

1pl ghoirtíodh muid **C**, 3pl ghoirtíodh siad **U**
Ba ghnách liom goirtiú *etc.* **U**

an modh ordaitheach the imperative mood	an foshuiteach láithreach the present subjunctive
goirtím	go ngoirtí mé
goirtigh	go ngoirtí tú
goirtíodh sé/sí	go ngoirtí sé/sí
goirtímis	go ngoirtímid
goirtígí	go ngoirtí sibh
goirtídís	go ngoirtí siad
goirtítear	go ngoirtítear
ná goirtigh	nár ghoirtí

3pl goirtíodh siad **U**   1pl go ngoirtí muid **CU**

56 gortaigh hurt   gortú   gortaithe

an aimsir chaite
ghortaigh mé
ghortaigh tú
ghortaigh sé/sí
ghortaíomar
ghortaigh sibh
ghortaigh siad
gortaíodh

the past tense
níor ghortaigh
ar ghortaigh?
gur ghortaigh
nár ghortaigh
níor gortaíodh
ar gortaíodh?
gur/nár gortaíodh

1sg (do) ghortaíos, *2sg* (do) ghortaís, *2pl* (do) ghortaíobhair **M**
1pl ghortaigh muid **UC** *3pl* ghortaíodar **MC**

an aimsir láithreach
gortaím
gortaíonn tú
gortaíonn sé/sí
gortaímid
gortaíonn sibh
gortaíonn siad
gortaítear

the present tense
ní ghortaíonn
an ngortaíonn?
go ngortaíonn
nach ngortaíonn

1pl gortaíonn muid **C** *3pl* gortaíd (siad) **M**
gortaim, gortann sé/muid **U** *rel.* a ghortaíos

an aimsir fháistineach
gortóidh mé
gortóidh tú
gortóidh sé/sí
gortóimid
gortóidh sibh
gortóidh siad
gortófar

the future tense
ní ghortóidh
an ngortóidh?
go ngortóidh
nach ngortóidh

gortóchaidh **U**

1sg gortód, *2sg* gortóir **M** *1pl* gortóidh muid **C**
gortóchaidh mé/muid *etc.* **U** *rel.* a ghortós/a ghortóchas

56 gortaigh hurt gortú gortaithe

an modh coinníollach	the conditional mood
ghortóinn	ní ghortódh
ghortófá	an ngortódh?
ghortódh sé/sí	go ngortódh
ghortóimis	nach ngortódh
ghortódh sibh	
ghortóidís	ghortóchadh **U**
ghortófaí	

1sg ghortóchainn, *3sg* ghortóchadh sé/siad *etc.* **U**
1pl ghortódh muid **C**

an aimsir ghnáthchaite	the imperfect tense
ghortaínn	ní ghortaíodh
ghortaíteá	an ngortaíodh?
ghortaíodh sé/sí	go ngortaíodh
ghortaímis	nach ngortaíodh
ghortaíodh sibh	
ghortaídís	
ghortaítí	

1pl ghortaíodh muid **C** *3pl* ghortaíodh siad **U**
Ba ghnách liom gortú *etc.* **U**

an modh ordaitheach the imperative mood	an foshuiteach láithreach the present subjunctive
gortaím	go ngortaí mé
gortaigh	go ngortaí tú
gortaíodh sé/sí	go ngortaí sé/sí
gortaímis	go ngortaímid
gortaígí	go ngortaí sibh
gortaídís	go ngortaí siad
gortaítear	go ngortaítear
ná gortaigh	nár ghortaí

3pl gortaíodh siad **U**   *1pl* go ngortaí muid **CU**

57 iarr ask   iarraidh   iarrtha

an aimsir chaite	the past tense
d'iarr mé	níor iarr
d'iarr tú	ar iarr?
d'iarr sé/sí	gur iarr
d'iarramar	nár iarr
d'iarr sibh	níor iarradh/níor hiarradh
d'iarr siad	ar iarradh?
iarradh/hiarradh	gur/nár iarradh

1sg d(h)'iarras, *2sg* d(h)'iarrais, *2pl* d(h)'iarrabhair **M**
1pl d'iarr muid **CU** *3pl* d'iarradar **MC** *aut.* hiarradh **MCU**

an aimsir láithreach	the present tense
iarraim	ní iarrann
iarrann tú	an iarrann?
iarrann sé/sí	go n-iarrann
iarraimid	nach n-iarrann
iarrann sibh	
iarrann siad	
iarrtar	

1pl iarrann muid **CU** *3pl* iarraid (siad) **M** *rel.* a iarras

an aimsir fháistineach	the future tense
iarrfaidh mé	ní iarrfaidh
iarrfaidh tú	an iarrfaidh?
iarrfaidh sé/sí	go n-iarrfaidh
iarrfaimid	nach n-iarrfaidh
iarrfaidh sibh	
iarrfaidh siad	
iarrfar	

1sg iarrfad, *2sg* iarrfair **M** *1pl* iarrfaidh muid **CU** *rel.* a iarrfas

57 iarr ask   iarraidh   iarrtha

an modh coinníollach	the conditional mood
d'iarrfainn	níor iarrfadh
d'iarrfá tú	an iarrfadh?
d'iarrfadh sé/sí	go n-iarrfadh
d'iarrfaimis	nach n-iarrfadh
d'iarrfadh sibh	
d'iarrfadís	
d'iarrfaí	

1pl d'iarrfadh muid **CU** *3pl* d'iarrfadh siad **U**

an aimsir ghnáthchaite	the imperfect tense
d'iarrainn	ní iarradh
d'iarrtá	an iarradh?
d'iarradh sé/sí	go n-iarradh
d'iarraimis	nach n-iarradh
d'iarradh sibh	
d'iarraidís	
d'iarrtaí	

1pl d'iarradh muid **C** *3pl* d'iarradh siad **U**
Ba ghnách liom iarraidh *etc.* **U**

an modh ordaitheach the imperative mood	an foshuiteach láithreach the present subjunctive
iarraim	go n-iarra mé
iarr	go n-iarra tú
iarradh sé/sí	go n-iarra sé/sí
iarraimis	go n-iarraimid
iarraigí	go n-iarra sibh
iarraidís	go n-iarra siad
iarrtar	go n-iarrtar
ná hiarr	nár iarra

3pl iarradh siad **U**   *1pl* go n-iarra muid **CU**

58 imigh leave, go off   imeacht   imithe

an aimsir chaite
d'imigh mé
d'imigh tú
d'imigh sé/sí
d'imíomar
d'imigh sibh
d'imigh siad
imíodh/himíodh

the past tense
níor imigh
ar imigh?
gur imigh
nár imigh
níor imíodh/níor himíodh
ar imíodh?
gur/nár imíodh

1sg d(h)'imíos, *2sg* d(h)'imís, *2pl* d(h)'imíobhair **M**
1pl d'imigh muid **UC** *3pl* d'imíodar **MC** *aut.* himíodh **MCU**

an aimsir láithreach
imím
imíonn tú
imíonn sé/sí
imímid
imíonn sibh
imíonn siad
imítear

the present tense
ní imíonn
an imíonn?
go n-imíonn
nach n-imíonn

1pl imíonn muid **C** *3pl* imíd (siad) **M**
imim, imeann sé, muid *etc.* **U** *rel.* a imíos

an aimsir fháistineach
imeoidh mé
imeoidh tú
imeoidh sé/sí
imeoimid
imeoidh sibh
imeoidh siad
imeofar

the future tense
ní imeoidh
an imeoidh?
go n-imeoidh
nach n-imeoidh

imeochaidh **U**

1sg imeod, *2sg* imeoir **M** imeochaidh mé, muid *etc.* **U**
1pl imeoidh muid **C** *rel.* a imeos/a imeochas

58 imigh leave, go off   imeacht   imithe

an modh coinníollach
d'imeoinn
d'imeofá
d'imeodh sé/sí
d'imeoimis
d'imeodh sibh
d'imeoidís
d'imeofaí

the conditional mood
ní imeodh
an imeodh?
go n-imeodh
nach n-imeodh

d'imeochadh **U**

1sg d'imeochainn, 3sg d'imeochadh sé, siad etc. **U**
1pl d'imeodh muid **C**

an aimsir láithreach
d'imínn
d'imíteá
d'imíodh sé/sí
d'imímis
d'imíodh sibh
d'imídís
d'imítí

the present tense
ní imíodh
an imíodh?
go n-imíodh
nach n-imíodh

1pl d'imíodh muid **C** 3pl d'imíodh siad **U**
Ba ghnách liom imeacht etc. **U**

an modh ordaitheach
the imperative mood
imím
imigh
imíodh sé/sí
imímis
imígí
imídís
imítear
 ná himigh

3pl imíodh siad **U**

an foshuiteach láithreach
the present subjunctive
go n-imí mé
go n-imí tú
go n-imí sé/sí
go n-imímid
go n-imí sibh
go n-imí siad
go n-imítear
 nár imí

1pl go n-imí muid **CU**

59 imir play imirt imeartha

an aimsir chaite
d'imir mé
d'imir tú
d'imir sé/sí
d'imríomar
d'imir sibh
d'imir siad
imríodh/himríodh

the past tense
níor imir
ar imir?
gur imir
nár imir
níor imríodh/níor himríodh
ar imríodh?
gur/nár imríodh

1sg d(h)'imríos, *2sg* d(h)'imrís, *2pl* d(h)'imríobhair **M**
1pl d'imir muid **UC** *3pl* d'imríodar **MC** *aut.* himríodh **MCU**

an aimsir láithreach
imrím
imríonn tú
imríonn sé/sí
imrímid
imríonn sibh
imríonn siad
imrítear

the present tense
ní imríonn
an imríonn?
go n-imríonn
nach n-imríonn

1pl imríonn muid **C** *3pl* imríd (siad) **M**
imrim, imreann sé, muid *etc.* **U** *rel.* a imríos/a imreas

an aimsir fháistineach
imreoidh mé
imreoidh tú
imreoidh sé/sí
imreoimid
imreoidh sibh
imreoidh siad
imreofar

the future tense
ní imreoidh
an imreoidh?
go n-imreoidh
nach n-imreoidh

imreochaidh/imeoraidh **U**

1sg imreod, *2sg* imreoir **M** *1pl* imreoidh muid **C**
imreochaidh mé, muid *etc.* (*var.* imeoraidh) **U** *rel.* a imreos/a imreochas

59 imir play   imirt   imeartha

an modh coinníollach	the conditional mood
d'imreoinn	ní imreodh
d'imreofá	an imreodh?
d'imreodh sé/sí	go n-imreodh
d'imreoimis	nach n-imreodh
d'imreodh sibh	
d'imreoidís	d'imreochadh/d'imeoradh **U**
d'imreofaí	

1sg d'imreochainn, 3sg d'imreochadh sé, siad *etc.*
(*var.* d'imeorainn, d'imreoradh) **U** 1pl d'imreodh muid **C**

an aimsir ghnáthchaite	the imperfect tense
d'imrínn	ní imríodh
d'imríteá	an imríodh?
d'imríodh sé/sí	go n-imríodh
d'imrímis	nach n-imríodh
d'imríodh sibh	
d'imrídís	
d'imrítí	

1pl d'imríodh muid **C** 3pl d'imríodh siad **U**
Ba ghnách liom imirt *etc.* **U**

an modh ordaitheach the imperative mood	an foshuiteach láithreach the present subjunctive
imrím	go n-imrí mé
imir	go n-imrí tú
imríodh sé/sí	go n-imrí sé/sí
imrímis	go n-imrímid
imrígí	go n-imrí sibh
imrídís	go n-imrí siad
imrítear	go n-imrítear
ná himir	nár imrí

3pl imríodh siad **U**   1pl go n-imrí muid **CU**

60 inis tell   insint/inse   inste

an aimsir chaite	the past tense
d'inis mé	níor inis
d'inis tú	ar inis?
d'inis sé/sí	gur inis
d'insíomar	nár inis
d'inis sibh	níor insíodh/níor hinsíodh
d'inis siad	ar insíodh?
insíodh/hinsíodh	gur/nár insíodh

1sg (do) niseas, 2sg (do) nisis, 3 (do) nis sé *etc.* 2pl (do) niseabhair, 3pl (do) niseadar **M**
1pl d'inis muid **UC** 3pl d'insíodar, *aut* hinsíodh **C**; d'ins mé *etc.*, *aut.* hinseadh **U**

an aimsir láithreach	the present tense
insím	ní insíonn
insíonn tú	an insíonn?
insíonn sé/sí	go n-insíonn
insímid	nach n-insíonn
insíonn sibh	
insíonn siad	niseann **M**
insítear	

1pl insíonn muid **C** nisim, niseann tú/sé, nisimid, nisid (siad) **M** insim, inseann sé, muid
etc. **U** *rel.* a insíos/a inseas

an aimsir fháistineach	the future tense
inseoidh mé	ní inseoidh
inseoidh tú	an inseoidh?
inseoidh sé/sí	go n-inseoidh
inseoimid	nach n-inseoidh
inseoidh sibh	inseochaidh **U**
inseoidh siad	neosaidh **M**
inseofar	

1sg neosad, neosfair, neosaidh sé, neosaimid *etc.* **M** inseochaidh mé, muid *etc.* **U**
1pl inseoidh muid **C** *rel.* a inseos/a inseochas

60 inis tell insint/inse inste

an modh coinníollach
d'inseoinn
d'inseofá
d'inseodh sé/sí
d'inseoimis
d'inseodh sibh
d'inseoidís
d'inseofaí

the conditional mood
ní inseodh
an inseodh?
go n-inseodh
nach n-inseodh
   d'inseochadh U
   neosadh M

neosainn, neosfá, neosadh sé, neosaimis etc. M
1sg d'inseochainn, d'inseochadh sé/siad etc. U 1pl d'inseodh muid C

an aimsir ghnáthchaite
d'insínn
d'insíteá
d'insíodh sé/sí
d'insímis
d'insíodh sibh
d'insídís
d'insítí

the imperfect tense
ní insíodh
an insíodh?
go n-insíodh
nach n-insíodh

   niseadh M

nisinn, nisteá, niseadh sé, nisimis, nisidís M 1pl d'insíodh muid C
3pl d'insíodh siad U Ba ghnách liom inse etc. U

an modh ordaitheach
the imperative mood
insím
inis
insíodh sé/sí
insímis
insígí
insídís
insítear
 ná hinis

nisim, nis M 3pl insíodh siad U

an foshuiteach láithreach
the present subjunctive
go n-insí mé
go n-insí tú
go n-insí sé/sí
go n-insímid
go n-insí sibh
go n-insí siad
go n-insítear
 nár insí

1pl go n-insí muid CU go nise M

61 iompair carry iompar iompartha

an aimsir chaite
d'iompair mé
d'iompair tú
d'iompair sé/sí
d'iompraíomar
d'iompair sibh
d'iompair siad
iompraíodh/hiompraíodh

the past tense
níor iompair
ar iompair?
gur iompair
nár iompair
níor iompraíodh/níor hiompraíodh
ar iompraíodh?
gur/nár iompraíodh

1sg d(h)'iompraíos, *2sg* d(h)'iompraís, *2pl* d(h)'iompraíobhair **M**
1pl d'iompair muid **UC** *3pl* d'iompraíodar **MC** *aut.* hiompraíodh **MCU**

an aimsir láithreach
iompraím
iompraíonn tú
iompraíonn sé/sí
iompraímid
iompraíonn sibh
iompraíonn siad
iompraítear

the present tense
ní iompraíonn
an iompraíonn?
go n-iompraíonn
nach n-iompraíonn

1pl iompraíonn muid **C** *3pl* iompraíd (siad) **M**
iompraim, iomprann sé, muid *etc.* **U** *rel.* a iompraíos/a iompras

an aimsir fháistineach
iompróidh mé
iompróidh tú
iompróidh sé/sí
iompróimid
iompróidh sibh
iompróidh siad
iomprófar

the future tense
ní iompróidh
an iompróidh?
go n-iompróidh
nach n-iompróidh

iompróchaidh **U**

1sg iompród, *2sg* iompróir **M** *1pl* iompróidh muid **C** iompróchaidh mé/muid *etc.* **U**
rel. a iomprós/a iompróchas

61 iompair carry   iompar   iompartha

an modh coinníollach	the conditional mood
d'iompróinn	ní iompródh
d'iomprófá	an iompródh?
d'iompródh sé/sí	go n-iompródh
d'iompróimis	nach n-iompródh
d'iompródh sibh	
d'iompróidís	d'iompróchadh **U**
d'iomprófaí	

1sg d'iompróchainn, *3sg* d'iompróchadh sé, siad *etc.* **U**
1pl d'iompródh muid **C**

an aimsir ghnáthchaite	the imperfect tense
d'iompraínn	ní iompraíodh
d'iompraíteá	an iompraíodh?
d'iompraíodh sé/sí	go n-iompraíodh
d'iompraímis	nach n-iompraíodh
d'iompraíodh sibh	
d'iompraídís	
d'iompraítí	

1pl d'iompraíodh muid **C** *3pl* d'iompraíodh siad **U**
Ba ghnách liom iompar *etc.* **U**

an modh ordaitheach the imperative mood	an foshuiteach láithreach the present subjunctive
iompraím	go n-iompraí mé
iompair	go n-iompraí tú
iompraíodh sé/sí	go n-iompraí sé/sí
iompraímis	go n-iompraímid
iompraígí	go n-iompraí sibh
iompraídís	go n-iompraí siad
iompraítear	go n-iompraítear
ná hiompair	nár iompraí

3pl iompraíodh siad **U**   *1pl* go n-iompraí muid **CU**

62 ionsaigh attack ionsaí ionsaithe

an aimsir chaite	the past tense
d'ionsaigh mé	níor ionsaigh
d'ionsaigh tú	ar ionsaigh?
d'ionsaigh sé/sí	gur ionsaigh
d'ionsaíomar	nár ionsaigh
d'ionsaigh sibh	níor ionsaíodh/níor hionsaíodh
d'ionsaigh siad	ar ionsaíodh?
ionsaíodh/hionsaíodh	gur/nár ionsaíodh

1sg d(h)'ionsaíos, 2sg d(h)'ionsaís, 2pl d(h)'ionsaíobhair **M**
1pl d'ionsaigh muid **UC** 3pl d'ionsaíodar **MC** aut. hionsaíodh **MCU**

an aimsir láithreach	the present tense
ionsaím	ní ionsaíonn
ionsaíonn tú	an ionsaíonn?
ionsaíonn sé/sí	go n-ionsaíonn
ionsaímid	nach n-ionsaíonn
ionsaíonn sibh	
ionsaíonn siad	
ionsaítear	

1pl ionsaíonn muid **C** 3pl ionsaíd (siad) **M**
ionsaim, ionsann sé/muid etc. **U** rel. a ionsaíos

an aimsir fháistineach	the future tense
ionsóidh mé	ní ionsóidh
ionsóidh tú	an ionsóidh?
ionsóidh sé/sí	go n-ionsóidh
ionsóimid	nach n-ionsóidh
ionsóidh sibh	
ionsóidh siad	ionsóchaidh **U**
ionsófar	

1sg ionsód, 2sg ionsóir **M** 1pl ionsóidh muid **C**
ionsóchaidh mé/muid etc. **U** rel. a ionsós/a ionsóchas

62 ionsaigh attack ionsaí ionsaithe

an modh coinníollach	the conditional mood
d'ionsóinn	ní ionsódh
d'ionsófá	an ionsódh?
d'ionsódh sé/sí	go n-ionsódh
d'ionsóimis	nach n-ionsódh
d'ionsódh sibh	
d'ionsóidís	d'ionsóchadh **U**
d'ionsófaí	

1sg d'ionsóchainn, 3sg d'ionsóchadh sé/siad etc. **U**
1pl d'ionsódh muid **C**

an aimsir ghnáthchaite	the imperfect tense
d'ionsaínn	ní ionsaíodh
d'ionsaíteá	an ionsaíodh?
d'ionsaíodh sé/sí	go n-ionsaíodh
d'ionsaímis	nach n-ionsaíodh
d'ionsaíodh sibh	
d'ionsaídís	
d'ionsaítí	

1pl d'ionsaíodh muid **C** 3pl d'ionsaíodh siad **U**
Ba ghnách liom ionsaí etc. **U**

an modh ordaitheach the imperative mood	an foshuiteach láithreach the present subjunctive
ionsaím	go n-ionsaí mé
ionsaigh	go n-ionsaí tú
ionsaíodh sé/sí	go n-ionsaí sé/sí
ionsaímis	go n-ionsaímid
ionsaígí	go n-ionsaí sibh
ionsaídís	go n-ionsaí siad
ionsaítear	go n-ionsaítear
ná hionsaigh	nár ionsaí

3pl ionsaíodh siad **U**   1pl go n-ionsaí muid **CU**

63 ith eat ithe ite

an aimsir chaite	**the past tense**
d'ith mé	níor ith
d'ith tú	ar ith?
d'ith sé/sí	gur ith
d'itheamar	nár ith
d'ith sibh	níor itheadh/níor hitheadh
d'ith siad	ar itheadh?
itheadh /hitheadh	gur/nár itheadh

1sg d(h)'itheas, *2sg* d(h)'ithis, *2pl* d(h)'itheabhair **M** *var.* d'uaigh
1pl d'ith muid **CU** *3pl* d'itheadar **MC** *aut.* hitheadh **MCU**

an aimsir láithreach	**the present tense**
ithim	ní itheann
itheann tú	an itheann?
itheann sé/sí	go n-itheann
ithimid	nach n-itheann
itheann sibh	
itheann siad	
itear	

indirect

1pl itheann muid **CU** *3pl* ithid (siad) **M** *dial.* íosann, *rel.* a itheas

an aimsir fháistineach	**the future tense**
íosfaidh mé	ní íosfaidh
íosfaidh tú	an íosfaidh?
íosfaidh sé/sí	go n-íosfaidh
íosfaimid	nach n-íosfaidh
íosfaidh sibh	
íosfaidh siad	
íosfar	

1sg íosfad, *2sg* íosfair **M** *1pl* íosfaidh muid **CU** *rel.* a íosfas

63 ith eat ithe ite

an modh coinníollach	the conditional mood
d'íosfainn	ní íosfadh
d'íosfá	an íosfadh?
d'íosfadh sé/sí	go n-íosfadh
d'íosfaimis	nach n-íosfadh
d'íosfadh sibh	
d'íosfaidís	
d'íosfaí	

1pl d'íosfadh muid **C** *3pl* d'íosfadh siad **U**

an aimsir ghnáthchaite	the imperfect tense
d'ithinn	ní itheadh
d'iteá	an itheadh?
d'itheadh sé/sí	go n-itheadh
d'ithimis	nach n-itheadh
d'itheadh sibh	
d'ithidís	
d'ití	

1pl d'itheadh muid **C** *3pl* d'itheadh siad, Ba ghnách liom ithe **U**

an modh ordaitheach the imperative mood	an foshuiteach láithreach the present subjunctive
ithim	go n-ithe mé
ith	go n-ithe tú
itheadh sé/sí	go n-ithe sé/sí
ithimis	go n-ithimid
ithigí	go n-ithe sibh
ithidís	go n-ithe siad
itear	go n-itear
ná hith	nár ithe

3pl itheadh siad **U**   *1pl* go n-ithe muid **CU**

64 labhair speak   labhairt   labhartha

an aimsir chaite	the past tense
labhair mé	níor labhair
labhair tú	ar labhair?
labhair sé/sí	gur labhair
labhraíomar	nár labhair
labhair sibh	níor labhraíodh/*var.* labhradh **MU**
labhair siad	ar labhraíodh?
labhraíodh	gur/nár labhraíodh

1sg (do) labhras, *2sg* (do) labhrais, *2pl* (do) labhrabhair **M**
1pl labhair muid **UC** *3pl* do labhradar **M** labhraíodar **C**

an aimsir láithreach	the present tense
labhraím	ní labhraíonn
labhraíonn tú	an labhraíonn?
labhraíonn sé/sí	go labhraíonn
labhraímid	nach labhraíonn
labhraíonn sibh	
labhraíonn siad	labhrann **UM**
labhraítear	

1pl labhraíonn muid **C** *3pl* labhraíd (siad) **M**
labhraim, labhrann sé, muid *etc.* **U** *rel.* a labhraíos/a labhras

an aimsir fháistineach	the future tense
labhróidh mé	ní labhróidh
labhróidh tú	an labhróidh?
labhróidh sé/sí	go labhróidh
labhróimid	nach labhróidh
labhróidh sibh	
labhróidh siad	labharfaidh **U**
labhrófar	

1sg labhród, *2sg* labhróir **M** labharfaidh mé/muid *etc.* **U**
1pl labhróidh muid **C** *rel.* a labhrós/a labharfas

64 labhair speak   labhairt   labhartha

an modh coinníollach
labhróinn
labhrófá
labhródh sé/sí
labhróimis
labhródh sibh
labhróidís
labhrófaí

the conditional mood
ní labhródh
an labhródh?
go labhródh
nach labhródh

labharfadh **U**

1sg labharfainn, *2sg* labharfá, *3sg* labharfadh sé, siad *etc.* **U**
1pl labhródh muid **C**

an aimsir ghnáthchaite
labhraínn
labhraíteá
labhraíodh sé/sí
labhraímis
labhraíodh sibh
labhraídís
labhraítí

the imperfect tense
ní labhraíodh
an labhraíodh?
go labhraíodh
nach labhraíodh

labhradh **U**

1pl labhraíodh muid **C** *3pl* labhradh siad **U**
Ba ghnách liom labhairt *etc.* **U**

an modh ordaitheach
the imperative mood
labhraím
labhair
labhraíodh sé/sí
labhraímis
labhraígí
labhraídís
labhraítear
 ná labhair

3pl labhradh siad **U**

an foshuiteach láithreach
the present subjunctive
go labhraí mé
go labhraí tú
go labhraí sé/sí
go labhraímid
go labhraí sibh
go labhraí siad
go labhraítear
 nár labhraí

1pl go labhraí muid **CU**

65 las light lasadh lasta

an aimsir chaite
las mé
las tú
las sé/sí
lasamar
las sibh
las siad
_____
lasadh

the past tense
níor las
ar las?
gur las
nár las
_____
níor lasadh
ar lasadh?
gur/nár lasadh

1sg (do) lasas, *2sg* (do) lasais, *2pl* (do) lasabhair **M**
1pl las muid **CU** *3pl* (do) lasadar **MC**

an aimsir láithreach
lasaim
lasann tú
lasann sé/sí
lasaimid
lasann sibh
lasann siad
_____
lastar

the present tense
ní lasann
an lasann?
go lasann
nach lasann

1pl lasann muid **CU** *3pl* lasaid (siad) **M** *rel.* a lasas

an aimsir fháistineach
lasfaidh mé
lasfaidh tú
lasfaidh sé/sí
lasfaimid
lasfaidh sibh
lasfaidh siad
_____
lasfar

the future tense
ní lasfaidh
an lasfaidh?
go lasfaidh
nach lasfaidh

1sg lasfad, *2sg* lasfair **M** *1pl* lasfaidh muid **CU** *rel.* a lasfas

65 las light   lasadh   lasta

an modh coinníollach
lasfainn
lasfá
lasfadh sé/sí
lasfaimis
lasfadh sibh
lasfaidís
lasfaí

the conditional mood
ní lasfadh
an lasfadh?
go lasfadh
nach lasfadh

1pl lasfadh muid **C** *3pl* lasfadh siad **U**

an aimsir ghnáthchaite
lasainn
lastá
lasadh sé/sí
lasaimis
lasadh sibh
lasaidís
lastaí

the imperfect tense
ní lasadh
an lasadh?
go lasadh
nach lasadh

1pl lasadh muid **C** *3pl* lasadh siad **U**
Ba ghnách liom lasadh *etc.* **U**

an modh ordaitheach
the imperative mood
lasaim
las
lasadh sé/sí
lasaimis
lasaigí
lasaidís
lastar
 ná las

an foshuiteach láithreach
the present subjunctive
go lasa mé
go lasa tú
go lasa sé/sí
go lasaimid
go lasa sibh
go lasa siad
go lastar
 nár lasa

3pl lasadh siad **U**

1pl go lasa muid **CU**

66 léigh read   léamh   léite

an aimsir chaite	the past tense
léigh mé	níor léigh
léigh tú	ar léigh?
léigh sé/sí	gur léigh
léamar	nár léigh
léigh sibh	níor léadh
léigh siad	ar léadh?
léadh	gur/nár léadh

1sg (do) léas, *2sg* (do) léis, *2pl* (do) léabhair **M**
1pl léigh muid **CU** *3pl* (do) léadar **MC**

an aimsir láithreach	the present tense
léim	ní léann
léann tú	an léann?
léann sé/sí	go léann
léimid	nach léann
léann sibh	
léann siad	
léitear	

1pl léann muid **CU** *3pl* léid (siad) **M** *rel.* a léas

an aimsir fháistineach	the future tense
léifidh mé	ní léifidh
léifidh tú	an léifidh?
léifidh sé/sí	go léifidh
léifimid	nach léifidh
léifidh sibh	
léifidh siad	
léifear	

1sg léifead, *2sg* léifir **M** *1pl* léifidh muid **CU** *rel.* a léifeas

66 léigh read léamh léite

an modh coinníollach
the conditional mood

léifinn	ní léifeadh
léifeá	an léifeadh?
léifeadh sé/sí	go léifeadh
léifimis	nach léifeadh
léifeadh sibh	
léifidís	
léifí	

1pl léifeadh muid **C** *3pl* léifeadh siad **U**

an aimsir ghnáthchaite
the imperfect tense

léinn	ní léadh
léiteá	an léadh?
léadh sé/sí	go léadh
léimis	nach léadh
léadh sibh	
léidís	
léití	

1pl léadh muid **C** *3pl* léadh siad **U**
Ba ghnách liom léamh *etc.* **U**

an modh ordaitheach
the imperative mood
an foshuiteach láithreach
the present subjunctive

léim	go lé mé
léigh	go lé tú
léadh sé/sí	go lé sé/sí
léimis	go léimid
léigí	go lé sibh
léidís	go lé siad
léitear	go léitear
ná léigh	nár lé

3pl léadh siad **U**

1pl go lé muid **CU**

67 lig let   ligean/ligint U   ligthe

an aimsir chaite
lig mé
lig tú
lig sé/sí
ligeamar
lig sibh
lig siad

ligeadh

the past tense
níor lig
ar lig?
gur lig
nár lig

níor ligeadh
ar ligeadh?
gur/nár ligeadh

1sg (do) ligeas, *2sg* (do) ligis, *2pl* (do) ligeabhair **M**
1pl lig muid **CU** *3pl* (do) ligeadar **MC**

an aimsir láithreach
ligim
ligeann tú
ligeann sé/sí
ligimid
ligeann sibh
ligeann siad

ligtear

the present tense
ní ligeann
an ligeann?
go ligeann
nach ligeann

1pl ligeann muid **CU** *3pl* ligid (siad) **M** *rel.* a ligeas

an aimsir fháistineach
ligfidh mé
ligfidh tú
ligfidh sé/sí
ligfimid
ligfidh sibh
ligfidh siad

ligfear

the future tense
ní ligfidh
an ligfidh?
go ligfidh
nach ligfidh

1sg ligfead, *2sg* ligfir **M** ligfidh muid **CU** *rel.* a ligfeas

67 lig let   ligean/ligint U   ligthe

an modh coinníollach	the conditional mood
ligfinn	ní ligfeadh
ligfeá	an ligfeadh?
ligfeadh sé/sí	go ligfeadh
ligfimis	nach ligfeadh
ligfeadh sibh	
ligfidís	
ligfí	

1pl ligfeadh muid **C** *3pl* ligfeadh siad **U**

an aimsir ghnáthchaite	the imperfect tense
liginn	ní ligeadh
ligteá	an ligeadh?
ligeadh sé/sí	go ligeadh
ligimis	nach ligeadh
ligeadh sibh	
ligidís	
ligtí	

1pl ligeadh muid **C**, *3pl* ligeadh siad **U**
Ba ghnách liom ligint *etc.* **U**

an modh ordaitheach the imperative mood	an foshuiteach láithreach the present subjunctive
ligim	go lige mé
lig	go lige tú
ligeadh sé/sí	go lige sé/sí
ligimis	go ligimid
ligigí	go lige sibh
ligidís	go lige siad
ligtear	go ligtear
ná lig	nár lige

3pl ligeadh siad **U**   *1pl* go lige muid **CU**

68 maraigh kill   marú   maraithe

an aimsir chaite
the past tense

mharaigh mé	níor mharaigh
mharaigh tú	ar mharaigh?
mharaigh sé/sí	gur mharaigh
mharaíomar	nár mharaigh
mharaigh sibh	níor maraíodh
mharaigh siad	ar maraíodh?
maraíodh	gur/nár maraíodh

1sg (do) mharaíos, *2sg* (do) mharaís, *2pl* (do) mharaíobhair **M**
1pl mharaigh muid **C** *3pl* mharaíodar **MC** mharbh mé, muid *etc.* **U**

an aimsir láithreach
the present tense

maraím	ní mharaíonn
maraíonn tú	an maraíonn?
maraíonn sé/sí	go maraíonn
maraímid	nach maraíonn
maraíonn sibh	
maraíonn siad	marbhann **U**
maraítear	

1pl maraíonn muid **C** *3pl* maraíd (siad) **M**
marbhaim, marbhann sé/muid **U** *rel.* a mharaíos/a mharbhas

an aimsir fháistineach
the future tense

maróidh mé	ní mharóidh
maróidh tú	an maróidh?
maróidh sé/sí	go maróidh
maróimid	nach maróidh
maróidh sibh	
maróidh siad	muirbhfidh/muirfidh **U**
marófar	

1sg maród, *2sg* maróir **M** *1pl* maróidh muid **C**
muirbhfidh mé/muid *etc.* **U** *rel.* a mharós/a mhuir(bh)feas

68 maraigh kill marú maraithe

an modh coinníollach	the conditional mood
mharóinn	ní mharódh
mharófá	an maródh?
mharódh sé/sí	go maródh
mharóimis	nach maródh
mharódh sibh	
mharóidís	mhuirbhfeadh/mhuirfeadh **U**
mharófaí	

1sg mhuirbhfinn, 3sg mhuirbhfeadh sé/siad etc. **U**
1pl mharódh muid **C**

an aimsir ghnáthchaite	the imperfect tense
mharaínn	ní mharaíodh
mharaíteá	an maraíodh?
mharaíodh sé/sí	go maraíodh
mharaímis	nach maraíodh
mharaíodh sibh	
mharaídís	mharbhadh **U**
mharaítí	

1pl mharaíodh muid **C** 3pl mharbhadh siad **U**
Ba ghnách liom marbhadh etc. **U**

an modh ordaitheach the imperative mood	an foshuiteach láithreach the present subjunctive
maraím	go maraí mé
maraigh	go maraí tú
maraíodh sé/sí	go maraí sé/sí
maraímis	go maraímid
maraígí	go maraí sibh
maraídís	go maraí siad
maraítear	go maraítear
ná maraigh	nár mharaí

marbh, marbhadh sé, siad etc. **U**   go maraí muid **C** go marbha **U**

69 **meath** wither **meath meata**

an aimsir chaite

mheath mé
mheath tú
mheath sé/sí
mheathamar
mheath sibh
mheath siad
meathadh

the past tense

níor mheath
ar mheath?
gur mheath
nár mheath
níor meathadh
ar meathadh?
gur/nár meathadh

1sg (do) mheathas, *2sg* (do) mheathais, *2pl* (do) mheathabhair **M**
1pl mheath muid **CU** *3pl* (do) mheathadar **MC**

an aimsir láithreach

meathaim
meathann tú
meathann sé/sí
meathaimid
meathann sibh
meathann siad
meatar

the present tense

ní mheathann
an meathann?
go meathann
nach meathann

1pl meathann muid **CU** *3pl* meathaid (siad) **M** *rel.* a mheathas

an aimsir fháistineach

meathfaidh mé
meathfaidh tú
meathfaidh sé/sí
meathfaimid
meathfaidh sibh
meathfaidh siad
meathfar

the future tense

ní mheathfaidh
an meathfaidh?
go meathfaidh
nach meathfaidh

1sg meathfad, *2sg* meathfair **M** *1pl* meathfaidh muid **CU**
rel. a mheathfas

69 meath wither   meath   meata

an modh coinníollach
mheathfainn
mheathfá
mheathfadh sé/sí
mheathfaimis
mheathfadh sibh
mheathfaidís

mheathfaí

the conditional mood
ní mheathfadh
an meathfadh?
go meathfadh
nach meathfadh

1pl mheathfadh muid **C** *3pl* mheathfadh siad **U**

an aimsir ghnáthchaite
mheathainn
mheatá
mheathadh sé/sí
mheathaimis
mheathadh sibh
mheathaidís

mheataí

the imperfect tense
ní mheathadh
an meathadh?
go meathadh
nach meathadh

1pl mheathadh muid **C** *3pl* mheathadh siad **U**
Ba ghnách liom meath *etc.* **U**

an modh ordaitheach
the imperative mood
meathaim
meath
meathadh sé/sí
meathaimis
meathaigí
meathaidís

meatar
  ná meath

3pl meathadh siad **U**

an foshuiteach láithreach
the present subjunctive
go meatha mé
go meatha tú
go meatha sé/sí
go meathaimid
go meatha sibh
go meatha siad

go meatar
  nár mheatha

1pl go meatha muid **CU**

70 **mill** destroy **milleadh millte**

an aimsir chaite	**the past tense**
mhill mé	níor mhill
mhill tú	ar mhill?
mhill sé/sí	gur mhill
mhilleamar	nár mhill
mhill sibh	níor milleadh
mhill siad	ar milleadh?
milleadh	gur/nár milleadh

1sg (do) mhilleas, *2sg* (do) mhillis, *2pl* (do) mhilleabhair **M**
1pl mhill muid **CU** *3pl* (do) mhilleadar **MC**

an aimsir láithreach	**the present tense**
millim	ní mhilleann
milleann tú	an milleann?
milleann sé/sí	go milleann
millimid	nach milleann
milleann sibh	
milleann siad	
milltear	

1pl milleann muid **CU** *3pl* millid (siad) **M** *rel.* a mhilleas

an aimsir fháistineach	**the future tense**
millfidh mé	ní mhillfidh
millfidh tú	an millfidh?
millfidh sé/sí	go millfidh
millfimid	nach millfidh
millfidh sibh	
millfidh siad	
millfear	

1sg millfead, *2sg* millfir **M** *1pl* millfidh muid **CU** *rel.* a mhillfeas

70 mill destroy milleadh millte

an modh coinníollach

mhillfinn
mhillfeá
mhillfeadh sé/sí
mhillfimis
mhillfeadh sibh
mhillfidís
mhillfí

the conditional mood

ní mhillfeadh
an millfeadh?
go millfeadh
nach millfeadh

1pl mhillfeadh muid **C** *3pl* mhillfeadh siad **U**

an aimsir ghnáthchaite

mhillinn
mhillteá
mhilleadh sé/sí
mhillimis
mhilleadh sibh
mhillidís
mhilltí

the imperfect tense

ní mhilleadh
an milleadh?
go milleadh
nach milleadh

1pl mhilleadh muid **C**, *3pl* mhilleadh siad **U**
Ba ghnách liom milleadh **U**

an modh ordaitheach
the imperative mood

millim
mill
milleadh sé/sí
millimis
milligí
millidís
milltear
  ná mill

3pl milleadh siad **U**

an foshuiteach láithreach
the present subjunctive

go mille mé
go mille tú
go mille sé/sí
go millimid
go mille sibh
go mille siad
go milltear
  nár mhille

1pl go mille muid **CU**

71 mínigh explain   míniú   mínithe

an aimsir chaite
mhínigh mé
mhínigh tú
mhínigh sé/sí
mhíníomar
mhínigh sibh
mhínigh siad
míníodh

the past tense
níor mhínigh
ar mhínigh?
gur mhínigh
nár mhínigh
níor míníodh
ar míníodh?
gur/nár míníodh

1sg (do) mhíníos, 2sg (do) mhínís, 2pl (do) mhíníobhair **M**
1pl mhínigh muid **UC** 3pl mhíníodar **MC**

an aimsir láithreach
míním
míníonn tú
míníonn sé/sí
mínímid
míníonn sibh
míníonn siad
mínítear

the present tense
ní mhíníonn
an míníonn?
go míníonn
nach míníonn

1pl míníonn muid **C** 3pl míníd (siad) **M**
mínim, míneann sé/muid **U** rel. a mhíníos

an aimsir fháistineach
míneoidh mé
míneoidh tú
míneoidh sé/sí
míneoimid
míneoidh sibh
míneoidh siad
míneofar

the future tense
ní mhíneoidh
an míneoidh?
go míneoidh
nach míneoidh

míneochaidh **U**

1sg míneod, 2sg míneoir **M** 1pl míneoidh muid **C**
míneochaidh mé/muid etc. **U** rel. a mhíneos/a mhíneochas

71 mínigh explain   míniú   mínithe

an modh coinníollach
mhíneoinn
mhíneofá
mhíneodh sé/sí
mhíneoimis
mhíneodh sibh
mhíneoidís
mhíneofaí

the conditional mood
ní mhíneodh
an míneodh?
go míneodh
nach míneodh

mhíneochadh **U**

1sg mhíneochainn, *3sg* mhíneochadh sé, siad *etc.* **U**
1pl mhíneodh muid **C**

an aimsir ghnáthchaite
mhínínn
mhíníteá
mhíníodh sé/sí
mhínímis
mhíníodh sibh
mhínídís
mhínítí

the imperfect tense
ní mhíníodh
an míníodh?
go míníodh
nach míníodh

1pl mhíníodh muid **C** *3pl* mhíníodh siad **U**
Ba ghnách liom míniú *etc.* **U**

an modh ordaitheach
the imperative mood
míním
mínigh
míníodh sé/sí
mínímis
mínígí
mínídís
mínítear
 ná mínigh

3pl míníodh siad **U**

an foshuiteach láithreach
the present subjunctive
go míní mé
go míní tú
go míní sé/sí
go mínímid
go míní sibh
go míní siad
go mínítear
 nár mhíní

1pl go míní muid **CU**

72 mionnaigh swear   mionnú   mionnaithe

an aimsir chaite	the past tense
mhionnaigh mé	níor mhionnaigh
mhionnaigh tú	ar mhionnaigh?
mhionnaigh sé/sí	gur mhionnaigh
mhionnaíomar	nár mhionnaigh
mhionnaigh sibh	níor mionnaíodh
mhionnaigh siad	ar mionnaíodh?
mionnaíodh	gur/nár mionnaíodh

1sg (do) mhionnaíos, *2sg* (do) mhionnaís, *2pl* (do) mhionnaíobhair **M**
1pl mhionnaigh muid **UC** *3pl* mhionnaíodar **MC**

an aimsir láithreach	the present tense
mionnaím	ní mhionnaíonn
mionnaíonn tú	an mionnaíonn?
mionnaíonn sé/sí	go mionnaíonn
mionnaímid	nach mionnaíonn
mionnaíonn sibh	
mionnaíonn siad	
mionnaítear	

1pl mionnaíonn muid **C** *3pl* mionnaíd (siad) **M**
mionnaim, mionnann sé/muid **U** *rel.* a mhionnaíos

an aimsir fháistineach	the future tense
mionnóidh mé	ní mhionnóidh
mionnóidh tú	an mionnóidh?
mionnóidh sé/sí	go mionnóidh
mionnóimid	nach mionnóidh
mionnóidh sibh	
mionnóidh siad	mionnóchaidh **U**
mionnófar	

1sg mionnód, *2sg* mionnóir **M** *1pl* mionnóidh muid **C**
mionnóchaidh mé/muid *etc.* **U** *rel.* a mhionnós/a mhionnóchas

72 mionnaigh swear mionnú mionnaithe

an modh coinníollach	the conditional mood
mhionnóinn	ní mhionnódh
mhionnófá	an mionnódh?
mhionnódh sé/sí	go mionnódh
mhionnóimis	nach mionnódh
mhionnódh sibh	
mhionnóidís	mhionnóchadh **U**
mhionnófaí	

1sg mhionnóchainn, 3sg mhionnóchadh sé/siad *etc.* **U**
1pl mhionnódh muid **C**

an aimsir ghnáthchaite	the imperfect tense
mhionnaínn	ní mhionnaíodh
mhionnaíteá	an mionnaíodh?
mhionnaíodh sé/sí	go mionnaíodh
mhionnaímis	nach mionnaíodh
mhionnaíodh sibh	
mhionnaídís	
mhionnaítí	

1pl mhionnaíodh muid **C** 3pl mhionnaíodh siad **U**
Ba ghnách liom mionnú *etc.* **U**

an modh ordaitheach the imperative mood	an foshuiteach láithreach the present subjunctive
mionnaím	go mionnaí mé
mionnaigh	go mionnaí tú
mionnaíodh sé/sí	go mionnaí sé/sí
mionnaímis	go mionnaímid
mionnaígí	go mionnaí sibh
mionnaídís	go mionnaí siad
mionnaítear	go mionnaítear
ná mionnaigh	nár mhionnaí

3pl mionnaíodh siad **U**   1pl go mionnaí muid **CU**

73 mol praise   moladh   molta

an aimsir chaite	the past tense
mhol mé	níor mhol
mhol tú	ar mhol?
mhol sé/sí	gur mhol
mholamar	nár mhol
mhol sibh	níor moladh
mhol siad	ar moladh?
moladh	gur/nár moladh

1sg (do) mholas, 2sg (do) mholais, 2pl (do) mholabhair **M**
1pl mhol muid **CU** 3pl (do) mholadar **MC**

an aimsir láithreach	the present tense
molaim	ní mholann
molann tú	an molann?
molann sé/sí	go molann
molaimid	nach molann
molann sibh	
molann siad	
moltar	

1pl molann muid **CU** 3pl molaid (siad) **M** rel. a mholas

an aimsir fháistineach	the future tense
molfaidh mé	ní mholfaidh
molfaidh tú	an molfaidh?
molfaidh sé/sí	go molfaidh
molfaimid	nach molfaidh
molfaidh sibh	
molfaidh siad	
molfar	

1sg molfad, 2sg molfair **M** 1pl molfaidh muid **CU** rel. a mholfas

73 mol praise   moladh   molta

an modh coinníollach	the conditional mood
mholfainn	ní mholfadh
mholfá	an molfadh?
mholfadh sé/sí	go molfadh
mholfaimis	nach molfadh
mholfadh sibh	
mholfaidís	
mholfaí	

1pl mholfadh muid **C** *3pl* mholfadh siad **U**

an aimsir ghnáthchaite	the imperfect tense
mholainn	ní mholadh
mholtá	an moladh?
mholadh sé/sí	go moladh
mholaimis	nach moladh
mholadh sibh	
mholaidís	
mholtaí	

1pl mholadh muid **C** *3pl* mholadh siad **U**
Ba ghnách liom moladh *etc.* **U**

an modh ordaitheach the imperative mood	an foshuiteach láithreach the present subjunctive
molaim	go mola mé
mol	go mola tú
moladh sé/sí	go mola sé
molaimis	go molaimid
molaigí	go mola sibh
molaidís	go mola siad
moltar	go moltar
ná mol	nár mhola

3pl moladh siad **U**   *1pl* go mola muid **CU**

74 múscail awaken múscailt múscailte

an aimsir chaite
mhúscail mé
mhúscail tú
mhúscail sé/sí
mhúsclaíomar
mhúscail sibh
mhúscail siad
músclaíodh

the past tense
níor mhúscail
ar mhúscail?
gur mhúscail
nár mhúscail
níor músclaíodh
ar músclaíodh?
gur/nár músclaíodh

1sg (do) mhúsclaíos, 2sg (do) mhúsclaís, 2pl (do) mhúsclaíobhair **M**
1pl mhúscail muid **UC** 3pl mhúsclaíodar **MC**; **NB** múscail = muscail **U**

an aimsir láithreach
músclaím
músclaíonn tú
músclaíonn sé/sí
músclaímid
músclaíonn sibh
músclaíonn siad
músclaítear

the present tense
ní mhúsclaíonn
an músclaíonn?
go músclaíonn
nach músclaíonn

1pl músclaíonn muid **C** 3pl músclaíd (siad) **M** músclaim, músclann sé, muid etc. **U** rel. a
mhúsclaíos/a mhúsclas

an aimsir fháistineach
músclóidh mé
músclóidh tú
músclóidh sé/sí
músclóimid
músclóidh sibh
músclóidh siad
músclófar

the future tense
ní mhúsclóidh
an músclóidh?
go músclóidh
nach músclóidh

musclóchaidh **U**

1sg músclód, 2sg músclóir **M** musclóchaidh mé/muid etc. **U**
1pl músclóidh muid **C** rel. a mhúsclós/a mhusclóchas

74 múscail awaken   múscailt   múscailte

an modh coinníollach	the conditional mood
mhúsclóinn	ní mhúsclódh
mhúsclófá	an músclódh?
mhúsclódh sé/sí	go músclódh
mhúsclóimis	nach músclódh
mhúsclódh sibh	
mhúsclóidís	mhusclóchadh **U**
mhúsclófaí	

1sg mhusclóchainn, *3sg* mhusclóchadh sé, siad *etc.* **U**
1pl mhúsclódh muid **C**

an aimsir ghnáthchaite	the imperfect tense
mhúsclaínn	ní mhúsclaíodh
mhúsclaíteá	an músclaíodh?
mhúsclaíodh sé/sí	go músclaíodh
mhúsclaímis	nach músclaíodh
mhúsclaíodh sibh	
mhúsclaídís	
mhúsclaítí	

1pl mhúsclaíodh muid **C** *3pl* mhusclaíodh siad **U**
Ba ghnách liom muscailt *etc.* **U**

an modh ordaitheach the imperative mood	an foshuiteach láithreach the present subjunctive
músclaím	go músclaí mé
múscail	go músclaí tú
músclaíodh sé/sí	go músclaí sé/sí
músclaímis	go músclaímid
músclaígí	go músclaí sibh
músclaídís	go músclaí siad
músclaítear	go músclaítear
ná múscail	nár mhúsclaí

3pl musclaíodh siad **U**   *1pl* go musclaí muid **CU**

75 neartaigh strengthen neartú neartaithe

an aimsir chaite — the past tense

an aimsir chaite	the past tense
neartaigh mé	níor neartaigh
neartaigh tú	ar neartaigh?
neartaigh sé/sí	gur neartaigh
neartaíomar	nár neartaigh
neartaigh sibh	níor neartaíodh
neartaigh siad	ar neartaíodh?
neartaíodh	gur/nár neartaíodh

1sg (do) neartaíos, *2sg* (do) neartaís, *2pl* (do) neartaíobhair **M**
1pl neartaigh muid **UC** *3pl* neartaíodar **MC**

an aimsir láithreach — the present tense

an aimsir láithreach	the present tense
neartaím	ní neartaíonn
neartaíonn tú	an neartaíonn?
neartaíonn sé/sí	go neartaíonn
neartaímid	nach neartaíonn
neartaíonn sibh	
neartaíonn siad	
neartaítear	

1pl neartaíonn muid **C** *3pl* neartaíd (siad) **M**
neartaim, neartann sé/muid **U** *rel.* a neartaíos

an aimsir fháistineach — the future tense

an aimsir fháistineach	the future tense
neartóidh mé	ní neartóidh
neartóidh tú	an neartóidh?
neartóidh sé/sí	go neartóidh
neartóimid	nach neartóidh
neartóidh sibh	
neartóidh siad	neartóchaidh **U**
neartófar	

1sg neartód, *2sg* neartóir **M** *1pl* neartóidh muid **C**
neartóchaidh mé/muid *etc.* **U** *rel.* a neartós/a neartóchas

75 **neartaigh** strengthen **neartú neartaithe**

an modh coinníollach · the conditional mood

neartóinn	ní neartódh
neartófá	an neartódh?
neartódh sé/sí	go neartódh
neartóimis	nach neartódh
neartódh sibh	
neartóidís	neartóchadh **U**
neartófaí	

1sg neartóchainn, *3sg* neartóchadh sé/siad *etc.* **U**
1pl neartódh muid **C**

an aimsir ghnáthchaite · the imperfect tense

neartaínn	ní neartaíodh
neartaíteá	an neartaíodh?
neartaíodh sé/sí	go neartaíodh
neartaímis	nach neartaíodh
neartaíodh sibh	
neartaídís	
neartaítí	

1pl neartaíodh muid **C** *3pl* neartaíodh siad **U**
Ba ghnách liom neartú *etc.* **U**

an modh ordaitheach the imperative mood · an foshuiteach láithreach the present subjunctive

neartaím	go neartaí mé
neartaigh	go neartaí tú
neartaíodh sé/sí	go neartaí sé/sí
neartaímis	go neartaímid
neartaígí	go neartaí sibh
neartaídís	go neartaí siad
neartaítear	go neartaítear
ná neartaigh	nár neartaí

3pl neartaíodh siad **U** · *1pl* go neartaí muid **CU**

76 nigh wash ní nite

an aimsir chaite	the past tense
nigh mé	níor nigh
nigh tú	ar nigh?
nigh sé/sí	gur nigh
níomar	nár nigh
nigh sibh	níor níodh
nigh siad	ar níodh?
níodh	gur/nár níodh

1sg (do) níos, *2sg* (do) nís, *2pl* (do) níobhair **M**
1pl nigh muid **CU** *3pl* (do) níodar **MC**

an aimsir láithreach	the present tense
ním	ní níonn
níonn tú	an níonn?
níonn sé/sí	go níonn
nímid	nach níonn
níonn sibh	
níonn siad	
nitear	

1pl níonn muid **CU** *3pl* níd (siad) **M** *rel.* a níos

an aimsir fháistineach	the future tense
nífidh mé	ní nífidh
nífidh tú	an nífidh?
nífidh sé	go nífidh
nífimid	nach nífidh
nífidh sibh	
nífidh siad	
nífear	

1sg nífead, *2sg* nífir **M** *1pl* nífidh muid **CU** *rel.* a nífeas

76 nigh wash ní nite

an modh coinníollach	the conditional mood
nífinn	ní nífeadh
nífeá	an nífeadh?
nífeadh sé	go nífeadh
nífimis	nach nífeadh
nífeadh sibh	
nífidís	
nífí	

1pl nífeadh muid **C** *3pl* nífeadh siad **U**

an aimsir ghnáthchaite	the imperfect tense
nínn	ní níodh
niteá	an níodh?
níodh sé	go níodh
nímis	nach níodh
níodh sibh	
nídís	
nití	

1pl níodh muid **C** *3pl* níodh siad, Ba ghnách liom ní *etc.* **U**

an modh ordaitheach the imperative mood	an foshuiteach láithreach the present subjunctive
ním	go ní mé
nigh	go ní tú
níodh sé	go ní sé
nímis	go nímid
nígí	go ní sibh
nídís	go ní siad
nitear	go nitear
ná nigh	nár ní

3pl níodh siad **U**   *1pl* go ní muid **CU**

77 oil educate   oiliúint   oilte

an aimsir chaite
d'oil mé
d'oil tú
d'oil sé/sí
d'oileamar
d'oil sibh
d'oil siad
oileadh/hoileadh

the past tense
níor oil
ar oil?
gur oil
nár oil
níor oileadh/níor hoileadh
ar oileadh?
gur/nár oileadh

1sg d(h)'oileas, *2sg* d(h)'oilis, *2pl* d(h)'oileabhair **M** *1pl* d'oil muid **CU** *3pl* d(h)'oileadar **MC** *aut.* hoileadh **MCU**

an aimsir láithreach
oilim
oileann tú
oileann sé/sí
oilimid
oileann sibh
oileann siad
oiltear

the present tense
ní oileann
an oileann?
go n-oileann
nach n-oileann

1pl oileann muid **CU** *3pl* oilid (siad) **M** *rel.* a oileas

an aimsir fháistineach
oilfidh mé
oilfidh tú
oilfidh sé/sí
oilfimid
oilfidh sibh
oilfidh siad
oilfear

the future tense
ní oilfidh
an oilfidh?
go n-oilfidh
nach n-oilfidh

1sg oilfead, *2sg* oilfir **M** *1pl* oilfidh muid **CU** *rel.* a oilfeas

77 oil educate oiliúint oilte

an modh coinníollach
d'oilfinn
d'oilfeá
d'oilfeadh sé/sí
d'oilfimis
d'oilfeadh sibh
d'oilfidís
d'oilfí

the conditional mood
ní oilfeadh
an oilfeadh?
go n-oilfeadh
nach n-oilfeadh

1pl d'oilfeadh muid **C** *3pl* d'oilfeadh siad **U**

an aimsir ghnáthchaite
d'oilinn
d'oilteá
d'oileadh sé/sí
d'oilimis
d'oileadh sibh
d'oilidís
d'oiltí

the imperfect tense
ní oileadh
an oileadh?
go n-oileadh
nach n-oileadh

1pl d'oileadh muid **C** *3pl* d'oileadh siad **U**
Ba ghnách liom oiliúint *etc.* **U**

an modh ordaitheach
the imperative mood
oilim
oil
oileadh sé/sí
oilimis
oiligí
oilidís
oiltear
 ná hoil

an foshuiteach láithreach
the present subjunctive
go n-oile mé
go n-oile tú
go n-oile sé/sí
go n-oilimid
go n-oile sibh
go n-oile siad
go n-oiltear
 nár oile

3pl oileadh siad **U**

1pl go n-oile muid **CU**

78 ól drink   ól   ólta

an aimsir chaite	**the past tense**
d'ól mé	níor ól
d'ól tú	ar ól?
d'ól sé/sí	gur ól
d'ólamar	nár ól
d'ól sibh	níor óladh/níor hóladh
d'ól siad	ar óladh?
óladh/hóladh	gur/nár óladh

1sg d(h)'ólas, *2sg* d(h)'ólais, *2pl* d(h)'ólabhair **M**
1pl d'ól muid **CU** *3pl* d'óladar **MC** *aut.* hóladh **MCU**

an aimsir láithreach	**the present tense**
ólaim	ní ólann
ólann tú	an ólann?
ólann sé/sí	go n-ólann
ólaimid	nach n-ólann
ólann sibh	
ólann siad	
óltar	

1pl ólann muid **CU** *3pl* ólaid (siad) **M** *rel.* a ólas

an aimsir fháistineach	**the future tense**
ólfaidh mé	ní ólfaidh
ólfaidh tú	an ólfaidh?
ólfaidh sé/sí	go n-ólfaidh
ólfaimid	nach n-ólfaidh
ólfaidh sibh	
ólfaidh siad	
ólfar	

1sg ólfad, *2sg* ólfair **M** ólfaidh muid **CU** *rel.* a ólfas

78 ól drink   ól   ólta

an modh coinníollach	the conditional mood
d'ólfainn	ní ólfadh
d'ólfá	an ólfadh?
d'ólfadh sé/sí	go n-ólfadh
d'ólfaimis	nach n-ólfadh
d'ólfadh sibh	
d'ólfaidís	
d'ólfaí	

1pl d'ólfadh muid **C** *3pl* d'ólfadh siad **U**

an aimsir ghnáthchaite	the imperfect tense
d'ólainn	ní óladh
d'óltá	an óladh?
d'óladh sé/sí	go n-óladh
d'ólaimis	nach n-óladh
d'óladh sibh	
d'ólaidís	
d'óltaí	

1pl d'óladh muid **C** *3pl* d'óladh siad, Ba ghnách liom ól **U**

an modh ordaitheach the imperative mood	an foshuiteach láithreach the present subjunctive
ólaim	go n-óla mé
ól	go n-óla tú
óladh sé/sí	go n-óla sé
ólaimis	go n-ólaimid
ólaigí	go n-óla sibh
ólaidís	go n-óla siad
óltar	go n-óltar
ná hól	nár óla

3pl óladh siad **U**   *1pl* go n-óla muid **CU**

79 **ordaigh** order **ordú ordaithe**

an aimsir chaite	**the past tense**
d'ordaigh mé	níor ordaigh
d'ordaigh tú	ar ordaigh?
d'ordaigh sé/sí	gur ordaigh
d'ordaíomar	nár ordaigh
d'ordaigh sibh	níor ordaíodh/níor hordaíodh
d'ordaigh siad	ar ordaíodh?
ordaíodh/hordaíodh	gur/nár ordaíodh

1sg d(h)'ordaíos, *2sg* d(h)'ordaís, *2pl* d(h)'ordaíobhair **M**
1pl d'ordaigh muid **UC** *3pl* d'ordaíodar **MC** *aut.* hordaíodh **MCU**

an aimsir láithreach	**the present tense**
ordaím	ní ordaíonn
ordaíonn tú	an ordaíonn?
ordaíonn sé/sí	go n-ordaíonn
ordaímid	nach n-ordaíonn
ordaíonn sibh	
ordaíonn siad	
ordaítear	

1pl ordaíonn muid **C** *3pl* ordaíd (siad) **M**
ordaim, ordann sé/muid *etc.* **U** *rel.* a ordaíos

an aimsir fháistineach	**the future tense**
ordóidh mé	ní ordóidh
ordóidh tú	an ordóidh?
ordóidh sé/sí	go n-ordóidh
ordóimid	nach n-ordóidh
ordóidh sibh	
ordóidh siad	ordóchaidh **U**
ordófar	

1sg ordód, *2sg* ordóir **M** *1pl* ordóidh muid **C**
ordóchaidh mé/muid *etc.* **U** *rel.* a ordós/a ordóchas

79 ordaigh order   ordú   ordaithe

an modh coinníollach
d'ordóinn
d'ordófá
d'ordódh sé/sí
d'ordóimis
d'ordódh sibh
d'ordóidís
d'ordófaí

the conditional mood
ní ordódh
an ordódh?
go n-ordódh
nach n-ordódh

d'ordóchadh **U**

1sg d'ordóchainn, 3sg d'ordóchadh sé/siad etc. **U**
1pl d'ordódh muid **C**

an aimsir ghnáthchaite
d'ordaínn
d'ordaíteá
d'ordaíodh sé/sí
d'ordaímis
d'ordaíodh sibh
d'ordaídís
d'ordaítí

the imperfect tense
ní ordaíodh
an ordaíodh?
go n-ordaíodh
nach n-ordaíodh

1pl d'ordaíodh muid **C** 3pl d'ordaíodh siad **U**
Ba ghnách liom ordú etc. **U**

an modh ordaitheach
the imperative mood
ordaím
ordaigh
ordaíodh sé/sí
ordaímis
ordaígí
ordaídís
ordaítear
  ná hordaigh

3pl ordaíodh siad **U**

an foshuiteach láithreach
the present subjunctive
go n-ordaí mé
go n-ordaí tú
go n-ordaí sé/sí
go n-ordaímid
go n-ordaí sibh
go n-ordaí siad
go n-ordaítear
  nár ordaí

1pl go n-ordaí muid **CU**

80 oscail, foscail U open oscailt oscailte

an aimsir chaite	the past tense
d'oscail mé	níor oscail
d'oscail tú	ar oscail?
d'oscail sé/sí	gur oscail
d'osclaíomar	nár oscail
d'oscail sibh	níor osclaíodh/níor ho.
d'oscail siad	ar osclaíodh?
osclaíodh/hosclaíodh	gur/nár osclaíodh

1sg d(h)'osclaíos, *2sg* d(h)'osclaís, *2pl* d(h)'osclaíobhair **M**
1pl d'oscail muid **C** *3pl* d'osclaíodar **MC** *aut.* hosclaíodh **MC**
d'fhoscail mé/muid *etc.*, *aut.* foscladh **U**

an aimsir láithreach	the present tense
osclaím	ní osclaíonn
osclaíonn tú	an osclaíonn?
osclaíonn sé/sí	go n-osclaíonn
osclaímid	nach n-osclaíonn
osclaíonn sibh	
osclaíonn siad	fosclann **U**
osclaítear	

1pl osclaíonn muid **C** *3pl* osclaíd (siad) **M**
fosclaim, fosclann sé, muid *etc.* **U** *rel.* a osclaíos/a fhosclas

an aimsir fháistineach	the future tense
osclóidh mé	ní osclóidh
osclóidh tú	an osclóidh?
osclóidh sé/sí	go n-osclóidh
osclóimid	nach n-osclóidh
osclóidh sibh	
osclóidh siad	fosclóchaidh **U**
osclófar	

1sg osclód, *2sg* osclóir **M** *1pl* osclóidh muid **C**
fosclóchaidh mé/muid *etc.* **U** *rel.* a osclós/a fhosclóchas

80 oscail, foscail *U* open oscailt oscailte

an modh coinníollach
d'osclóinn
d'osclófá
d'osclódh sé/sí
d'osclóimis
d'osclódh sibh
d'osclóidís
d'osclófaí

the conditional mood
ní osclódh
an osclódh?
go n-osclódh
nach n-osclódh

d'fhosclóchadh **U**

1sg d'fhosclóchainn, *3sg* d'fhosclóchadh sé, siad *etc.* **U**
1pl d'osclódh muid **C**

an aimsir ghnáthchaite
d'osclaínn
d'osclaíteá
d'osclaíodh sé/sí
d'osclaímis
d'osclaíodh sibh
d'osclaídís
d'osclaítí

the imperfect tense
ní osclaíodh
an osclaíodh?
go n-osclaíodh
nach n-osclaíodh

d'fhoscladh **U**

1pl d'osclaíodh muid **C** *3pl* d'fhoscla(ío)dh siad **U**
Ba ghnách liom foscailt/foscladh *etc.* **U**

an modh ordaitheach
the imperative mood
osclaím
oscail   foscail **U**
osclaíodh sé/sí
osclaímis
osclaígí
osclaídís
osclaítear
  ná hoscail, ná foscail **U**

3pl foscla(ío)dh siad **U**

an foshuiteach láithreach
the present subjunctive
go n-osclaí mé
go n-osclaí tú
go n-osclaí sé/sí
go n-osclaímid
go n-osclaí sibh
go n-osclaí siad
go n-osclaítear
  nár osclaí

1pl go n-osclaí muid **C**
go bhfosclaí **U**

81 **pacáil** pack **pacáil** **pacáilte**

an aimsir chaite	the past tense
phacáil mé	níor phacáil
phacáil tú	ar phacáil?
phacáil sé/sí	gur phacáil
phacálamar	nár phacáil
phacáil sibh	níor pacáladh
phacáil siad	ar pacáladh?
pacáladh	gur/nár pacáladh

1sg (do) phacálas, *2sg* (do) phacálais, *2pl* (do) phacálabhair **M**
1pl phacáil muid **CU** *3pl* (do) phacáladar **MC**

an aimsir láithreach	the present tense
pacálaim	ní phacálann
pacálann tú	an bpacálann?
pacálann sé/sí	go bpacálann
pacálaimid	nach bpacálann
pacálann sibh	
pacálann siad	
pacáiltear	

1pl pacálann muid **CU** *3pl* pacálaid (siad) **M** *rel.* a phacálas

an aimsir fháistineach	the future tense
pacálfaidh mé	ní phacálfaidh
pacálfaidh tú	an bpacálfaidh?
pacálfaidh sé/sí	go bpacálfaidh
pacálfaimid	nach bpacálfaidh
pacálfaidh sibh	
pacálfaidh siad	
pacálfar	

1sg pacálfad, *2sg* pacálfair **M** *1pl* pacálfaidh muid **CU**
rel. a phacálfas

81 pacáil pack   pacáil   pacáilte

an modh coinníollach
phacálfainn
phacálfá
phacálfadh sé/sí
phacálfaimis
phacálfadh sibh
phacálfaidís
phacálfaí

the conditional mood
ní phacálfadh
an bpacálfadh?
go bpacálfadh
nach bpacálfadh

1pl phacálfadh muid **C** *3pl* phacálfadh siad **U**

an aimsir ghnáthchaite
phacálainn
phacáilteá
phacáladh sé/sí
phacálaimis
phacáladh sibh
phacálaidís
phacáiltí

the imperfect tense
ní phacáladh
an bpacáladh?
go bpacáladh
nach bpacáladh

1pl phacáladh muid **C** *3pl* phacáladh siad **U**
Ba ghnách liom pacáil *etc.* **U**

an modh ordaitheach
the imperative mood
pacálaim
pacáil
pacáladh sé/sí
pacálaimis
pacálaigí
pacálaidís
pacáiltear
  ná pacáil

an foshuiteach láithreach
the present subjunctive
go bpacála mé
go bpacála tú
go bpacála sé/sí
go bpacálaimid
go bpacála sibh
go bpacála siad
go bpacáiltear
  nár phacála

3pl pacáladh siad **U**   *1pl* go bpacála muid **CU**

82 pós marry   pósadh   pósta

an aimsir chaite	the past tense
phós mé	níor phós
phós tú	ar phós?
phós sé/sí	gur phós
phósamar	nár phós
phós sibh	níor pósadh
phós siad	ar pósadh?
pósadh	gur/nár pósadh

1sg (do) phósas, *2sg* (do) phósais, *2pl* (do) phósabhair **M**
1pl phós muid **CU** *3pl* (do) phósadar **MC**

an aimsir láithreach	the present tense
pósaim	ní phósann
pósann tú	an bpósann?
pósann sé/sí	go bpósann
pósaimid	nach bpósann
pósann sibh	
pósann siad	
póstar	

1pl pósann muid **CU** *3pl* pósaid (siad) **M** *rel.* a phósas

an aimsir fháistineach	the future tense
pósfaidh mé	ní phósfaidh
pósfaidh tú	an bpósfaidh?
pósfaidh sé/sí	go bpósfaidh
pósfaimid	nach bpósfaidh
pósfaidh sibh	
pósfaidh siad	
pósfar	

1sg pósfad, *2sg* pósfair **M** *1pl* pósfaidh muid **CU** *rel.* a phósfas

82 pós marry pósadh pósta

an modh coinníollach	the conditional mood
phósfainn	ní phósfadh
phósfá	an bpósfadh?
phósfadh sé/sí	go bpósfadh
phósfaimis	nach bpósfadh
phósfadh sibh	
phósfaidís	
phósfaí	

1pl phósfadh muid **C** *3pl* phósfadh siad **U**

an aimsir ghnáthchaite	the imperfect tense
phósainn	ní phósadh
phóstá	an bpósadh?
phósadh sé/sí	go bpósadh
phósaimis	nach bpósadh
phósadh sibh	
phósaidís	
phóstaí	

1pl phósadh muid **C** *3pl* phósadh siad **U**
Ba ghnách liom pósadh *etc.* **U**

an modh ordaitheach the imperative mood	an foshuiteach láithreach the present subjunctive
pósaim	go bpósa mé
pós	go bpósa tú
pósadh sé/sí	go bpósa sé/sí
pósaimis	go bpósaimid
pósaigí	go bpósa sibh
pósaidís	go bpósa siad
póstar	go bpóstar
ná pós	nár phósa

3pl pósadh siad **U**   *1pl* go bpósa muid **CU**

83 rith run   rith   rite

an aimsir chaite	the past tense
rith mé	níor rith
rith tú	ar rith?
rith sé/sí	gur rith
ritheamar	nár rith
rith sibh	níor ritheadh
rith siad	ar ritheadh?
ritheadh	gur/nár ritheadh

1sg (do) ritheas, *2sg* (do) rithis, *2pl* (do) ritheabhair **M**
1pl rith muid **CU** *3pl* (do) ritheadar **MC**

an aimsir láithreach	the present tense
rithim	ní ritheann
ritheann tú	an ritheann?
ritheann sé/sí	go ritheann
rithimid	nach ritheann
ritheann sibh	
ritheann siad	
ritear	

1pl ritheann muid **CU** *3pl* rithid (siad) **M** *rel.* a ritheas

an aimsir fháistineach	the future tense
rithfidh mé	ní rithfidh
rithfidh tú	an rithfidh?
rithfidh sé/sí	go rithfidh
rithfimid	nach rithfidh
rithfidh sibh	
rithfidh siad	
rithfear	

1sg rithfead, *2sg* rithfir **M** rithfidh muid **CU** *rel.* a rithfeas

83 rith run   rith   rite

an modh coinníollach the conditional mood

rithfinn	ní rithfeadh
rithfeá	an rithfeadh?
rithfeadh sé/sí	go rithfeadh
rithfimis	nach rithfeadh
rithfeadh sibh	
rithfidís	
rithfí	

1pl rithfeadh muid **C** *3pl* rithfeadh siad **U**

an aimsir ghnáthchaite   the imperfect tense

rithinn	níritheadh
riteá	an ritheadh?
ritheadh sé/sí	go ritheadh
rithimis	nach ritheadh
ritheadh sibh	
rithidís	
rití	

1pl ritheadh muid **C** *3pl* ritheadh siad **U**
Ba ghnách liom rith/reáchtáil *etc.* **U**

an modh ordaitheach the imperative mood   an foshuiteach láithreach the present subjunctive

rithim	go rithe mé
rith	go rithe tú
ritheadh sé/sí	go rithe sé/sí
rithimis	go rithimid
rithigí	go rithe sibh
rithidís	go rithe siad
ritear	go ritear
ná rith	nár rithe

3pl ritheadh siad **U**   *1pl* go rithe muid **CU**

84 **roinn** divide, **rann** U **roinnt roinnte**

an aimsir chaite	the past tense
roinn mé	níor roinn
roinn tú	ar roinn?
roinn sé/sí	gur roinn
roinneamar	nár roinn
roinn sibh	níor roinneadh
roinn siad	ar roinneadh?
roinneadh	gur/nár roinneadh

1sg (do) roinneas, *2sg* (do) roinnis, *2pl* (do) roinneabhair **M**
1pl roinn muid **C** rann muid (roinn = rann) **U** *3pl* (do) roinneadar **MC**

an aimsir láithreach	the present tense
roinnim	ní roinneann
roinneann tú	an roinneann?
roinneann sé/sí	go roinneann
roinnimid	nach roinneann
roinneann sibh	
roinneann siad	ranann **U**
roinntear	

1pl roinneann muid **C** rannaim, rannann tú, muid *etc.* **U**
3pl roinnid (siad) **M** *rel.* a roinneas/a rannas

an aimsir fháistineach	the future tense
roinnfidh mé	ní roinnfidh
roinnfidh tú	an roinnfidh?
roinnfidh sé/sí	go roinnfidh
roinnfimid	nach roinnfidh
roinnfidh sibh	
roinnfidh siad	
roinnfear	rannfaidh **U**

1sg roinnfead, *2sg* roinnfir **M** roinnfidh muid **C**
rannfaidh mé, muid *etc.* **U** *rel.* a roinnfeas/a rannfas

84 roinn divide, rann U   roinnt   roinnte

an modh coinníollach	the conditional mood
roinnfinn	ní roinnfeadh
roinnfeá	an roinnfeadh?
roinnfeadh sé/sí	go roinnfeadh
roinnfimis	nach roinnfeadh
roinnfeadh sibh	
roinnfidís	
roinnfí	rannfadh U

1pl roinnfeadh muid **C** *3pl* rannfadh siad **U**

an aimsir ghnáthchaite	the imperfect tense
roinninn	ní roinneadh
roinnteá	an roinneadh?
roinneadh sé/sí	go roinneadh
roinnimis	nach roinneadh
roinneadh sibh	
roinnidís	rannadh U
roinntí	

1pl roinneadh muid **C** *3pl* rannadh siad **U**
Ba ghnách liom rann *etc.* **U**

an modh ordaitheach the imperative mood	an foshuiteach láithreach the present subjunctive
roinnim	go roinne mé
roinn rann **U**	go roinne tú
roinneadh sé/sí	go roinne sé/sí
roinnimis	go roinnimid
roinnigí	go roinne sibh
roinnidís	go roinne siad
roinntear	go roinntear
ná roinn	nár roinne

3pl rannadh siad *etc.* **U** *1pl*

go roinne muid **C**
go ranna mé/muid **U**

85 sábháil save   sábháil   sábháilte

an aimsir chaite	the past tense
shábháil mé	níor shábháil
shábháil tú	ar shábháil?
shábháil sé/sí	gur shábháil
shábhálamar	nár shábháil
shábháil sibh	níor sábháladh
shábháil siad	ar sábháladh?
sábháladh	gur/nár sábháladh

1sg (do) shábhálas, *2sg* (do) shábhálais, *2pl* (do) shábhálabhair **M**
1pl shábháil muid **CU** *3pl* (do) shábháladar **MC**

an aimsir láithreach	the present tense
sábhálaim	ní shábhálann
sábhálann tú	an sábhálann?
sábhálann sé/sí	go sábhálann
sábhálaimid	nach sábhálann
sábhálann sibh	
sábhálann siad	
sábháiltear	

1pl sábhálann muid **CU** *3pl* sábhálaid (siad) **M** *rel.* a shábhálas

an aimsir fháistineach	the future tense
sábhálfaidh mé	ní shábhálfaidh
sábhálfaidh tú	an sábhálfaidh?
sábhálfaidh sé/sí	go sábhálfaidh
sábhálfaimid	nach sábhálfaidh
sábhálfaidh sibh	
sábhálfaidh siad	
sábhálfar	

1sg sábhálfad, *2sg* sábhálfair **M** sábhálfaidh muid **CU**
rel. a shábhálfas

85 sábháil save sábháil sábháilte

an modh coinníollach
shábhálfainn
shábhálfá
shábhálfadh sé/sí
shábhálfaimis
shábhálfadh sibh
shábhálfaidís
shábhálfaí

the conditional mood
ní shábhálfadh
an sábhálfadh?
go sábhálfadh
nach sábhálfadh

1pl shábhálfadh muid **C** *3pl* shábhálfadh siad **U**

an aimsir ghnáthchaite
shábhálainn
shábháilteá
shábháladh sé/sí
shábhálaimis
shábháladh sibh
shábhálaidís
shábháiltí

the imperfect tense
ní shábháladh
an sábháladh?
go sábháladh
nach sábháladh

1pl shábháladh muid **C** *3pl* shábháladh siad **U**
Ba ghnách liom sábháil *etc.* **U**

an modh ordaitheach
the imperative mood
sábhálaim
sábháil
sábháladh sé/sí
sábhálaimis
sábhálaigí
sábhálaidís
sábháiltear
 ná sábháil

an foshuiteach láithreach
the present subjunctive
go sábhála mé
go sábhála tú
go sábhála sé/sí
go sábhálaimid
go sábhála sibh
go sábhála siad
go sábháiltear
 nár shábhála

3pl sábháladh siad **U**

1pl go sábhála muid **CU**

86 scanraigh frighten scanrú scanraithe

an aimsir chaite	the past tense
scanraigh mé	níor scanraigh
scanraigh tú	ar scanraigh?
scanraigh sé/sí	gur scanraigh
scanraíomar	nár scanraigh
scanraigh sibh	níor scanraíodh
scanraigh siad	ar scanraíodh?
scanraíodh	gur/nár scanraíodh

1sg (do) scanraíos, *2sg* (do) scanraís, *2pl* (do) scanraíobhair **M**
1pl scanraigh muid **UC** *3pl* scanraíodar **MC**

an aimsir láithreach	the present tense
scanraím	ní scanraíonn
scanraíonn tú	an scanraíonn?
scanraíonn sé/sí	go scanraíonn
scanraímid	nach scanraíonn
scanraíonn sibh	
scanraíonn siad	
scanraítear	

1pl scanraíonn muid **C** *3pl* scanraíd (siad) **M**
scanraim, scanrann sé/muid **U** *rel.* a scanraíos

an aimsir fháistineach	the future tense
scanróidh mé	ní scanróidh
scanróidh tú	an scanróidh?
scanróidh sé/sí	go scanróidh
scanróimid	nach scanróidh
scanróidh sibh	
scanróidh siad	scanróchaidh **U**
scanrófar	

1sg scanród, *2sg* scanróir **M** *1pl* scanróidh muid **C**
scanróchaidh mé/muid *etc.* **U** *rel.* a scanrós/a scanróchas

86 scanraigh frighten   scanrú   scanraithe

an modh coinníollach	**the conditional mood**
scanróinn	ní scanródh
scanrófá	an scanródh?
scanródh sé/sí	go scanródh
scanróimis	nach scanródh
scanródh sibh	
scanróidís	scanróchadh **U**
scanrófaí	

1sg scanróchainn, *3sg* scanróchadh sé/siad *etc.* **U**
1pl scanródh muid **C**

an aimsir ghnáthchaite	**the imperfect tense**
scanraínn	ní scanraíodh
scanraíteá	an scanraíodh?
scanraíodh sé/sí	go scanraíodh
scanraímis	nach scanraíodh
scanraíodh sibh	
scanraídís	
scanraítí	

1pl scanraíodh muid **C** *3pl* scanraíodh siad **U**
Ba ghnách liom scanrú *etc.* **U**

an modh ordaitheach **the imperative mood**	**an foshuiteach láithreach** **the present subjunctive**
scanraím	go scanraí mé
scanraigh	go scanraí tú
scanraíodh sé/sí	go scanraí sé/sí
scanraímis	go scanraímid
scanraígí	go scanraí sibh
scanraídís	go scanraí siad
scanraítear	go scanraítear
ná scanraigh	nár scanraí

3pl scanraíodh siad **U**   *1pl* go scanraí muid **CU**

87 scaoil loosen   scaoileadh   scaoilte

an aimsir chaite
scaoil mé
scaoil tú
scaoil sé/sí
scaoileamar
scaoil sibh
scaoil siad
scaoileadh

the past tense
níor scaoil
ar scaoil?
gur scaoil
nár scaoil
níor scaoileadh
ar scaoileadh?
gur/nár scaoileadh

1sg (do) scaoileas, *2sg* (do) scaoilis, *2pl* (do) scaoileabhair **M**
1pl scaoil muid **CU** *3pl* (do) scaoileadar **MC**

an aimsir láithreach
scaoilim
scaoileann tú
scaoileann sé/sí
scaoilimid
scaoileann sibh
scaoileann siad
scaoiltear

the present tense
ní scaoileann
an scaoileann?
go scaoileann
nach scaoileann

1pl scaoileann muid **CU** *3pl* scaoilid (siad) **M** *rel.* a scaoileas

an aimsir fháistineach
scaoilfidh mé
scaoilfidh tú
scaoilfidh sé/sí
scaoilimid
scaoilfidh sibh
scaoilfidh siad
scaoilfear

the future tense
ní scaoilfidh
an scaoilfidh?
go scaoilfidh
nach scaoilfidh

1sg scaoilfead, *2sg* scaoilfir **M** scaoilfidh muid **CU**
rel. a scaoilfeas

87 scaoil loosen   scaoileadh   scaoilte

an modh coinníollach the conditional mood

scaoilfinn	ní scaoilfeadh
scaoilfeá	an scaoilfeadh?
scaoilfeadh sé/sí	go scaoilfeadh
scaoilfimis	nach scaoilfeadh
scaoilfeadh sibh	
scaoilfidís	
scaoilfí	

1pl scaoilfeadh muid **C** *3pl* scaoilfeadh siad **U**

an aimsir ghnáthchaite   the imperfect tense

scaoilinn	ní scaoileadh
scaoilteá	an scaoileadh?
scaoileadh sé/sí	go scaoileadh
scaoilimis	nach scaoileadh
scaoileadh sibh	
scaoilidís	
scaoiltí	

1pl scaoileadh muid **C** *3pl* scaoileadh siad **U**
Ba ghnách liom scaoileadh *etc.* **U**

an modh ordaitheach the imperative mood   an foshuiteach láithreach the present subjunctive

scaoilim	go scaoile mé
scaoil	go scaoile tú
scaoileadh sé/sí	go scaoile sé/sí
scaoilimis	go scaoilimid
scaoiligí	go scaoile sibh
scaoilidís	go scaoile siad
scaoiltear	go scaoiltear
ná scaoil	nár scaoile

3pl scaoileadh siad **U**   *1pl* go scaoile muid **CU**

88 scríobh write **scríobh scríofa**

an aimsir chaite	the past tense
scríobh mé	níor scríobh
scríobh tú	ar scríobh?
scríobh sé/sí	gur scríobh
scríobhamar	nár scríobh
scríobh sibh	níor scríobhadh
scríobh siad	ar scríobhadh?
scríobhadh	gur/nár scríobhadh

1sg (do) scríobhas, 2sg (do) scríobhais, 2pl (do) scríobhabhair **M**
1pl scríobh muid **CU** 3pl (do) scríobhadar **MC**

an aimsir láithreach	the present tense
scríobhaim	ní scríobhann
scríobhann tú	an scríobhann?
scríobhann sé/sí	go scríobhann
scríobhaimid	nach scríobhann
scríobhann sibh	
scríobhann siad	
scríobhtar	

1pl scríobhann muid **CU** 3pl scríobhaid (siad) **M** rel. a scríobhas

an aimsir fháistineach	the future tense
scríobhfaidh mé	ní scríobhfaidh
scríobhfaidh tú	an scríobhfaidh?
scríobhfaidh sé/sí	go scríobhfaidh
scríobhfaimid	nach scríobhfaidh
scríobhfaidh sibh	
scríobhfaidh siad	
scríobhfar	

1sg scríobhfad, 2sg scríobhfair **M** scríobhfaidh muid **CU**
rel. a scríobhfas

88 scríobh write   scríobh   scríofa

an modh coinníollach
scríobhfainn
scríobhfá
scríobhfadh sé/sí
scríobhfaimis
scríobhfadh sibh
scríobhfaidís
scríobhfaí

the conditional mood
ní scríobhfadh
an scríobhfadh?
go scríobhfadh
nach scríobhfadh

1pl scríobhfadh muid **C** *3pl* scríobhfadh siad **U**

an aimsir ghnáthchaite
scríobhainn
scríobhtá
scríobhadh sé/sí
scríobhaimis
scríobhadh sibh
scríobhaidís
scríobhtaí

the imperfect tense
ní scríobhadh
an scríobhadh?
go scríobhadh
nach scríobhadh

1pl scríobhadh muid **C** *3pl* scríobhadh siad **U**
Ba ghnách liom scríobh **U**

an modh ordaitheach
the imperative mood
scríobhaim
scríobh
scríobhadh sé/sí
scríobhaimis
scríobhaigí
scríobhaidís
scríobhtar
  ná scríobh

3pl scríobhadh siad **U**

an foshuiteach láithreach
the present subjunctive
go scríobha mé
go scríobha tú
go scríobha sé
go scríobhaimid
go scríobha sibh
go scríobha siad
go scríobhtar
  nár scríobha

1pl go scríobha muid **CU**

89 seachain avoid   seachaint   seachanta

an aimsir chaite	the past tense
sheachain mé	níor sheachain
sheachain tú	ar sheachain?
sheachain sé/sí	gur sheachain
sheachnaíomar	nár sheachain
sheachain sibh	níor seachnaíodh
sheachain siad	ar seachnaíodh?
seachnaíodh	gur/nár seachnaíodh

1sg (do) sheachnaíos, *2sg* (do) sheachnaís, *2pl* (do) sheachnaíobhair **M**
1pl sheachain muid **UC** *3pl* sheachnaíodar **MC**

an aimsir láithreach	the present tense
seachnaím	ní sheachnaíonn
seachnaíonn tú	an seachnaíonn?
seachnaíonn sé/sí	go seachnaíonn
seachnaímid	nach seachnaíonn
seachnaíonn sibh	
seachnaíonn siad	
seachnaítear	

1pl seachnaíonn muid **C** *3pl* seachnaíd (siad) **M** seachnaim, seachnann sé, muid *etc.* **U**
rel. a sheachnaíos/a sheachnas

an aimsir fháistineach	the future tense
seachnóidh mé	ní sheachnóidh
seachnóidh tú	an seachnóidh?
seachnóidh sé/sí	go seachnóidh
seachnóimid	nach seachnóidh
seachnóidh sibh	
seachnóidh siad	seachnóchaidh **U**
seachnófar	

1sg seachnód, *2sg* seachnóir **M** seachnóchaidh mé/muid *etc.* **U**
1pl seachnóidh muid **C** *rel.* a sheachnós/a sheachnóchas

89 seachain avoid seachaint seachanta

an modh coinníollach
sheachnóinn
sheachnófá
sheachnódh sé/sí
sheachnóimis
sheachnódh sibh
sheachnóidís
sheachnófaí

the conditional mood
ní sheachnódh
an seachnódh?
go seachnódh
nach seachnódh

sheachnóchadh **U**

1sg sheachnóchainn, *3sg* sheachnóchadh sé, siad *etc.* **U**
1pl sheachnódh muid **C**

an aimsir ghnáthchaite
sheachnaínn
sheachnaíteá
sheachnaíodh sé/sí
sheachnaímis
sheachnaíodh sibh
sheachnaídís
sheachnaítí

the imperfect tense
ní sheachnaíodh
an seachnaíodh?
go seachnaíodh
nach seachnaíodh

1pl sheachnaíodh muid **C** *3pl* sheachnaíodh siad **U**
Ba ghnách liom seachaint *etc.* **U**

an modh ordaitheach
the imperative mood
seachnaím
seachain
seachnaíodh sé/sí
seachnaímis
seachnaígí
seachnaídís
seachnaítear
  ná seachain

3pl seachnaíodh siad **U**

an foshuiteach láithreach
the present subjunctive
go seachnaí mé
go seachnaí tú
go seachnaí sé/sí
go seachnaímid
go seachnaí sibh
go seachnaí siad
go seachnaítear
  nár sheachnaí

1pl go seachnaí muid **CU**

90 seas stand   seasamh   seasta

an aimsir chaite
sheas mé
sheas tú
sheas sé/sí
sheasamar
sheas sibh
sheas siad
seasadh

the past tense
níor sheas
ar sheas?
gur sheas
nár sheas
níor seasadh
ar seasadh?
gur/nár seasadh

1sg (do) sheasas, *2sg* (do) sheasais, *2pl* (do) sheasabhair **M**
1pl sheas muid **CU** *3pl* (do) sheasadar **MC** seas = seasaigh **U**

an aimsir láithreach
seasaim
seasann tú
seasann sé/sí
seasaimid
seasann sibh
seasann siad
seastar

the present tense
ní sheasann
an seasann?
go seasann
nach seasann

1pl seasann muid **CU** *3pl* seasaid (siad) **M** *rel.* a sheasas

an aimsir fháistineach
seasfaidh mé
seasfaidh tú
seasfaidh sé/sí
seasfaimid
seasfaidh sibh
seasfaidh siad
seasfar

the future tense
ní sheasfaidh
an seasfaidh?
go seasfaidh
nach seasfaidh

1sg seasfad, *2sg* seasfair **M** seasfaidh muid **C**
seasóchaidh mé/muid *etc.* **U** *rel.* a sheasfas/a sheasóchas

90 seas stand   seasamh   seasta

an modh coinníollach
sheasfainn
sheasfá
sheasfadh sé/sí
sheasfaimis
sheasfadh sibh
sheasfaidís
sheasfaí

the conditional mood
ní sheasfadh
an seasfadh?
go seasfadh
nach seasfadh

1pl sheasfadh muid **C** *3pl* sheasóchadh sé/siad *etc.* **U**

an aimsir ghnáthchaite
sheasainn
sheastá
sheasadh sé/sí
sheasaimis
sheasadh sibh
sheasaidís
sheastaí

the imperfect tense
ní sheasadh
an seasadh?
go seasadh
nach seasadh

1pl sheasadh muid **C** *3pl* sheasadh siad **U**
Ba ghnách liom seasamh *etc.* **U**

an modh ordaitheach
the imperative mood
seasaim
seas
seasadh sé/sí
seasaimis
seasaigí
seasaidís
seastar
  ná seas

an foshuiteach láithreach
the present subjunctive
go seasa mé
go seasa tú
go seasa sé/sí
go seasaimid
go seasa sibh
go seasa siad
go seastar
  nár sheasa

3pl seasadh siad **U**

1pl go seasa muid **CU**

91 sín stretch   síneadh   sínte

an aimsir chaite	the past tense
shín mé	níor shín
shín tú	ar shín?
shín sé/sí	gur shín
shíneamar	nár shín
shín sibh	níor síneadh
shín siad	ar síneadh?
síneadh	gur/nár síneadh

1sg (do) shíneas, *2sg* (do) shínis, *2pl* (do) shíneabhair **M**
1pl shín muid **CU** *3pl* (do) shíneadar **MC**

an aimsir láithreach	the present tense
sínim	ní shíneann
síneann tú	an síneann?
síneann sé/sí	go síneann
sínimid	nach síneann
síneann sibh	
síneann siad	
síntear	

1pl síneann muid **CU** *3pl* sínid (siad) **M** *rel.* a shíneas

an aimsir fháistineach	the future tense
sínfidh mé	ní shínfidh
sínfidh tú	an sínfidh?
sínfidh sé/sí	go sínfidh
sínfimid	nach sínfidh
sínfidh sibh	
sínfidh siad	
sínfear	

1sg sínfead, *2sg* sínfir **M** sínfidh muid **CU** *rel.* a shínfeas

91 sín stretch síneadh sínte

an modh coinníollach
shínfinn
shínfeá
shínfeadh sé/sí
shínfimis
shínfeadh sibh
shínfidís
shínfí

the conditional mood
ní shínfeadh
an sínfeadh?
go sínfeadh
nach sínfeadh

1pl shínfeadh muid **C** *3pl* shínfeadh siad **U**

an aimsir ghnáthchaite
shíninn
shínteá
shíneadh sé/sí
shínimis
shíneadh sibh
shínidís
shíntí

the imperfect tense
ní shíneadh
an síneadh?
go síneadh
nach síneadh

1pl shíneadh muid **C** *3pl* shíneadh siad **U**
Ba ghnách liom síneadh **U**

an modh ordaitheach
the imperative mood
sínim
sín
síneadh sé/sí
sínimis
sínigí
sínidís
síntear
 ná sín

an foshuiteach láithreach
the present subjunctive
go síne mé
go síne tú
go síne sé/sí
go sínimid
go síne sibh
go síne siad
go síntear
 nár shíne

3pl síneadh siad **U**

1pl go síne muid **CU**

92 sínigh sign   síniú   sínithe

an aimsir chaite	the past tense
shínigh mé	níor shínigh
shínigh tú	ar shínigh?
shínigh sé/sí	gur shínigh
shíníomar	nár shínigh
shínigh sibh	níor síníodh
shínigh siad	ar síníodh?
síníodh	gur/nár síníodh

1sg (do) shíníos, *2sg* (do) shínís, *2pl* (do) shíníobhair **M**
1pl shínigh muid **UC** *3pl* shíníodar **MC**

an aimsir láithreach	the present tense
sínim	ní shíníonn
síníonn tú	an síníonn?
síníonn sé/sí	go síníonn
sínímid	nach síníonn
síníonn sibh	
síníonn siad	
sínítear	

1pl síníonn muid **C** *3pl* síníd (siad) **M**
sínim, síneann sé/muid **U** *rel.* a shíníos

an aimsir fháistineach	the future tense
síneoidh mé	ní shíneoidh
síneoidh tú	an síneoidh?
síneoidh sé/sí	go síneoidh
síneoimid	nach síneoidh
síneoidh sibh	
síneoidh siad	síneochaidh **U**
síneofar	

1sg síneod, *2sg* síneoir **M** *1pl* síneoidh muid **C**
síneochaidh mé/muid *etc.* **U** *rel.* a shíneos/a shíneochas

92 sínigh sign síniú sínithe

an modh coinníollach
shíneoinn
shíneofá
shíneodh sé/sí
shíneoimis
shíneodh sibh
shíneoidís
shíneofaí

the conditional mood
ní shíneodh
an síneodh?
go síneodh
nach síneodh

shíneochadh **U**

1sg shíneochainn, *3sg* shíneochadh sé, siad *etc.* **U**
1pl shíneodh muid **C**

an aimsir ghnáthchaite
shínínn
shíníteá
shíníodh sé/sí
shínímis
shíníodh sibh
shínídís
shínítí

the imperfect tense
ní shíníodh
an síníodh?
go síníodh
nach síníodh

1pl shíníodh muid **C**, *3pl* shíníodh siad **U**
Ba ghnách liom síniú *etc.* **U**

an modh ordaitheach
the imperative mood
síním
sínigh
síníodh sé/sí
sínímis
sínígí
sínídís
sínítear
  ná sínigh

an foshuiteach láithreach
the present subjunctive
go síní mé
go síní tú
go síní sé/sí
go sínímid
go síní sibh
go síní siad
go sínítear
  nár shíní

3pl síníodh siad **U**

1pl go síní muid **CU**

93 siúil walk siúl siúlta

an aimsir chaite	the past tense
shiúil mé	níor shiúil
shiúil tú	ar shiúil?
shiúil sé/sí	gur shiúil
shiúlamar	nár shiúil
shiúil sibh	níor siúladh
shiúil siad	ar siúladh?
siúladh	gur/nár siúladh

1sg (do) shiúlas, *2sg* (do) shiúlais, *2pl* (do) shiúlabhair **M**
1pl shiúil muid **CU** *3pl* (do) shiúladar **MC**

an aimsir láithreach	the present tense
siúlaim	ní shiúlann
siúlann tú	an siúlann?
siúlann sé/sí	go siúlann
siúlaimid	nach siúlann
siúlann sibh	
siúlann siad	
siúltar	

1pl siúlann muid **CU** *3pl* siúlaid (siad) **M** *rel.* a shiúlas

an aimsir fháistineach	the future tense
siúlfaidh mé	ní shiúlfaidh
siúlfaidh tú	an siúlfaidh?
siúlfaidh sé/sí	go siúlfaidh
siúlfaimid	nach siúlfaidh
siúlfaidh sibh	
siúlfaidh siad	
siúlfar	

1sg siúlfad, *2sg* siúlfair **M** siúlfaidh muid **CU** *rel.* a shiúlfas

93 siúil walk siúl siúlta

an modh coinníollach	the conditional mood
shiúlfainn	ní shiúlfadh
shiúlfá	an siúlfadh?
shiúlfadh sé/sí	go siúlfadh
shiúlfaimis	nach siúlfadh
shiúlfadh sibh	
shiúlfaidís	
shiúlfaí	

1pl shiúlfadh muid **C** 3pl shiúlfadh siad **U**

an aimsir ghnáthchaite	the imperfect tense
shiúlainn	ní shiúladh
shiúltá	an siúladh?
shiúladh sé/sí	go siúladh
shiúlaimis	nach siúladh
shiúladh sibh	
shiúlaidís	
shiúltaí	

1pl shiúladh muid **C** 3pl shiúladh siad **U**
Ba ghnách liom siúl *etc.* **U**

an modh ordaitheach the imperative mood	an foshuiteach láithreach the present subjunctive
siúlaim	go siúla mé
siúil	go siúla tú
siúladh sé/sí	go siúla sé
siúlaimis	go siúlaimid
siúlaigí	go siúla sibh
siúlaidís	go siúla siad
siúltar	go siúltar
ná siúil	nár shiúla

3pl siúladh siad **U**   1pl go siúla muid **CU**

94 smaoinigh think smaoineamh smaoinithe

an aimsir chaite	the past tense
smaoinigh mé	níor smaoinigh
smaoinigh tú	ar smaoinigh?
smaoinigh sé/sí	gur smaoinigh
smaoiníomar	nár smaoinigh
smaoinigh sibh	níor smaoiníodh
smaoinigh siad	ar smaoiníodh?
smaoiníodh	gur/nár smaoiníodh

1sg (do) smaoiníos, *2sg* (do) smaoinís, *2pl* (do) smaoiníobhair **M**
1pl smaoinigh muid **UC** *3pl* smaoiníodar **MC** smaoitigh **U**

an aimsir láithreach	the present tense
smaoiním	ní smaoiníonn
smaoiníonn tú	an smaoiníonn?
smaoiníonn sé/sí	go smaoiníonn
smaoinímid	nach smaoiníonn
smaoiníonn sibh	
smaoiníonn siad	smaoiteann **U**
smaoinítear	

1pl smaoiníonn muid **C** *3pl* smaoiníd (siad) **M**
smaoitim, smaoiteann sé/muid **U** *rel.* a smaoiníos

an aimsir fháistineach	the future tense
smaoineoidh mé	ní smaoineoidh
smaoineoidh tú	an smaoineoidh?
smaoineoidh sé/sí	go smaoineoidh
smaoineoimid	nach smaoineoidh
smaoineoidh sibh	
smaoineoidh siad	smaoiteochaidh **U**
smaoineofar	

1sg smaoineod, *2sg* smaoineoir **M** *1pl* smaoineoidh muid **C**
smaoiteochaidh mé/muid *etc.* **U** *rel.* a smaoineos/a smaoiteochas

94 smaoinigh think smaoineamh smaoinithe

an modh coinníollach	the conditional mood
smaoineoinn	ní smaoineodh
smaoineofá	an smaoineodh?
smaoineodh sé/sí	go smaoineodh
smaoineoimis	nach smaoineodh
smaoineodh sibh	
smaoineoidís	smaoiteochadh **U**
smaoineofaí	

1sg smaoiteochainn, 3sg smaoiteochadh sé, siad *etc.* **U**
1pl smaoineodh muid **C**

an aimsir ghnáthchaite	the imperfect tense
smaoinínn	ní smaoiníodh
smaoiníteá	an smaoiníodh?
smaoiníodh sé/sí	go smaoiníodh
smaoinímis	nach smaoiníodh
smaoiníodh sibh	
smaoinídís	
smaoinítí	

1pl smaoiníodh muid **C**, 3pl smaoitíodh siad **U**
Ba ghnách liom smaoitiú *etc.* **U**

an modh ordaitheach the imperative mood	an foshuiteach láithreach the present subjunctive
smaoiním	go smaoiní mé
smaoinigh	go smaoiní tú
smaoiníodh sé/sí	go smaoiní sé/sí
smaoinímis	go smaoinímid
smaoinígí	go smaoiní sibh
smaoinídís	go smaoiní siad
smaoinítear	go smaoinítear
ná smaoinigh	nár smaoiní

3pl smaoitíodh siad **U**   1pl go smaoiní muid **CU**

95 socraigh settle   socrú   socraithe

an aimsir chaite
shocraigh mé
shocraigh tú
shocraigh sé/sí
shocraíomar
shocraigh sibh
shocraigh siad
socraíodh

the past tense
níor shocraigh
ar shocraigh?
gur shocraigh
nár shocraigh
níor socraíodh
ar socraíodh?
gur/nár socraíodh

1sg (do) shocraíos, *2sg* (do) shocraís, *2pl* (do) shocraíobhair **M**
1pl shocraigh muid **UC** *3pl* shocraíodar **MC**

an aimsir láithreach
socraím
socraíonn tú
socraíonn sé/sí
socraímid
socraíonn sibh
socraíonn siad
socraítear

the present tense
ní shocraíonn
an socraíonn?
go socraíonn
nach socraíonn

1pl socraíonn muid **C** *3pl* socraíd (siad) **M**
socraim, socrann sé/muid **U** *rel.* a shocraíos

an aimsir fháistineach
socróidh mé
socróidh tú
socróidh sé/sí
socróimid
socróidh sibh
socróidh siad
socrófar

the future tense
ní shocróidh
an socróidh?
go socróidh
nach socróidh

socróchaidh **U**

1sg socród, *2sg* socróir **M** *1pl* socróidh muid **C**
socróchaidh mé/muid *etc.* **U** *rel.* a shocrós/a shocróchas

95 socraigh settle socrú socraithe

an modh coinníollach
shocróinn
shocrófá
shocródh sé/sí
shocróimis
shocródh sibh
shocróidís
shocrófaí

the conditional mood
ní shocródh
an socródh?
go socródh
nach socródh

shocróchadh **U**

1sg shocróchainn, 3sg shocróchadh sé/siad etc. **U**
1pl shocródh muid **C**

an aimsir ghnáthchaite
shocraínn
shocraíteá
shocraíodh sé/sí
shocraímis
shocraíodh sibh
shocraídís
shocraítí

the imperfect tense
ní shocraíodh
an socraíodh?
go socraíodh
nach socraíodh

1pl shocraíodh muid **C** 3pl shocraíodh siad **U**
Ba ghnách liom socrú etc. **U**

an modh ordaitheach
the imperative mood
socraím
socraigh
socraíodh sé/sí
socraímis
socraígí
socraídís
socraítear
  ná socraigh

3pl socraíodh siad **U**

an foshuiteach láithreach
the present subjunctive
go socraí mé
go socraí tú
go socraí sé/sí
go socraímid
go socraí sibh
go socraí siad
go socraítear
  nár shocraí

1pl go socraí muid **CU**

96 stampáil stamp   stampáil   stampáilte

an aimsir chaite	the past tense
stampáil mé	níor stampáil
stampáil tú	ar stampáil?
stampáil sé/sí	gur stampáil
stampálamar	nár stampáil
stampáil sibh	níor stampáladh
stampáil siad	ar stampáladh?
stampáladh	gur/nár stampáladh

1sg (do) stampálas, *2sg* (do) stampálais, *2pl* (do) stampálabhair **M**
1pl stampáil muid **CU** *3pl* (do) stampáladar **MC**

an aimsir láithreach	the present tense
stampálaim	ní stampálann
stampálann tú	an stampálann?
stampálann sé/sí	go stampálann
stampálaimid	nach stampálann
stampálann sibh	
stampálann siad	
stampáiltear	

1pl stampálann muid **CU** *3pl* stampálaid (siad) **M**
rel. a stampálas

an aimsir fháistineach	the future tense
stampálfaidh mé	ní stampálfaidh
stampálfaidh tú	an stampálfaidh?
stampálfaidh sé/sí	go stampálfaidh
stampálfaimid	nach stampálfaidh
stampálfaidh sibh	
stampálfaidh siad	
stampálfar	

1sg stampálfad, *2sg* stampálfair **M** stampálfaidh muid **CU**
rel. a stampálfas

96 stampáil stamp   stampáil   stampáilte

an modh coinníollach
stampálfainn
stampálfá
stampálfadh sé/sí
stampálfaimis
stampálfadh sibh
stampálfaifis
stampálfaí

the conditional mood
ní stampálfadh
an stampálfadh?
gur stampáil
go stampálfadh
nach stampálfadh

1pl stampálfadh muid **C** *3pl* stampálfadh siad **U**

an aimsir ghnáthchaite
stampálainn
stampáilteá
stampáladh sé/sí
stampálaimis
stampáladh sibh
stampálaidís
stampáiltí

the imperfect tense
ní stampáladh
an stampáladh?
go stampáladh
nach stampáladh

1pl stampáladh muid **C** *3pl* stampáladh siad **U**
Ba ghnách liom stampáils *etc.* **U**

an modh ordaitheach
the imperative mood
stampálaim
stampáil
stampáladh sé/sí
stampálfaimis
stampálaigí
stampálfaidís
stampáiltear
  ná stampáiltear

an foshuiteach láithreach
the present subjunctive
go stampála me
go stampála tu?
go stampála sé/sí
go stampálaimid
go stampála sibh
go stampála siad
go stampáiltear
  nár stampáiltear

3pl stampáladh siad **U**   *1pl* go stampála muid **CU**

97 **suigh** sit **suí** **suite**

an aimsir chaite
shuigh mé
shuigh tú
shuigh sé/sí
shuíomar
shuigh sibh
shuigh siad
suíodh

the past tense
níor shuigh
ar shuigh?
gur shuigh
nár shuigh
níor suíodh
ar suíodh?
gur/nár suíodh

1sg (do) shuíos, *2sg* (do) shuís, *2pl* (do) shuíobhair **M**
1pl shuigh muid **CU** *3pl* (do) shuíodar **MC**

an aimsir láithreach
suím
suíonn tú
suíonn sé/sí
suímid
suíonn sibh
suíonn siad
suitear

the present tense
ní shuíonn
an suíonn?
go suíonn
nach suíonn

1pl suíonn muid **CU** *3pl* suíd (siad) **M** *rel*. a shuíos

an aimsir fháistineach
suífidh mé
suífidh tú
suífidh sé/sí
suífimid
suífidh sibh
suífidh siad
suífear

the future tense
ní shuífidh
an suífidh?
go suífidh
nach suífidh

1sg suífead, *2sg* suífir **M** suífidh muid **CU** *rel*. a shuífeas

97 **suigh** sit **suí** **suite**

an modh coinníollach
shuífinn
shuífeá
shuífeadh sé/sí
shuífimis
shuífeadh sibh
shuífidís

shuífí

the conditional mood
ní shuífeadh
an suífeadh?
go suífeadh
nach suífeadh

1pl shuífeadh muid **C** *3pl* shuífeadh siad **U**

an aimsir ghnáthchaite
shuínn
shuiteá
shuíodh sé/sí
shuímis
shuíodh sibh
shuídís

shuití

the imperfect tense
ní shuíodh
an suíodh?
go suíodh
nach suíodh

1pl shuíodh muid **C** *3pl* shuíodh siad **U**
Ba ghnách liom suí *etc.* **U**

an modh ordaitheach
the imperative mood
suím
suigh
suíodh sé/sí
suímis
suígí
suídís

suitear
 ná suigh

3pl suíodh siad **U**

an foshuiteach láithreach
the present subjunctive
go suí mé
go suí tú
go suí sé/sí
go suímid
go suí sibh
go suí siad

go suitear
 nár shuí

1pl go suí muid **CU**

98 tabhair give   tabhairt   tugtha

an aimsir chaite	the past tense
thug mé	níor thug
thug tú	ar thug?
thug sé/sí	gur thug
thugamar	nár thug
thug sibh	níor tugadh
thug siad	ar tugadh?
tugadh	gur/nár tugadh

1sg (do) thugas, 2sg (do) thugais, 2pl (do) thugabhair **M** 1pl thug muid **CU**
3pl (do) thugadar **MC** ní thug, an/go/nach dtug **CU**

an aimsir láithreach	the present tense
tugaim	ní thugann
tugann tú	an dtugann?
tugann sé/sí	go dtugann
tugaimid	nach dtugann
tugann sibh	
tugann siad	*indep.* bheir **U**
tugtar	

1pl tugann muid **CU** 3pl tugaid (siad) **M** *rel.* a thugas – a bheir **U** *Indep.* bheirim,
bheir tú/sé/muid, bheirtear *etc.* **U** *var.* tabhrann

an aimsir fháistineach	the future tense
tabharfaidh mé	ní thabharfaidh
tabharfaidh tú	an dtabharfaidh?
tabharfaidh sé/sí	go dtabharfaidh
tabharfaimid	nach dtabharfaidh
tabharfaidh sibh	*indep.* bhéarfaidh **U**
tabharfaidh siad	tiubharfaidh **MC**
tabharfar	

1sg tabharfad, 2sg tabharfair **M**
tabharfaidh muid, *rel.* a thabharfas **C**
indep. bhéarfaidh mé, tú, sé muid, bhéarfar *etc.*, *rel.* – a bhéarfas **U**

98 tabhair give tabhairt tugtha

an modh coinníollach the conditional mood

thabharfainn	ní thabharfadh
thabharfá	an dtabharfadh?
thabharfadh sé/sí	go dtabharfadh
thabharfaimis	nach dtabharfadh
thabharfadh sibh	*indep.* bhéarfadh **U**
thabharfaidís	thiubharfadh **MC**
thabharfaí	

1pl thabharfadh muid **C**
indep. bhéarfainn, bhéarfá, bhéarfadh sé/siad, bhéarfaimis, bhéarfaí **U**

an aimsir ghnáthchaite   the imperfect tense

thugainn	ní thugadh
thugtá	an dtugadh?
thugadh sé/sí	go dtugadh
thugaimis	nach dtugadh
thugadh sibh	
thugaidís	
thugtaí	

1pl thugadh muid **C**
indep. bheirinn, bheirtheá, bheireadh sé/siad, bheirimis, bheirtí **U**
Ba ghnách liom tabhairt **U** *var. dep.* tabhradh

an modh ordaitheach the imperative mood   an foshuiteach láithreach the present subjunctive

tugaim	go dtuga mé
tabhair *dial*. tug	go dtuga tú
tugadh sé/sí	go dtuga sé/sí
tugaimis	go dtugaimid
tugaigí	go dtuga sibh
tugaidís	go dtuga siad
tugtar	go dtugtar
ná tabhair	nár thuga

3pl tugadh siad **U**   *1pl* go dtuga muid **CU**

99 tagair refer   tagairt   tagartha

an aimsir chaite	the past tense
thagair mé	níor thagair
thagair tú	ar thagair?
thagair sé/sí	gur thagair
thagraíomar	nár thagair
thagair sibh	níor tagraíodh
thagair siad	ar tagraíodh?
tagraíodh	gur/nár tagraíodh

1sg (do) thagraíos, *2sg* (do) thagraís, *2pl* (do) thagraíobhair **M**
1pl thagair muid **UC** *3pl* (do) thagraíodar **MC**

an aimsir láithreach	the present tense
tagraím	ní thagraíonn
tagraíonn tú	an dtagraíonn?
tagraíonn sé/sí	go dtagraíonn
tagraímid	nach dtagraíonn
tagraíonn sibh	
tagraíonn siad	
tagraítear	

1pl tagraíonn muid **C** *3pl* tagraíd (siad) **M**
tagraim, tagrann sé, muid *etc.* **U** *rel.* a thagraíos/a thagras

an aimsir fháistineach	the future tense
tagróidh mé	ní thagróidh
tagróidh tú	an dtagróidh?
tagróidh sé/sí	go dtagróidh
tagróimid	nach dtagróidh
tagróidh sibh	
tagróidh siad	tagróchaidh **U**
tagrófar	

1sg tagród, *2sg* tagróir **M** tagróchaidh mé/muid *etc.* **U**
1pl tagróidh muid **C** *rel.* a thagrós/a thagróchas

99 tagair refer tagairt tagartha

an modh coinníollach	the conditional mood
thagróinn	ní thagródh
thagrófá	an dtagródh?
thagródh sé/sí	go dtagródh
thagróimis	nach dtagródh
thagródh sibh	
thagróidís	thagróchadh **U**
thagrófaí	

1sg thagróchainn, *3sg* thagróchadh sé, siad *etc.* **U**
1pl thagródh muid **C**

an aimsir ghnáthchaite	the imperfect tense
thagraínn	ní thagraíodh
thagraíteá	an dtagraíodh?
thagraíodh sé/sí	go dtagraíodh
thagraímis	nach dtagraíodh
thagraíodh sibh	
thagraídís	
thagraítí	

1pl thagraíodh muid **C** *3pl* thagraíodh siad **U**
Ba ghnách liom tagairt *etc.* **U**

an modh ordaitheach the imperative mood	an foshuiteach láithreach the present subjunctive
tagraím	go dtagraí mé
tagair	go dtagraí tú
tagraíodh sé/sí	go dtagraí sé/sí
tagraímis	go dtagraímid
tagraígí	go dtagraí sibh
tagraídís	go dtagraí siad
tagraítear	go dtagraítear
ná tagair	nár thagraí

3pl tagraíodh siad **U**   *1pl* go dtagraí muid **CU**

100 taispeáin show taispeáint taispeánta

an aimsir chaite — the past tense

an aimsir chaite	the past tense
thaispeáin mé	níor thaispeáin
thaispeáin tú	ar thaispeáin?
thaispeáin sé/sí	gur thaispeáin
thaispeánamar	nár thaispeáin
thaispeáin sibh	níor taispeánadh
thaispeáin siad	ar taispeánadh?
taispeánadh	gur/nár taispeánadh

1sg (do) thaispeánas, 2sg (do) thaispeánais, 2pl (do) thaispeánabhair **M**
1pl thaispeáin muid **CU** 3pl (do) thaispeánadar **MC** dial. spáin sé etc.

an aimsir láithreach — the present tense

an aimsir láithreach	the present tense
taispeánaim	ní thaispeánann
taispeánann tú	an dtaispeánann?
taispeánann sé/sí	go dtaispeánann
taispeánaimid	nach dtaispeánann
taispeánann sibh	
taispeánann siad	dial. spáineann
taispeántar	taiseánann **U**

1pl taispeánann muid **CU** 3pl taispeánaid (siad) **M**
rel. a thaispeánas

an aimsir fháistineach — the future tense

an aimsir fháistineach	the future tense
taispeánfaidh mé	ní thaispeánfaidh
taispeánfaidh tú	an dtaispeánfaidh?
taispeánfaidh sé/sí	go dtaispeánfaidh
taispeánfaimid	nach dtaispeánfaidh
taispeánfaidh sibh	
taispeánfaidh siad	dial. spáinfidh
taispeánfar	taiseánfaidh **U**

1sg taispeánfad, 2sg taispeánfair **M**
taispeánfaidh muid **CU** rel. a thaispeánfas

100 taispeáin show   taispeáint   taispeánta

an modh coinníollach	the conditional mood
thaispeánfainn	ní thaispeánfadh
thaispeánfá	an dtaispeánfadh?
thaispeánfadh sé/sí	go dtaispeánfadh
thaispeánfaimis	nach dtaispeánfadh
thaispeánfadh sibh	
thaispeánfaidís	*dial.* spáinfeadh
thaispeánfaí	thaiseánfadh **U**

1pl thaispeánfadh muid **C**, *3pl* thaispeánfadh siad **U**

an aimsir ghnáthchaite	the imperfect tense
thaispeánainn	ní thaispeánadh
thaispeántá	an dtaispeánadh?
thaispeánadh sé/sí	go dtaispeánadh
thaispeánaimis	nach dtaispeánadh
thaispeánadh sibh	
thaispeánaidís	*dial.* spáineadh
thaispeántaí	thaiseánadh **U**

1pl thaispeánadh muid **C** *3pl* thaispeánadh siad **U**
Ba ghnách liom taispeáint *etc.* **U**

an modh ordaitheach the imperative mood	an foshuiteach láithreach the present subjunctive
taispeánaim	go dtaispeána mé
taispeáin *dial.* spáin	go dtaispeána tú
taispeánadh sé/sí	go dtaispeána sé/sí
taispeánaimis	go dtaispeánaimid
taispeánaigí	go dtaispeána sibh
taispeánaidís	go dtaispeána siad
taispeántar	go dtaispeántar
ná taispeáin	nár thaispeána

3pl taispeánadh siad **U**   *1pl* go dtaispeána muid **CU**

101 taistil travel taisteal taistealta

an aimsir chaite	the past tense
thaistil mé	níor thaistil
thaistil tú	ar thaistil?
thaistil sé/sí	gur thaistil
thaistealaíomar	nár thaistil
thaistil sibh	níor taistealaíodh
thaistil siad	ar taistealaíodh?
taistealaíodh	gur/nár taistealaíodh

1sg (do) thaistealaíos, 2sg (do) thaistealaís, 2pl (do) thaistealaíobhair **M**
1pl thaistil muid **UC** 3pl thaistealaíodar **MC**

an aimsir láithreach	the present tense
taistealaím	ní thaistealaíonn
taistealaíonn tú	an dtaistealaíonn?
taistealaíonn sé/sí	go dtaistealaíonn
taistealaímid	nach dtaistealaíonn
taistealaíonn sibh	
taistealaíonn siad	
taistealaítear	

1pl taistealaíonn muid **C** 3pl taistealaíd (siad) **M** taistealaim, taistealann sé/muid etc.
U rel. a thaistealaíos/a thaistealas

an aimsir fháistineach	the future tense
taistealóidh mé	ní thaistealóidh
taistealóidh tú	an dtaistealóidh?
taistealóidh sé/sí	go dtaistealóidh
taistealóimid	nach dtaistealóidh
taistealóidh sibh	
taistealóidh siad	taistealóchaidh **U**
taistealófar	

1sg taistealód, 2sg taistealóir **M** taistealóchaidh mé/muid etc. **U** 1pl taistealóidh
muid **C** rel. a thaistealós/a thaistealóchas

101 taistil travel   taisteal   taistealta

an modh coinníollach	**the conditional mood**
thaistealóinn	ní thaistealódh
thaistealófá	an dtaistealódh?
thaistealódh sé/sí	go dtaistealódh
thaistealóimis	nach dtaistealódh
thaistealódh sibh	
thaistealóidís	thaistealóchadh **U**
thaistealófaí	

1sg thaistealóchainn, 3sg thaistealóchadh sé/siad *etc.* **U**
1pl thaistealódh muid **C**

an aimsir ghnáthchaite	**the imperfect tense**
thaistealaínn	ní thaistealaíodh
thaistealaíteá	an dtaistealaíodh?
thaistealaíodh sé/sí	go dtaistealaíodh
thaistealaímis	nach dtaistealaíodh
thaistealaíodh sibh	
thaistealaídís	
thaistealaítí	

1pl thaistealaíodh muid **C** thaistealainn, thaistealadh sé/siad **U**
Ba ghnách liom taisteal *etc.* **U**

an modh ordaitheach **the imperative mood**	**an foshuiteach láithreach** **the present subjunctive**
taistealaím	go dtaistealaí mé
taistil	go dtaistealaí tú
taistealaíodh sé/sí	go dtaistealaí sé/sí
taistealaímis	go dtaistealaímid
taistealaígí	go dtaistealaí sibh
taistealaídís	go dtaistealaí siad
taistealaítear	go dtaistealaítear
ná taistil	nár thaistealaí

3pl taistealadh sé/siad **U**   1pl go dtaistealaí muid **CU**

102 taitin shine   taitneamh   taitnithe

an aimsir chaite
thaitin mé
thaitin tú
thaitin sé/sí
thaitníomar
thaitin sibh
thaitin siad

taitníodh

the past tense
níor thaitin
ar thaitin?
gur thaitin
nár thaitin
níor taitníodh
ar taitníodh?
gur/nár taitníodh

1sg (do) thaitníos, *2sg* (do) thaitnís, *2pl* (do) thaitníobhair **M**
1pl thaitin muid **UC** *3pl* thaitníodar **MC** thaitin le = 'enjoyed' **U**

an aimsir láithreach
taitním
taitníonn tú
taitníonn sé/sí
taitnímid
taitníonn sibh
taitníonn siad

taitnítear

the present tense
ní thaitníonn
an dtaitníonn?
go dtaitníonn
nach dtaitníonn

1pl taitníonn muid **C** *3pl* taitníd (siad) **M**
taitnim, taitneann sé, muid *etc*. **U** *rel*. a thaitníos/a thaitneas

an aimsir fháistineach
taitneoidh mé
taitneoidh tú
taitneoidh sé/sí
taitneoimid
taitneoidh sibh
taitneoidh siad

taitneofar

the future tense
ní thaitneoidh
an dtaitneoidh?
go dtaitneoidh
nach dtaitneoidh

taitneochaidh **U**

1sg taitneod, *2sg* taitneoir **M** *1pl* taitneoidh muid **C**
taitneochaidh mé, muid *etc*. **U** *rel*. a thaitneos/a thaitneochas

102 taitin shine   taitneamh   taitnithe

an modh coinníollach
thaitneoinn
thaitneofá
thaitneodh sé/sí
thaitneoimis
thaitneodh sibh
thaitneoidís
thaitneofaí

the conditional mood
ní thaitneodh
an dtaitneodh?
go dtaitneodh
nach dtaitneodh

thaitneochadh U

1sg thaitneochainn, *3sg* thaitneochadh sé, siad *etc.* U
1pl thaitneodh muid C

an aimsir ghnáthchaite
thaitnínn
thaitníteá
thaitníodh sé/sí
thaitnímis
thaitníodh sibh
thaitnídís
thaitnítí

the imperfect tense
ní thaitníodh
an dtaitníodh?
go dtaitníodh
nach dtaitníodh

1pl thaitníodh muid C *3pl* thaitníodh siad U
Ba ghnách liom taitneamh *etc.* U

an modh ordaitheach
the imperative mood
taitním
taitin
taitníodh sé/sí
taitnímis
taitnígí
taitnídís
taitnítear
 ná taitin

3pl taitníodh siad U

an foshuiteach láithreach
the present subjunctive
go dtaitní mé
go dtaitní tú
go dtaitní sé/sí
go dtaitnímid
go dtaitní sibh
go dtaitní siad
go dtaitnítear
 nár thaitní

1pl go dtaitní muid CU

103 tar come   teacht/theacht   tagtha

an aimsir chaite	the past tense
tháinig mé	níor tháinig
tháinig tú	ar tháinig?
tháinig sé/sí	gur tháinig
thángamar	nár tháinig
tháinig sibh	níor thángthas
tháinig siad	ar thángthas?
thángthas	gur/nár thángthas

1sg (do) thánag/tháiníos, *2sg* (do) tháinís, *2pl* (do) thánabhair **M**
1pl tháinig muid **CU** *3pl* thángadar **MC**; *vn* tíocht **C**
Dep. ní tháinig, an/go/nach dtáinig **UC**

an aimsir láithreach	the present tense
tagaim	ní thagann
tagann tú	an dtagann?
tagann sé/sí	go dtagann
tagaimid	nach dtagann
tagann sibh	
tagann siad	
tagtar	

1pl tagann muid **C** *3pl* tagaid (siad) **M** tigim, tig tú/sé/muid *etc.* **U** teagann;
vn t(h)íocht **C**

an aimsir fháistineach	the future tense
tiocfaidh mé	ní thiocfaidh
tiocfaidh tú	an dtiocfaidh?
tiocfaidh sé/sí	go dtiocfaidh
tiocfaimid	nach dtiocfaidh
tiocfaidh sibh	
tiocfaidh siad	
tiocfar	

1sg tiocfad, *2sg* tiocfair **M** tiocfaidh muid **CU** tiucf- **MC**

103 tar come teacht/theacht tagtha

an modh coinníollach the conditional mood

thiocfainn	ní thiocfadh
thiocfá	an dtiocfadh?
thiocfadh sé/sí	go dtiocfadh
thiocfaimis	nach dtiocfadh
thiocfadh sibh	
thiocfaidís	
thiocfaí	

1pl thiocfadh muid **C** *3pl* thiocfadh siad **U** thiucf- **MC**

an aimsir ghnáthchaite the imperfect tense

thagainn	ní thagadh
thagtá	an dtagadh?
thagadh sé/sí	go dtagadh
thagaimis	nach dtagadh
thagadh sibh	
thagaidís	
thagtaí	

1pl thagadh muid **C** *3pl* thiginn, thigeadh sé/siad
Ba ghnách liom theacht **U** *etc.*

an modh ordaitheach the imperative mood
an foshuiteach láithreach the present subjunctive

tagaim		go dtaga mé
tar	*dial*. gabh, goite **U**	go dtaga tú
tagadh sé/sí		go dtaga sé/sí
tagaimis		go dtagaimid
tagaigí		go dtaga sibh
tagaidís		go dtaga siad
tagtar		go dtagtar
ná tar		nár thaga

3pl tagadh/taradh siad **U**

1pl go dtaga muid **C**
go dtigidh/go dtaraidh **U**

104 tarraing pull   tarraingt   tarraingthe

an aimsir chaite
tharraing mé
tharraing tú
tharraing sé/sí
tharraingíomar
tharraing sibh
tharraing siad
tarraingíodh

the past tense
níor tharraing
ar tharraing?
gur tharraing
nár tharraing
níor tarraingíodh
ar tarraingíodh?
gur/nár tarraingíodh

1sg (do) tharraingíos, 2 (do) tharraingís, 2pl (do) tharraingíobhair (var. thairrig sé) **M**
1pl tharraing muid **UC** 3pl tharraingíodar **MC**

an aimsir láithreach
tarraingím
tarraingíonn tú
tarraingíonn sé/sí
tarraingímid
tarraingíonn sibh
tarraingíonn siad
tarraingítear

the present tense
ní tharraingíonn
an dtarraingíonn?
go dtarraingíonn
nach dtarraingíonn

tairrigíonn **M**
tairrngneann **U**

1pl tarraingíonn muid **C**; 3pl tarraingíd (siad) **M** tarraingim, tarraingeann sé, muid etc.,
pron tairrneann **U**, rel. a tharraingíos/a tharraingeann

an aimsir fháistineach
tarraingeoidh mé
tarraingeoidh tú
tarraingeoidh sé/sí
tarraingeoimid
tarraingeoidh sibh
tarraingeoidh siad
tarraingeofar

the future tense
ní tharraingeoidh
an dtarraingeoidh?
go dtarraingeoidh
nach dtarraingeoidh

tairriceoidh **M**
tairrngneochaidh **U**

1sg tarraingeod, 2sg tarraingeoir **M** tarraingeochaidh mé, muid etc. **U**
1pl tarraingeoidh muid **C** rel. a tharraingeos/tharraingeochas

104 tarraing pull tarraingt tarraingthe

an modh coinníollach
tharraingeoinn
tharraingeofá
tharraingeodh sé/sí
tharraingeoimis
tharraingeodh sibh
tharraingeoidís
tharraingeofaí

the conditional mood
ní tharraingeodh
an dtarraingeodh?
go dtarraingeodh
nach dtarraingeodh

thairriceodh **M**
thairrngneochadh **U**

1sg tharraingeochainn, *3sg* tharraingeochadh sé, siad *etc.* **U**
1pl tharraingeodh muid **C**

an aimsir ghnáthchaite
tharraingínn
tharraingíteá
tharraingíodh sé/sí
tharraingímis
tharraingíodh sibh
tharraingídís
tharraingítí

the imperfect tense
ní tharraingíodh
an dtarraingíodh?
go dtarraingíodh
nach dtarraingíodh

thairrigíodh **M**
thairrngneadh **U**

1pl tharraingíodh muid **C** *3pl* tharraingíodh siad **U**
Ba ghnách liom tarraingt *etc.* **U**

an modh ordaitheach
the imperative mood
tarraingím
tarraing
tarraingíodh sé/sí
tarraingímis
tarraingígí
tarraingídís
tarraingítear
 ná tarraing

an foshuiteach láithreach
the present subjunctive
go dtarraingí mé
go dtarraingí tú
go dtarraingí sé/sí
go dtarraingímid
go dtarraingí sibh
go dtarraingí siad
go dtarraingítear
 nár tharraingí

3pl tarraingíodh siad **U**

1pl go dtarraingí muid **CU**

105 teann tighten   teannadh   teannta

an aimsir chaite   the past tense

theann mé	níor theann
theann tú	ar theann?
theann sé/sí	gur theann
theannamar	nár theann
theann sibh	níor teannadh
theann siad	ar teannadh?
teannadh	gur/nár teannadh

1sg (do) theannas, *2sg* (do) theannais, *2pl* (do) theannabhair **M**
1pl theann muid **CU** *3pl* (do) theannadar **MC**

an aimsir láithreach   the present tense

teannaim	ní theannann
teannann tú	an dteannann?
teannann sé/sí	go dteannann
teannaimid	nach dteannann
teannann sibh	
teannann siad	
teanntar	

1pl teannann muid **CU** *3pl* teannaid (siad) **M** *rel.* a theannas

an aimsir fháistineach   the future tense

teannfaidh mé	ní theannfaidh
teannfaidh tú	an dteannfaidh?
teannfaidh sé/sí	go dteannfaidh
teannfaimid	nach dteannfaidh
teannfaidh sibh	
teannfaidh siad	
teannfar	

1sg teannfad, *2sg* teannfair **M** teannfaidh muid **CU**
rel. a theannfas

105 **teann** tighten **teannadh** **teannta**

an modh coinníollach
theannfainn
theannfá
theannfadh sé/sí
theannfaimis
theannfadh sibh
theannfaidís
theannfaí

the conditional mood
ní theannfadh
an dteannfadh?
go dteannfadh
nach dteannfadh

1pl theannfadh muid **C** *3pl* theannfadh siad **U**

an aimsir ghnáthchaite
theannainn
theanntá
theannadh sé/sí
theannaimis
theannadh sibh
theannaidís
theanntaí

the imperfect tense
ní theannadh
an dteannadh?
go dteannadh
nach dteannadh

1pl theannadh muid **C** *3pl* theannadh siad **U**
Ba ghnách liom teannadh *etc.* **U**

an modh ordaitheach
the imperative mood
teannaim
teann
teannadh sé/sí
teannaimis
teannaigí
teannaidís
teanntar
 ná teann

an foshuiteach láithreach
the present subjunctive
go dteanna mé
go dteanna tú
go dteanna sé/sí
go dteannaimid
go dteanna sibh
go dteanna siad
go dteanntar
 nár theanna

3pl teannadh siad **U**

1pl go dteanna muid **CU**

106 téigh go dul/dhul dulta

an aimsir chaite	the past tense
chuaigh mé	ní dheachaigh
chuaigh tú	an ndeachaigh?
chuaigh sé/sí	go ndeachaigh
chuamar	nach ndeachaigh
chuaigh sibh	ní dheachthas
chuaigh siad	an ndeachthas?
chuathas	go/nach ndeachthas

1sg (do) chuas, *2sg* (do) chuais, *2pl* (do) chuabhair **M**
1pl chuaigh muid **CU** *3pl* chuadar **MC** *dep.* ní theachaidh, an dteachaidh? **U**

an aimsir láithreach	the present tense
téim	ní théann
téann tú	an dtéann?
téann sé/sí	go dtéann
téimid	nach dtéann
téann sibh	théid **U**
téann siad	
téitear	

1pl téann muid **CU** *3pl* téid (siad) **M** *var.* théid *or* théann = téann
rel. a théann

an aimsir fháistineach	the future tense
rachaidh mé	ní rachaidh
rachaidh tú	an rachaidh?
rachaidh sé/sí	go rachaidh
rachaimid	nach rachaidh
rachaidh sibh	
rachaidh siad	
rachfar	

1sg raghad, *2sg* raghair; raghaidh = rachaidh **M**
rachaidh muid **CU** *rel.* a rachas

106 téigh go   dul/dhul   dulta

an modh coinníollach the conditional mood

rachainn	ní rachadh
rachfá	an rachadh?
rachadh sé/sí	go rachadh
rachaimis	nach rachadh
rachadh sibh	
rachaidís	
rachfaí	

1 sg raghainn; raghadh = rachadh **M**
1pl rachadh muid **C** 3pl rachadh siad **U**

an aimsir ghnáthchaite   the imperfect tense

théinn	ní théadh
théiteá	an dtéadh?
théadh sé/sí	go dtéadh
théimis	nach dtéadh
théadh sibh	
théidís	
théití	

1pl théadh muid **C** 3pl théadh siad, Ba ghnách liom dhul **U**

an modh ordaitheach   an foshuiteach láithreach
the imperative mood   the present subjunctive

téim		go dté mé
téigh	dial. gabh	go dté tú
téadh sé/sí		go dté sé/sí
téimis		go dtéimid
téigí		go dté sibh
téidís		go dté siad
téitear		go dtéitear
ná téigh	dial. ná gabh	nár thé

3pl théadh siad **U**   1pl go dté muid **CU**

107 tiomáin drive   tiomáint   tiománta

an aimsir chaite · the past tense

thiomáin mé	níor thiomáin
thiomáin tú	ar thiomáin?
thiomáin sé/sí	gur thiomáin
thiomáineamar	nár thiomáin
thiomáin sibh	níor tiomáineadh
thiomáin siad	ar tiomáineadh?
tiomáineadh	gur/nár tiomáineadh

1sg (do) thiomáineas, *2sg* (do) thiomáinis, *2pl* (do) thiomáin-eabhair **M**
1pl thiomáin muid **CU** *3pl* (do) thiomáineadar **MC**

an aimsir láithreach · the present tense

tiomáinim	ní thiomáineann
tiomáineann tú	an dtiomáineann?
tiomáineann sé/sí	go dtiomáineann
tiomáinimid	nach dtiomáineann
tiomáineann sibh	
tiomáineann siad	
tiomáintear	

1pl tiomáineann muid **CU** *3pl* tiomáinid (siad) **M**
rel. a thiomáineas

an aimsir fháistineach · the future tense

tiomáinfidh mé	ní thiomáinfidh
tiomáinfidh tú	an dtiomáinfidh?
tiomáinfidh sé/sí	go dtiomáinfidh
tiomáinfimid	nach dtiomáinfidh
tiomáinfidh sibh	
tiomáinfidh siad	
tiomáinfear	

1sg tiomáinfead, *2sg* tiomáinfir **M** tiomáinfidh muid **CU**
rel. a thiomáinfeas

107 tiomáin drive tiomáint tiománta

an modh coinníollach the conditional mood

thiomáinfinn	ní thiomáinfeadh
thiomáinfeá	an dtiomáinfeadh?
thiomáinfeadh sé/sí	go dtiomáinfeadh
thiomáinfimis	nach dtiomáinfeadh
thiomáinfeadh sibh	
thiomáinfidís	
thiomáinfí	

1pl thiomáinfeadh muid **C** *3pl* thiomáinfeadh siad **U**

an aimsir ghnáthchaite   the imperfect tense

thiomáininn	ní thiomáineadh
thiomáinteá	an dtiomáineadh?
thiomáineadh sé/sí	go dtiomáineadh
thiomáinimis	nach dtiomáineadh
thiomáineadh sibh	
thiomáinidís	
thiomáintí	

1pl thiomáineadh muid **C** *3pl* thiomáineadh siad **U**
Ba ghnách liom tiomáint **U**

an modh ordaitheach the imperative mood | an foshuiteach láithreach the present subjunctive

an modh ordaitheach the imperative mood	an foshuiteach láithreach the present subjunctive
tiomáinim	go dtiomáine mé
tiomáin	go dtiomáine tú
tiomáineadh sé/sí	go dtiomáine sé/sí
tiomáinimis	go dtiomáinimid
tiomáinigí	go dtiomáine sibh
tiomáinidís	go dtiomáine siad
tiomáintear	go dtiomáintear
ná tiomáin	nár thiomáine

3pl tiomáineadh siad **U**   *1pl* go dtiomáine muid **CU**

108 tit fall   titim   tite

an aimsir chaite	the past tense
thit mé	níor thit
thit tú	ar thit?
thit sé/sí	gur thit
thiteamar	nár thit
thit sibh	níor titeadh
thit siad	ar titeadh?
titeadh	gur/nár titeadh

1sg (do) thiteas, *2sg* (do) thitis, *2pl* (do) thiteabhair **M**
1pl thit muid **CU** *3pl* (do) thiteadar **MC**

an aimsir láithreach	the present tense
titim	ní thiteann
titeann tú	an dtiteann?
titeann sé/sí	go dtiteann
titimid	nach dtiteann
titeann sibh	
titeann siad	
titear	

1pl titeann muid **CU** *3pl* titid (siad) **M** *rel.* a thiteas

an aimsir fháistineach	the future tense
titfidh mé	ní thitfidh
titfidh tú	an dtitfidh?
titfidh sé/sí	go dtitfidh
titfimid	nach dtitfidh
titfidh sibh	
titfidh siad	
titfear	

1sg titfead, *2sg* titfir **M** titfidh muid **CU** *rel.* a thitfeas

108 tit fall titim tite

an modh coinníollach / the conditional mood

an modh coinníollach	the conditional mood
thitfinn	ní thitfeadh
thitfeá	an dtitfeadh?
thitfeadh sé/sí	go dtitfeadh
thitfimis	nach dtitfeadh
thitfeadh sibh	
thitfidís	
thitfí	

1pl thitfeadh muid **C** *3pl* thitfeadh siad **U**

an aimsir ghnáthchaite / the imperfect tense

an aimsir ghnáthchaite	the imperfect tense
thitinn	ní thiteadh
thiteá	an dtiteadh?
thiteadh sé/sí	go dtiteadh
thitimis	nach dtiteadh
thiteadh sibh	
thitidís	
thití	

1pl thiteadh muid **C** *3pl* thiteadh siad **U**
Ba ghnách liom titim *etc.* **U**

an modh ordaitheach the imperative mood / an foshuiteach láithreach the present subjunctive

an modh ordaitheach the imperative mood	an foshuiteach láithreach the present subjunctive
titim	go dtite mé
tit	go dtite tú
titeadh sé/sí	go dtite sé/sí
titimis	go dtitimid
titigí	go dtite sibh
titidís	go dtite siad
titear	go dtitear
ná tit	nár thite

3pl titeadh siad **U**   *1pl* go dtite muid **CU**

109 tóg lift tógáil tógtha

an aimsir chaite	the past tense
thóg mé	níor thóg
thóg tú	ar thóg?
thóg sé/sí	gur thóg
thógamar	nár thóg
thóg sibh	níor tógadh
thóg siad	ar tógadh?
tógadh	gur/nár tógadh

1sg (do) thógas, *2sg* (do) thógais, *2pl* (do) thógabhair **M**
1pl thóg muid **CU** *3pl* (do) thógadar **MC** tóg = tóig **C**

an aimsir láithreach	the present tense
tógaim	ní thógann
tógann tú	an dtógann?
tógann sé/sí	go dtógann
tógaimid	nach dtógann
tógann sibh	
tógann siad	tóigeann **C**
tógtar	

1pl tógann muid **CU** *3pl* tógaid (siad) **M** *rel.* a thógas

an aimsir fháistineach	the future tense
tógfaidh mé	ní thógfaidh
tógfaidh tú	an dtógfaidh?
tógfaidh sé/sí	go dtógfaidh
tógfaimid	nach dtógfaidh
tógfaidh sibh	
tógfaidh siad	tóigfidh **C**
tógfar	

1sg tógfad, *2sg* tógfair **M** tógfaidh muid **CU** *rel.* a thógfas

109 tóg lift   tógáil   tógtha

an modh coinníollach	the conditional mood
thógfainn	ní thógfadh
thógfá	an dtógfadh?
thógfadh sé/sí	go dtógfadh
thógfaimis	nach dtógfadh
thógfadh sibh	
thógfaidís	thóigfeadh C
thógfaí	

1pl thóigfeadh muid C *3pl* thógfadh siad U

an aimsir ghnáthchaite	the imperfect tense
thógainn	ní thógadh
thógtá	an dtógadh?
thógadh sé/sí	go dtógadh
thógaimis	nach dtógadh
thógadh sibh	
thógaidís	thóigeadh C
thógtaí	

1pl thóigeadh muid C *3pl* thógadh siad, Ba ghnách liom tógáil U

an modh ordaitheach the imperative mood	an foshuiteach láithreach the present subjunctive
tógaim	go dtóga mé
tóg	go dtóga tú
tógadh sé/sí	go dtóga sé/sí
tógaimis	go dtógaimid
tógaigí	go dtóga sibh
tógaidís	go dtóga siad
tógtar	go dtógtar
ná tóg	nár thóga

3pl tógadh siad U

1pl go dtóga muid U
go dtóige C

110 tosaigh begin tosú tosaithe

an aimsir chaite
thosaigh mé
thosaigh tú
thosaigh sé/sí
thosaíomar
thosaigh sibh
thosaigh siad
tosaíodh

the past tense
níor thosaigh   thosnaigh **M**
ar thosaigh?   thoisigh **U**
gur thosaigh
nár thosaigh
níor tosaíodh
ar tosaíodh?
gur/nár tosaíodh

1sg (do) thosnaíos, *2sg* (do) thosnaís, *2pl* (do) thosnaíobhair **M**
1pl thosaigh muid **C** *3pl* thos(n)aíodar **MC** thoisigh mé, muid **U**

an aimsir láithreach
tosaím
tosaíonn tú
tosaíonn sé/sí
tosaímid
tosaíonn sibh
tosaíonn siad
tosaítear

the present tense
ní thosaíonn
an dtosaíonn?
go dtosaíonn
nach dtosaíonn
            tosnaíonn **M**
            toisíonn/toiseann **U**

1pl tosaíonn muid **C** *3pl* tosnaíd (siad) **M**
toisim, toiseann sé, muid *etc*. **U** *rel*. a thosaíos/a thoisíos

an aimsir fháistineach
tosóidh mé
tosóidh tú
tosóidh sé/sí
tosóimid
tosóidh sibh
tosóidh siad
tosófar

the future tense
ní thosóidh
an dtosóidh?
go dtosóidh
nach dtosóidh
            tosnóidh **M**
            toiseochaidh **U**

1sg tosnód, *2sg* tosnóir **M** *1pl* tosóidh muid **C**
toiseochaidh mé/muid *etc*. **U** *rel*. a thosós/a thoiseochas

110 tosaigh begin tosú tosaithe

an modh coinníollach the conditional mood

thosóinn	ní thosódh
thosófá	an dtosódh?
thosódh sé/sí	go dtosódh
thosóimis	nach dtosódh
thosódh sibh	thosnódh **M**
thosóidís	thoiseochadh **U**
thosófaí	

1sg thoiseochainn, *3sg* thoiseochadh sé/siad *etc.* **U**
1pl thosódh muid **C**

an aimsir ghnáthchaite   the imperfect tense

thosaínn	ní thosaíodh
thosaíteá	an dtosaíodh?
thosaíodh sé/sí	go dtosaíodh
thosaímis	nach dtosaíodh
thosaíodh sibh	thosnaíodh **M**
thosaídís	thoisíodh **U**
thosaítí	

1pl thosaíodh muid **C** *3pl* thoisíodh siad **U**
Ba ghnách liom toiseacht *etc.* **U**

an modh ordaitheach the imperative mood

an foshuiteach láithreach the present subjunctive

tosaím	go dtosaí mé
tosaigh	go dtosaí tú
tosaíodh sé/sí	go dtosaí sé/sí
tosaímis	go dtosaímid
tosaígí	go dtosaí sibh
tosaídís	go dtosaí siad
tosaítear	go dtosaítear
ná tosaigh	nár thosaí

3pl toisíodh siad **U**

1pl go dtosaí muid **C**
go dtoisí **U**, go dtosnaí **M**

111 trácht mention   trácht   tráchta

an aimsir chaite	the past tense
thrácht mé	níor thrácht
thrácht tú	ar thrácht?
thrácht sé/sí	gur thrácht
thráchtamar	nár thrácht
thrácht sibh	níor tráchtadh
thrácht siad	ar tráchtadh?
tráchtadh	gur/nár tráchtadh

1sg (do) thráchtas, *2sg* (do) thráchtais, *2pl* (do) thráchtabhair **M**
1pl thrácht muid **CU** *3pl* (do) thráchtadar **MC**

an aimsir láithreach	the present tense
tráchtaim	ní thráchtann
tráchtann tú	an dtráchtann?
tráchtann sé/sí	go dtráchtann
tráchtaimid	nach dtráchtann
tráchtann sibh	
tráchtann siad	
tráchtar	

1pl tráchtann muid **CU** *3pl* tráchtaid (siad) **M** *rel.* a thráchtas

an aimsir fháistineach	the future tense
tráchtfaidh mé	ní thráchtfaidh
tráchtfaidh tú	an dtráchtfaidh?
tráchtfaidh sé/sí	go dtráchtfaidh
tráchtfaimid	nach dtráchtfaidh
tráchtfaidh sibh	
tráchtfaidh siad	
tráchtfar	

1sg tráchtfad, *2sg* tráchtfair **M** tráchtfaidh muid **CU**
rel. a thráchtfas

111 trácht mention trácht tráchta

an modh coinníollach the conditional mood

thráchtfainn	ní thráchtfadh
thráchtfá	an dtráchtfadh?
thráchtfadh sé/sí	go dtráchtfadh
thráchtfaimis	nach dtráchtfadh
thráchtfadh sibh	
thráchtfaidís	
thráchtfaí	

1pl thráchtfadh muid **C** 3pl thráchtfadh siad **U**

an aimsir ghnáthchaite   the imperfect tense

thráchtainn	ní thráchtadh
thráchtá	an dtráchtadh?
thráchtadh sé/sí	go dtráchtadh
thráchtaimis	nach dtráchtadh
thráchtadh sibh	
thráchtaidís	
thráchtaí	

1pl thráchtadh muid **C** 3pl thráchtadh siad **U**
Ba ghnách liom trácht **U**

an modh ordaitheach the imperative mood / an foshuiteach láithreach the present subjunctive

tráchtaim	go dtráchta mé
trácht	go dtráchta tú
tráchtadh sé/sí	go dtráchta sé/sí
tráchtaimis	go dtráchtaimid
tráchtaigí	go dtráchta sibh
tráchtaidís	go dtráchta siad
tráchtar	go dtráchtar
ná trácht	nár thráchta

3pl tráchtadh siad **U**   1pl go dtráchta muid **CU**

112 triomaigh dry triomú triomaithe

an aimsir chaite	the past tense
thriomaigh mé	níor thriomaigh
thriomaigh tú	ar thriomaigh?
thriomaigh sé/sí	gur thriomaigh
thriomaíomar	nár thriomaigh
thriomaigh sibh	níor triomaíodh
thriomaigh siad	ar triomaíodh?
triomaíodh	gur/nár triomaíodh

1sg (do) thriomaíos, *2sg* (do) thriomaís, *2pl* (do) thriomaíobhair **M**
1pl thriomaigh muid **UC** *3pl* thriomaíodar **MC**

an aimsir láithreach	the present tense
triomaím	ní thriomaíonn
triomaíonn tú	an dtriomaíonn?
triomaíonn sé/sí	go dtriomaíonn
triomaímid	nach dtriomaíonn
triomaíonn sibh	
triomaíonn siad	
triomaítear	

1pl triomaíonn muid **C** *3pl* triomaíd (siad) **M**
triomaim, triomann sé/muid **U** *rel.* a thriomaíos

an aimsir fháistineach	the future tense
triomóidh mé	ní thriomóidh
triomóidh tú	an dtriomóidh?
triomóidh sé/sí	go dtriomóidh
triomóimid	nach dtriomóidh
triomóidh sibh	
triomóidh siad	triomóchaidh **U**
triomófar	

1sg triomód, *2sg* triomóir **M** *1pl* triomóidh muid **C**
triomóchaidh mé/muid *etc.* **U** *rel.* a thriomós/a thriomóchas

112 triomaigh dry triomú triomaithe

an modh coinníollach	the conditional mood
thriomóinn	ní thriomódh
thriomófá	an dtriomódh?
thriomódh sé/sí	go dtriomódh
thriomóimis	nach dtriomódh
thriomódh sibh	
thriomóidís	thriomóchadh **U**
thriomófaí	

1sg thriomóchainn, *3sg* thriomóchadh sé/siad *etc.* **U**
1pl thriomódh muid **C**

an aimsir ghnáthchaite	the imperfect tense
thriomaínn	ní thriomaíodh
thriomaíteá	an dtriomaíodh?
thriomaíodh sé/sí	go dtriomaíodh
thriomaímis	nach dtriomaíodh
thriomaíodh sibh	
thriomaídís	
thriomaítí	

1pl thriomaíodh muid **C** *3pl* thriomaíodh siad **U**
Ba ghnách liom triomú *etc.* **U**

an modh ordaitheach the imperative mood	an foshuiteach láithreach the present subjunctive
triomaím	go dtriomaí mé
triomaigh	go dtriomaí tú
triomaíodh sé/sí	go dtriomaí sé/sí
triomaímis	go dtriomaímid
triomaígí	go dtriomaí sibh
triomaídís	go dtriomaí siad
triomaítear	go dtriomaítear
ná triomaigh	nár thriomaí

3pl triomaíodh siad **U**   *1pl* go dtriomaí muid **CU**

113 **tuig** understand **tuiscint tuigthe**

an aimsir chaite

thuig mé
thuig tú
thuig sé/sí
thuigeamar
thuig sibh
thuig siad

tuigeadh

the past tense

níor thuig
ar thuig?
gur thuig
nár thuig
níor tuigeadh
ar tuigeadh?
gur/nár tuigeadh

1sg (do) thuigeas, *2sg* (do) thuigis, *2pl* (do) thuigeabhair **M**
1pl thuig muid **CU** *3pl* (do) thuigeadar **MC**

an aimsir láithreach

tuigim
tuigeann tú
tuigeann sé/sí
tuigimid
tuigeann sibh
tuigeann siad

tuigtear

the present tense

ní thuigeann
an dtuigeann?
go dtuigeann
nach dtuigeann

1pl tuigeann muid **CU** *3pl* tuigid (siad) **M** *rel.* a thuigeas

an aimsir fháistineach

tuigfidh mé
tuigfidh tú
tuigfidh sé/sí
tuigfimid
tuigfidh sibh
tuigfidh siad

tuigfear

the future tense

ní thuigfidh
an dtuigfidh?
go dtuigfidh
nach dtuigfidh

1sg tuigfead, *2sg* tuigfir **M** tuigfidh muid **CU** *rel.* a thuigfeas

113 tuig understand   tuiscint   tuigthe

an modh coinníollach
thuigfinn
thuigfeá
thuigfeadh sé/sí
thuigfimis
thuigfeadh sibh
thuigfidís
thuigfí

the conditional mood
ní thuigfeadh
an dtuigfeadh?
go dtuigfeadh
nach dtuigfeadh

1pl thuigfeadh muid **C** *3pl* thuigfeadh siad **U**

an aimsir ghnáthchaite
thuiginn
thuigteá
thuigeadh sé/sí
thuigimis
thuigeadh sibh
thuigidís
thuigtí

the imperfect tense
ní thuigeadh
an dtuigeadh?
go dtuigeadh
nach dtuigeadh

1pl thuigeadh muid **C** *3pl* thuigeadh siad **U**
Ba ghnách liom tuigbheáil *etc.* **U**

an modh ordaitheach
the imperative mood
tuigim
tuig
tuigeadh sé/sí
tuigimis
tuigigí
tuigidís
tuigtear
  ná tuig

an foshuiteach láithreach
the present subjunctive
go dtuige mé
go dtuige tú
go dtuige sé/sí
go dtuigimid
go dtuige sibh
go dtuige siad
go dtuigtear
  nár thuige

3pl tuigeadh siad **U**

1pl go dtuige muid **CU**

114 tuirsigh tire tuirsiú tuirsithe

an aimsir chaite
the past tense

thuirsigh mé	níor thuirsigh
thuirsigh tú	ar thuirsigh?
thuirsigh sé/sí	gur thuirsigh
thuirsíomar	nár thuirsigh
thuirsigh sibh	níor tuirsíodh
thuirsigh siad	ar tuirsíodh?
tuirsíodh	gur/nár tuirsíodh

1sg (do) thuirsíos, *2sg* (do) thuirsís, *2pl* (do) thuirsíobhair **M**
1pl thuirsigh muid **UC** *3pl* thuirsíodar **MC**

an aimsir láithreach
the present tense

tuirsím	ní thuirsíonn
tuirsíonn tú	an dtuirsíonn?
tuirsíonn sé/sí	go dtuirsíonn
tuirsímid	nach dtuirsíonn
tuirsíonn sibh	
tuirsíonn siad	
tuirsítear	

1pl tuirsíonn muid **C** *3pl* tuirsíd (siad) **M**
tuirsim, tuirseann sé/muid **U** *rel*. a thuirsíos

an aimsir fháistineach
the future tense

tuirseoidh mé	ní thuirseoidh
tuirseoidh tú	an dtuirseoidh?
tuirseoidh sé/sí	go dtuirseoidh
tuirseoimid	nach dtuirseoidh
tuirseoidh sibh	
tuirseoidh siad	tuirseochaidh **U**
tuirseofar	

1sg tuirseod, *2sg* tuirseoir **M** *1pl* tuirseoidh muid **C**
tuirseochaidh mé/muid *etc*. **U** *rel*. a thuirseos/a thuirseochas

114 **tuirsigh** tire **tuirsiú tuirsithe**

an modh coinníollach
thuirseoinn
thuirseofá
thuirseodh sé/sí
thuirseoimis
thuirseodh sibh
thuirseoidís
thuirseofaí

the conditional mood
ní thuirseodh
an dtuirseodh?
go dtuirseodh
nach dtuirseodh

thuirseochadh **U**

1sg thuirseochainn, *3sg* thuirseochadh sé, siad *etc.* **U**
1pl thuirseodh muid **C**

an aimsir ghnáthchaite
thuirsínn
thuirsíteá
thuirsíodh sé/sí
thuirsímis
thuirsíodh sibh
thuirsídís
thuirsítí

the imperfect tense
ní thuirsíodh
an dtuirsíodh?
go dtuirsíodh
nach dtuirsíodh

1pl thuirsíodh muid **C**, *3pl* thuirsíodh siad **U**
Ba ghnách liom tuirsiú *etc.* **U**

an modh ordaitheach
the imperative mood
tuirsím
tuirsigh
tuirsíodh sé/sí
tuirsímis
tuirsígí
tuirsídís
tuirsítear
  ná tuirsigh

3pl tuirsíodh siad **U**

an foshuiteach láithreach
the present subjunctive
go dtuirsí mé
go dtuirsí tú
go dtuirsí sé/sí
go dtuirsímid
go dtuirsí sibh
go dtuirsí siad
go dtuirsítear
  nár thuirsí

1pl go dtuirsí muid **CU**

115 ullmhaigh prepare   ullmhú   ullmhaithe

an aimsir chaite	the past tense
d'ullmhaigh mé	níor ullmhaigh
d'ullmhaigh tú	ar ullmhaigh?
d'ullmhaigh sé/sí	gur ullmhaigh
d'ullmhaíomar	nár ullmhaigh
d'ullmhaigh sibh	níor ullmhaíodh/níor hu.
d'ullmhaigh siad	ar ullmhaíodh?
ullmhaíodh/hullmhaíodh	gur/nár ullmhaíodh

1sg d(h)'ullmhaíos, *2sg* d(h)'ullmhaís, *2pl* d(h)'ullmhaíobhair **M**
1pl d'ullmhaigh muid **UC** *3pl* d'ullmhaíodar **MC**

an aimsir láithreach	the present tense
ullmhaím	ní ullmhaíonn
ullmhaíonn tú	an ullmhaíonn?
ullmhaíonn sé/sí	go n-ullmhaíonn
ullmhaímid	nach n-ullmhaíonn
ullmhaíonn sibh	
ullmhaíonn siad	
ullmhaítear	

1pl ullmhaíonn muid **C** *3pl* ullmhaíd (siad) **M**
ullmhaim, ullmhann sé/muid *etc.* **U** *rel.* a ullmhaíos

an aimsir fháistineach	the future tense
ullmhóidh mé	ní ullmhóidh
ullmhóidh tú	an ullmhóidh?
ullmhóidh sé/sí	go n-ullmhóidh
ullmhóimid	nach n-ullmhóidh
ullmhóidh sibh	
ullmhóidh siad	ullmhóchaidh **U**
ullmhófar	

1sg ullmhód, *2sg* ullmhóir **M** *1pl* ullmhóidh muid **C**
ullmhóchaidh mé/muid *etc.* **U** *rel.* a ullmhós/a ullmhóchas

115 ullmhaigh prepare ullmhú ullmhaithe

an modh coinníollach
d'ullmhóinn
d'ullmhófá
d'ullmhódh sé/sí
d'ullmhóimis
d'ullmhódh sibh
d'ullmhóidís
d'ullmhófaí

the conditional mood
ní ullmhódh
an ullmhódh?
go n-ullmhódh
nach n-ullmhódh

d'ullmhóchadh **U**

1sg d'ullmhóchainn, 3sg d'ullmhóchadh sé/siad etc. **U**
1pl d'ullmhódh muid **C**

an aimsir ghnáthchaite
d'ullmhaínn
d'ullmhaíteá
d'ullmhaíodh sé/sí
d'ullmhaímis
d'ullmhaíodh sibh
d'ullmhaídís
d'ullmhaítí

the imperfect tense
ní ullmhaíodh
an ullmhaíodh?
go n-ullmhaíodh
nach n-ullmhaíodh

1pl d'ullmhaíodh muid **C** 3pl d'ullmhaíodh siad **U**
Ba ghnách liom ullmhú etc. **U**

an modh ordaitheach
the imperative mood
ullmhaím
ullmhaigh
ullmhaíodh sé/sí
ullmhaímis
ullmhaígí
ullmhaídís
ullmhaítear
 ná hullmhaigh

3pl ullmhaíodh siad **U**

an foshuiteach láithreach
the present subjunctive
go n-ullmhaí mé
go n-ullmhaí tú
go n-ullmhaí sé/sí
go n-ullmhaímid
go n-ullmhaí sibh
go n-ullmhaí siad
go n-ullmhaítear
 nár ullmhaí

1pl go n-ullmhaí muid

Aguisín A

San aguisín seo beidh seans ag an fhoghlaimeoir barúil a bheith aige/aici den chiall atá leis na foirmeacha difriúla den bhriathar a chuirtear ar fáil sna táblaí.

54 glan clean

glanadh glanta

an aimsir chaite

the past tense

ghlan mé	níor ghlan (sé)
ghlan tú	ar ghlan (sé)?
ghlan sé/sí	gur ghlan (sé)
ghlanamar	nár ghlan (sé)
ghlan sibh	níor glanadh (é)
ghlan siad	ar glanadh (é)?
glanadh (é)	gur/nár glanadh (é)?

1sg (do) ghlanas, *2sg* (do) ghlanais, *2pl* (do) ghlanabhair **Cúige Mumhan** *1pl* ghlan muid **Cúige Chonnacht, Cúige Uladh** *3pl* (do) ghlanadar **MC**

an aimsir láithreach

the present tense

glanaim	ní ghlanann (sé)
glanann tú	an nglanann (sé)?
glanann sé/sí	go nglanann (sé)
glanaimid	nach nglanann (sé)
glanann sibh	
glanann siad	
glantar (é)	

1pl glanann muid **CU** *3pl* glanaid (siad) **M** *rel.* a ghlanas

an aimsir fháistineach

the future tense

glanfaidh mé	ní ghlanfaidh (sé)
glanfaidh tú	an nglanfaidh (sé)?
glanfaidh sé/sí	go nglanfaidh (sé)
glanfaimid	nach nglanfaidh (sé)
glanfaidh sibh	
glanfaidh siad	
glanfar (é)	

1sg glanfad, *2sg* glanfair **M** *1pl* glanfaidh muid **CU** *rel.* a ghlanfas

Appendix A

This appendix allows the learner to form some idea of the meanings of the various parts of the verb which are provided in the tables.

54 glan clean   **glanadh** to clean   **glanta** cleaned

an aimsir chaite

I cleaned
you (*sg.*) cleaned
he/she cleaned
we cleaned
you (*pl.*) cleaned
they cleaned
(it) was cleaned

the past tense

(he) did not clean
did (he) clean?
that (he) cleaned
that (he) did not clean
(it) was not cleaned
was (it) cleaned?
that (it) was/(not) cleaned

> *1sg* I cleaned, *2sg* you cleaned, *2pl* you cleaned **Munster**
> *1pl* we cleaned **Connaught**, **Ulster** *3pl* they cleaned **MC**

an aimsir láithreach

I clean (he)
you (*sg.*) clean
he/she cleans
we clean
you (*pl.*) clean
they clean
(it) is cleaned

the present tense

does not clean
does (he) clean?
that (he) cleans
that (he) does not clean

> *1pl* we clean **CU** *3pl* they clean **M** *rel* who/which cleans

an aimsir fháistineach

I shall/will clean
you (*sg.*) will clean
he/she will clean
we shall/will clean
you (*pl.*) will clean
they will clean
(it) will be cleaned

the future tense

(he) will not clean
will (he) clean?
that (he) will clean
that (he) will not clean

> *1sg* I shall clean, *2sg* you will clean **M** we shall clean **CU** *rel.* who/which will clean

Aguisín A

54 glan clean

an modh coinníollach
ghlanfainn
ghlanfá
ghlanfadh sé/sí
ghlanfaimis
ghlanfadh sibh
ghlanfaidís
ghlanfaí (é)

an aimsir ghnáthchaite
ghlanainn
ghlantá
ghlanadh sé/sí
ghlanaimis
ghlanadh sibh
ghlanaidís
ghlantaí (é)

an modh ordaitheach
the imperative mood
glanaim
glan
glanadh sé/sí
glanaimis
glanaigí
glanaidís
glantar (é)
 ná glan

3pl glanadh siad **U**

glanadh   glanta

the conditional mood
ní ghlanfadh (sé)
an nglanfadh (sé)?
go nglanfadh (sé)
nach nglanfadh (sé)

1pl ghlanfadh muid **C** *3pl* ghlanfadh siad **U**

the imperfect tense
ní ghlanadh (sé)
an nglanadh (sé)?
go nglanadh (sé)
nach nglanadh (sé)

1pl ghlanadh muid **C** *3pl* ghlanadh siad **U**
Ba ghnách liom glanadh *etc.* **U**

an foshuiteach láithreach
the present subjunctive
go nglana mé
go nglana tú
go nglana sé/sí
go nglanaimid
go nglana sibh
go nglana siad
go nglantar (é)
 nár ghlana (sé)

1pl go nglana muid **CU**

Appendix A

54 glan clean **glanadh** to clean **glanta** cleaned

an modh coinníollach
I would clean
you (*sg.*) would clean
he/she would clean
we would clean
you (*pl.*) would clean
they would clean
(it) would be cleaned

the conditional mood
(he) would not clean
would (he) clean?
that (he) would clean
that (he) would not clean

1pl we would clean **C** *3pl* they would clean **U**

an aimsir ghnáthchaite
I used to clean
you (*sg.*) used to clean
he/she used to clean
we used to clean
you (*pl.*) used to clean
they used to clean
(it) used to be cleaned

the imperfect tense
(he) did not used to clean
did (he) used to clean?
that (he) used to clean
that (he) did not used to clean

1pl we used to clean **C** *3pl* they used to clean **U**
It was customary for me to clean *etc.* **U**

an modh ordaitheach imperative mood
let me clean
clean (*sg.*)
let him/her clean
let us clean
clean (*pl.*)
let them clean
let (it) be cleaned
  do not clean

an foshuiteach láithreach the present subjunctive
may I clean
may you (*sg.*) clean
may he/she clean
may we clean
may you (*pl.*) clean
may they clean
may (it) be cleaned
  may (he) not clean

3pl let them clean **U** *1pl* may we clean **CU**

AN tINNÉACS

§1 Treoir don léitheoir

Sa leabhar seo réimnítear 115 briathar (nó 'eochairbhriathar') ina n-iomláine .i. 11 briathar neamhrialta, 103 sampla de phríomhaicmí na mbriathra rialta – agus roinnt samplaí den chopail. Tá uimhir ag siúl le gach briathar atá sna táblaí agus ní gá don léitheoir ach dul go dtí an tábla cuí leis an bhriathar áirithe sin a fheiceáil.

Le cois tháblaí na mbriathra do 115 eochairbhriathar, tá timpeall 3300 briathar eile san innéacs agus, i gcolún a cúig, ceanglaítear na briathra seo le heochairbhriathar atá le fáil sna táblaí.

§2 Leagtar an t-innéacs amach mar a leanas:

gas/fréamh	Béarla	ainm briathartha	aidiacht bhr.	briathar gaolta
cíor	comb, examine	cíoradh	cíortha	19

Ciallaíonn an méid thuas go bhfuil an briathar *cíor* ar aon dul leis an bhriathar *cas* agus go bhfeidhmeoidh *cas* mar mhúnla ag *cíor*. Má amharctar ar *cas* sna táblaí beidh go leor eolais ag an léitheoir le *cíor* a réimniú ach *cíor* (nó *chíor, gcíor*) a chur in áit *cas* (nó *chas, gcas*) i ngach aimsir agus modh.

Colún 1 Tugtar gas (nó fréamh) an bhriathair sa chéad cholún, .i. an 2ú pearsa uimhir uatha den mhodh ordaitheach. Tá an fhoirm seo mar bhunchloch do réimniú na mbriathra rialta sa Ghaeilge (fch **réimnithe na mbriathra rialta §§3-12** thíos).

Colún 2 Tugtar míniú i mBéarla ar gach briathar sa cholún seo.

Colún 3 Tugtar an t-ainm briathartha anseo. Tá dhá fhoirm ar leith de gach briathar atá fíorthábhachtach ag foghlaimeoir .i. gas an bhriathair agus an t-ainm briathartha. Tiocfaidh an léitheoir ar an dá phíosa eolais sin go héasca san innéacs seo – rud atá ina bhuntáiste mhór – agus ba cheart breathnú ar an ghné seo mar chuid bhunúsach d'úsáid an leabhair seo.

Níorbh fhéidir an briathar a rangú de réir fhoirm an ainm bhriathartha (ó tharla an oiread sin neamhrialtachta agus éagsúlachta ag baint leis an fhoirm áirithe seo) ach tá baint lárnach ag an ainm briathartha le struchtúr na Gaeilge. Baintear ollúsáid as an ainm briathartha mar infinideach agus thig aimsirí áirithe foirfe agus timchainteacha mar seo a lua, mar shamplaí:

THE INDEX

¶1 Reader's guide

In this book 115 verbs (or 'key verbs') are conjugated in full, i.e. the 11 irregular verbs, 103 examples of the main categories of regular verb – plus samples of the copula. Each verb given in the tables is numbered and the reader need only go to the relevant table to see that particular verb. In addition to the 115 verb tables for the key verbs, approximately 3300 other verbs are listed in the index and in column 5 of the index, all of these verbs are associated with a key verb.

¶2 The index is set out as follows:

stem/root	English	verbal noun	verbal adjective	verb type
cíor	comb, examine	cíoradh	cíortha	19

The above tells us that the verb *cíor* belongs to the same category (or 'conjugation') as *cas* and that *cas* will serve as a model for *cíor*. If the table containing *cas* is consulted there will be enough information there to enable the reader to conjugate *cíor* by simply placing *cíor* (or *chíor*, *gcíor*) for *cas* (or *chas*, *gcas*) in every tense and mood.

Column 1 The stem of the verb is provided in the first column, i.e. the 2nd person singular of the imperative mood. This form serves as a building block for the conjugation of the verb in modern Irish (see **conjugations of the regular verb**, **¶¶3-12** below).

Column 2 An English meaning is provided for each verb in this column.

Column 3 The verbal noun is given here. It is crucial for the learner to know two verbal forms in particular, i.e. the stem and the verbal noun. The learner has easy access to these two pieces of information in the index (a great plus – and this aspect should be regarded as a fundamental use to be made of this book).

The verb could not be categorised according to the verbal noun (given the great irregularity and variety associated with it) but the verbal noun is central to the structure of Irish. It is widely used as an infinitive and certain perfect, and other periphrastic or compound, tenses (such as the following) can be cited as examples:

Tá sé (díreach) i ndiaidh an teach a ghlanadh.
He has (only) just cleaned the house.
Tá sé (díreach) tar éis an teach a ghlanadh.
He has (only) just cleaned the house.
Tá sé ar tí an teach a ghlanadh.
He is about to clean the house.
Tá sé ag brath an teach a ghlanadh.
He intends to clean the house.
Tá sé chun an teach a ghlanadh.
He intends to clean the house.

Colún 4 Tugtar an aidiacht bhriathartha anseo. Tá baint lárnach ag an fhoirm seo leis an fhoirfe sa Ghaeilge, le húsáid an bhriathair *bí* +an aidiacht bhriathartha + *ag*, mar shampla:

Tá sé déanta agam.	'I have done it.'
Bhí sé déanta agam.	'I had done it.'

Colún 5 Más eochairbhriathar atá ann tabharfar uimhir an bhriathair áirithe sin sna táblaí, m.sh. *cas* **19**, *suigh* **97** srl. Murab eochairbhriathar atá ann, tabharfar ainm eochairbhriathair a bheidh mar bhunmhúnla ag an bhriathar áirithe sin, m.sh. *cas* do *cíor* (**§2** thuas).

§3 an chéad agus an dara réimniú den bhriathar
Tá dhá phríomhréimiú (nó dhá phríomhghrúpa) den bhriathar rialta .i. an chéad réimniú (**§5**) agus an dara réimniú (**§8**).

§4 'leathan le leathan' agus 'caol le caol'
Baistear gutaí 'leathana' ar *a, o, u* (.i. na gutaí cúil) agus gutaí 'caola' ar *e* agus *i* (.i. na gutaí tosaigh).

Más é *a, o* nó *u* an guta deiridh sa ghas (i mbriathra a bhaineann leis an chéad réimniú), baistear **gas leathan** ar an ghas sin (m.sh. **cas** 'twist', **díol** 'sell' nó **cum** 'compose').

Más é *i* an guta deiridh sa ghas, baistear **gas caol** air sin (m.sh. **caill** 'lose', **lig** 'let').

Comhlíonann na foircinn **-ann**, **-faidh**, **-fadh** srl. an riail 'leathan le leathan' (*a, o, u* taobh le *a, o, u*), m.sh.

casann	**casfaidh**	**chasfadh**
díolann	**díolfaidh**	**dhíolfadh**
dúnann	**dúnfaidh**	**dhúnfadh**
twists	will twist	would twist
sells	will sell	would sell
closes	will close	would close

Tá sé (díreach) i ndiaidh an teach a ghlanadh.
He has (only) just cleaned the house.
Tá sé (díreach) tar éis an teach a ghlanadh.
He has (only) just cleaned the house.
Tá sé ar tí an teach a ghlanadh.
He is about to clean the house.
Tá sé ag brath an teach a ghlanadh.
He intends to clean the house.
Tá sé chun an teach a ghlanadh.
He intends to clean the house.

Column 4 The verbal adjective (or past participle) is given here. This form is central to the formation of the perfect tenses, in the combination the verb *bí* 'be' + verbal adjective + the preposition *ag* 'at', as in:

Tá sé déanta agam. 'I have done it.'
Bhí sé déanta agam. 'I had done it.'

Column 5 If a verb is a key verb, the number at which it occurs in the tables is given, e.g. *cas* **19**, *suigh* **97** etc. If it is not a key verb, the name of the verb which will serve as a basic model for that particular verb will be given, e.g. *cas* for *cíor* (**§2** above).

§3 the first and second conjugation of the verb

There are two main conjugations (or categories) of regular verb in Irish, i.e. the first conjugation (**§5**) and the second conjugation (**§8**).

§4 'broad with broad' and 'slender with slender'

The (back) vowels *a*, *o*, *u* are described as 'broad' vowels and the (front) vowels *e* and *i* as 'slender'.

If *a*, *o* or *u* is the final vowel in the stem (for verbs belonging to the 1st conjugation), this is called a **broad stem** (e.g. **cas** 'twist', **díol** 'sell' or **cum** 'compose').

If *i* is the final vowel, this is called a **slender stem** (e.g. **caill** 'lose', **lig** 'let').

The suffixes **-ann**, **-faidh**, **-fadh** etc. maintain the rule 'broad with broad' (i.e. *a*, *o*, *u* beside *a*, *o*, *u*), e.g.

casann	casfaidh	chasfadh
díolann	díolfaidh	dhíolfadh
dúnann	dúnfaidh	dhúnfadh
twists	will twist	would twist
sells	will sell	would sell
closes	will close	would close

Comhlíonann na foircinn **-eann**, **-fidh**, **-feadh** srl. an riail 'caol le caol' .i. (*e*, *i* taobh le *e*, *i*), m.sh.

cailleann	caillfidh	chaillfeadh
ligeann	ligfidh	ligfeadh
loses	will lose	would lose
lets	will let	would let

Is ag brath ar an ghuta deiridh sa 'ghas ghearr' atá leithne agus caoile na mbriathra as an 2ú réimniú agus na mbriathra coimrithe, fch §§8-10 (agus §§11-12).

§5 an chéad réimniú, leathan agus caol

Bunús na mbriathra rialta a bhfuil gas aonsiollach acu baineann siad leis an chéad réimniú, m.sh. **bog** 'move', nó **bris** 'break'. Sa leabhar seo toghadh na briathra a leanas mar shamplaí den chéad réimniú leathan agus caol:

an chéad réimniú leathan		*an chéad réimniú caol*	
amharc	look	**bain**	take, win
at	swell	**bris**	break
bog	move	**caill**	lose
cas	twist	**caith**	throw
díol	sell	**cuir**	put
dún	close	**druid**	close
fág	leave	**éist**	listen
fan	wait	**fill/pill**	return
fás	grow	**géill**	yield
fliuch	wet	**lig**	let
glan	clean	**mill**	destroy
iarr	ask	**oil**	rear
las	light	**rith**	run
meath	decay	**roinn**	divide
mol	praise	**scaoil**	loosen
ól	drink	**sín**	stretch
pós	marry	**tiomáin**	drive
scríobh	write	**tit**	fall
seas	stand	**tuig**	understand
teann	tighten		
tóg	lift		
trácht	mention		

Nóta: Cé go bhfuil gas caol ag na briathra **siúil** 'walk' agus **taispeáin** 'show' (**shiúil** 'walked', **thaispeáin** 'showed'), leathnaítear gas na mbriathra seo nuair a chuirtear foircinn leo: m.sh.

The suffixes **-eann**, **-fidh**, **-feadh** maintain the rule 'slender with slender' (.i.e. *e*, *i* beside *e*, *i*), e.g.

caill**eann**	caill**fidh**	chaill**feadh**
lig**eann**	lig**fidh**	lig**feadh**
loses	will lose	would lose
lets	will let	would let

The way to determine broad or slender stems for 2nd conjugation (and syncopated) verbs is based on the last vowel in the 'short' stems, see §§8-10 (and §11-12).

§5 the first conjugation, broad and slender

Most verbs with a single syllable in the stem belong to the first conjugation, e.g. **bog** 'move', or **bris** 'break'. The following verbs have been selected as examples of 1st conjugation broad and slender:

first conjugation broad		*first conjugation slender*	
amharc	look	**bain**	take, win
at	swell	**bris**	break
bog	move	**caill**	lose
cas	twist	**caith**	throw
díol	sell	**cuir**	put
dún	close	**druid**	close
fág	leave	**éist**	listen
fan	wait	**fill/pill**	return
fás	grow	**géill**	yield
fliuch	wet	**lig**	let
glan	clean	**mill**	destroy
iarr	ask	**oil**	rear
las	light	**rith**	run
meath	decay	**roinn**	divide
mol	praise	**scaoil**	loosen
ól	drink	**sín**	stretch
pós	marry	**tiomáin**	drive
scríobh	write	**tit**	fall
seas	stand	**tuig**	understand
teann	tighten		
tóg	lift		
trácht	mention		

Note: Although the verbs **siúil** 'walk' and **taispeáin** 'show' have slender stems (**shiúil** 'walked', **thaispeáin** 'showed'), the stems are broadened when suffixes are added, e.g.

siúlann 'walks'   siúlfaidh 'will walk'
taispeánann 'shows'   taispeánfaidh 'will show'

§6 1ú réimniú leathan
Réimnítear **bog** 'move' mar a leanas sna haimsirí agus sna modhanna seo nuair a chuirtear foirceann leis:

láithreach	bog**ann** sé	he moves
fáistineach	bog**faidh** sé	he will move
coinníollach	**bh**og**fadh** sé	he would move
gnáthchaite	**bh**og**adh** sé	he used to move
ordaitheach	bog**adh** sé	let him move
foshuiteach láithr.	go mbog**a** sé	may he move

§7 1ú réimniú caol Réimnítear **bris** 'break' mar:

láithreach	bris**eann** sé	he breaks
fáistineach	bris**fidh** sé	he will break
coinníollach	**bh**ris**feadh** sé	he would break
gnáthchaite	**bh**ris**eadh** sé	he used to break
ordaitheach	bris**eadh** sé	let him break
foshuiteach láithr.	go mbris**e** sé	may he break

§8 an dara réimniú
Is iad na briathra déshiollacha (nó ilsiollacha) a chríochnaíonn in **-igh** an aicme is coitianta sa dara réimniú, m.sh. **ceannaigh** 'buy' nó **coinnigh** 'keep'. Sa leabhar seo toghadh na briathra a leanas mar shamplaí den dara réimniú leathan agus caol:

an dara réimniú leathan -aigh			**an dara réimniú caol -igh**		
gas fada	gas gearr		gas fada	gas gearr	
athraigh	**athr-**	change	**bailigh**	**bail-**	collect
beannaigh	**beann-**	bless	**coinnigh**	**coinn-**	keep
ceannaigh	**ceann-**	buy	**cruinnigh**	**cruinn-**	gather
dathaigh	**dath-**	colour	**dírigh**	**dír-**	straighten
eagraigh	**eagr-**	organise	**dúisigh**	**dúis-**	awaken
fiafraigh	**fiafr-**	ask	**éirigh**	**éir-**	get up
ionsaigh	**ions-**	attack	**foilsigh**	**foils-**	publish
maraigh	**mar-**	kill	**imigh**	**im-**	leave
mionnaigh	**mionn-**	swear	**mínigh**	**mín-**	explain
neartaigh	**neart-**	strengthen	**sínigh**	**sín-**	sign
ordaigh	**ord-**	order	**smaoinigh**	**smaoin-**	think
scanraigh	**scanr-**	frighten	**tuirsigh**	**tuirs-**	tire
socraigh	**socr-**	arrange			
tosaigh	**tos-**	begin			
triomaigh	**triom-**	dry			
ullmhaigh	**ullmh-**	prepare			

siúlann 'walks'	**siúlfaidh** 'will walk'
taispeánann 'shows'	**taispeánfaidh** 'will show'

§6 1ˢᵗ conjugation broad

The verb **bog** 'move' is conjugated as below when suffixes are added for the various tenses and moods:

present	bog**ann** sé	he moves
future	bog**faidh** sé	he will move
conditional	b**hog**fadh sé	he would move
imperfect	b**hog**adh sé	he used to move
imperative	bog**adh** sé	let him move
present subjunctive	go mbog**a** sé	may he move

§7 1ˢᵗ conjugation slender; *bris* is conjugated:

present	bris**eann** sé	he breaks
future	bris**fidh** sé	he will break
conditional	b**hris**feadh sé	he would break
imperfect	b**hris**eadh sé	he used to break
imperative	bris**eadh** sé	let him break
present subjunctive	go mbris**e** sé	may he break

§8 the second conjugation

Verbs of two syllables (or more) which end in **-igh** are the most common type belonging to the second conjugation, e.g. **ceannaigh** 'buy' or **coinnigh** 'keep'. The following have been chosen as examples of second conjugation verbs, broad and slender:

2nd conjugation broad, *-aigh*			2nd conjugation slender, *-igh*		
long stem	*short stem*		*long stem*	*short stem*	
athraigh	**athr-**	change	**bailigh**	**bail-**	collect
beannaigh	**beann-**	bless	**coinnigh**	**coinn-**	keep
ceannaigh	**ceann-**	buy	**cruinnigh**	**cruinn-**	gather
dathaigh	**dath-**	colour	**dírigh**	**dír-**	straighten
eagraigh	**eagr-**	organise	**dúisigh**	**dúis-**	awaken
fiafraigh	**fiafr-**	ask	**éirigh**	**éir-**	get up
ionsaigh	**ions-**	attack	**foilsigh**	**foils-**	publish
maraigh	**mar-**	kill	**imigh**	**im-**	leave
mionnaigh	**mionn-**	swear	**mínigh**	**mín-**	explain
neartaigh	**neart-**	strengthen	**sínigh**	**sín-**	sign
ordaigh	**ord-**	order	**smaoinigh**	**smaoin-**	think
scanraigh	**scanr-**	frighten	**tuirsigh**	**tuirs-**	tire
socraigh	**socr-**	arrange			
tosaigh	**tos-**	begin			
triomaigh	**triom-**	dry			
ullmhaigh	**ullmh-**	prepare			

§9 gas 'fada' agus gas 'gearr'

Is féidir breathnú ar an dara réimniú mar bhriathra a bhfuil dhá ghas (nó dhá fhréamh) acu, .i. gas fada agus gas gearr. Is ionann **an gas fada** agus an dara pearsa uimhir uatha den mhodh ordaitheach, m.sh. **ceannaigh** 'buy', **coinnigh** 'keep'. Muna gcuirtear foirceann leis an bhriathar, fanann an gas fada, m.sh. **cheannaigh sé** 'he bought' agus **choinnigh sí** 'she kept'. Má chuirtear foirceann leis na briathra seo, cailltear an **-aigh** nó an **-igh** ag an deireadh agus cuirtear an foirceann leis an ghas ghiorraithe, .i. **ceann-** agus **coinn-** (**§8** thuas).

§10 2ᵘ réimniú leathan

Réimnítear briathra ar nós **ceannaigh** 'buy' mar a leanas nuair a chuirtear foirceann leo:

láithreach	ceann**aíonn** sé	he buys
fáistineach	ceann**óidh** sé	he will buy	ceann**óchaidh** sé U
coinníollach	**cheann**ó**dh** sé	he would buy	**cheann**ó**chadh** sé U
gnáthchaite	**cheann**aíodh sé	he used to buy
ordaitheach	ceann**aíodh** sé	let him buy
foshuiteach láithr.	go gceann**aí** sé	may he buy

2ᵘ réimniú caol

Réimnítear **coinnigh** 'keep' mar a leanas:

láithreach	coinn**íonn** sé	he keeps
fáistineach	coinn**eoidh** sé	he will keep	coinn**eochaidh** sé U
coinníollach	**choinn**eo**dh** sé	he would keep	**choinn**eo**chadh** sé U
gnáthchaite	**choinn**íodh sé	he used to keep
ordaitheach	coinn**íodh** sé	let him keep
foshuiteach láithr.	go gcoinn**í** sé	may he keep

§11 na briathra coimrithe

Baistear briathar coimrithe ar bhriathar a bhfuil níos mó ná siolla amháin sa ghas dar críoch **-il**, **-in**, **-ir** nó **-is**. Toghadh na briathra a leanas mar shamplaí de na briathra coimrithe (leathan agus caol):

briathra coimrithe an dara réimniú leathan			briathra coimrithe an dara réimniú caol		
gas fada	gas gearr		gas fada	gas gearr	
ceangail	ceangl-	tie	aithin	aithn-	recognise
codail	codl-	sleep	imir	imr-	play
freagair	freagr-	answer	inis	ins-	tell
iompair	iompr-	carry	taitin	taitn-	shine
labhair	labhr-	speak			
múscail	múscl-	awaken			
oscail	oscl-	open			
seachain	seachn-	avoid			
tagair	tagr-	refer			

§9 long stem and short stem

Verbs of the second conjugation can be regarded as having two stems, a long stem and a short stem. **The long stem** is the same as the second singular of the imperative mood, e.g. **ceannaigh** 'buy', **coinnigh** 'keep'. If a suffix is not added then the stem remains long, e.g. **cheannaigh sé** 'he bought' and **choinnigh sí** 'she kept'. If a suffix is added to these verbs, the **-aigh**,or **-igh**, is lost at the end and a suffix is added to the short stem, i.e. **ceann-** and **coinn-** (§8 above).

§10 2nd conjugation broad The verb **ceannaigh** 'buy' is conjugated as below when suffixes are added:

present	ceann**aíonn** sé	he buys	
future	ceann**óidh** sé	he will buy	ceann**óchaidh** sé U
conditional	cheann**ódh** sé	he would buy	cheann**óchadh** sé U
imperfect	cheann**aíodh** sé	he used to buy	
imperative	ceann**aíodh** sé	let him buy	
present subjunctive	go gceann**aí** sé	may he buy	

2nd conjugation slender

The verb **coinnigh** 'keep' is conjugated as follows:

present	coinn**íonn** sé	he keeps	
future	coinn**eoidh** sé	he will keep	coinn**eochaidh** sé U
conditional	choinn**eodh** sé	he would keep	choinn**eochadh** sé U
imperfect	choinn**íodh** sé	he used to keep	
imperative	coinn**íodh** sé	let him keep	
present subjunctive	go gcoinn**í** sé	may he keep	

§11 the syncopated verbs Verbs of more than one syllable ending in **-il**, **-in**, **-ir** or **-is** are mostly 'syncopated verbs'. In this book the following verbs have been selected as examples of syncopated verbs (broad and slender):

syncopated verbs second conjugation broad			syncopated verbs second conjugation slender		
long stem	*short stem*		*long stem*	*short stem*	
ceangail	**ceangl-**	tie	**aithin**	**aithn-**	recognise
codail	**codl-**	sleep	**imir**	**imr-**	play
freagair	**freagr-**	answer	**inis**	**ins-**	tell
iompair	**iompr-**	carry	**taitin**	**taitn-**	shine
labhair	**labhr-**	speak			
múscail	**múscl-**	awaken			
oscail	**oscl-**	open			
seachain	**seachn-**	avoid			
tagair	**tagr-**	refer			

Arís eile, úsáidtear an gas fada nuair nach gcuirtear foirceann leis an ghas, m.sh.
ceangail 'tie' (**cheangail sé** 'he tied') agus **imir** 'play' (**d'imir sé** 'he played'). Má
chuirtear foirceann leo, cailltear (nó 'coimrítear') an ai nó **an i** ag deireadh an
ghais fhada (.i. **ceangl-** agus **imr-**). Réimnítear na briathra seo mar a leanas:

§12 briathar coimrithe leathan, *ceangail* 'tie'

láithreach	ceangl**aíonn** sé	he ties	
fáistineach	ceangl**óidh** sé	he will tie	ceangl**óchaidh** sé U
coinníollach	**ch**eangl**ódh** sé	he would tie	**ch**eangl**óchadh** sé U
gnáthchaite	**ch**eangl**aíodh** sé	he used to tie	
ordaitheach	ceangl**aíodh** sé	let him tie	
foshuiteach láithr.	go gceangl**aí** sé	may he tie	

briathar coimrithe caol, *imir* 'play'

láithreach	imr**íonn** sé	he plays	
fáistineach	imr**eoidh** sé	he will play	imr**eochaidh** sé U
coinníollach	**d'**imr**eodh** sé	he would play	**d'**imr**eochadh** sé U
gnáthchaite	**d'**imr**íodh** sé	he used to play	
ordaitheach	imr**íodh** sé	let him play	
foshuiteach láithr.	go n-imr**í** sé	may he play	

§13 Nóta: Ní choimrítear na heochairbhriathra a leanas (sa Chaighdeán): **aithris**
'recite' (3), **foghlaim** 'learn' (49), **freastail** 'attend' (52), **taistil** 'travel' (101), agus
tarraing 'pull' (104).

§14 aonsiollaigh in *-igh* **agus an chéad réimniú**
Tá roinnt eochairbhriathra a bhfuil siolla amháin sa ghas agus a chríochnaíonn
in **-igh**. Tá rialacha difriúla ag baint le cuid de na briathra seo.

báigh 'drown' (7)	**brúigh** 'bruise' (16)	**cruaigh** 'harden' (26)
	dóigh 'burn' (33)	**feoigh** 'decay' (45)

Bíonn siad leathan nuair a chuirtear foirceann dar tús – **f-** leo agus caol nuair
a chuirtear foirceann dar tús – **t-** leo – mar a fheicfear ó na foirmeacha den
tsaorbhriathar san aimsir láithreach sa dara colún den tábla thíos agus san
aidiacht bhriathartha, **báite**.

láithreach	saorbhriathar	fáistineach	coinníollach	gnáthchaite
bánn	báitear	báfaidh	bháfadh	bhádh
brúnn	brúitear	brúfaidh	bhrúfadh	bhrúdh
cruann	cruaitear	cruafaidh	chruafadh	chruadh
dónn	dóitear	dófaidh	dhófadh	dhódh
feonn	feoitear	feofaidh	d'fheofadh	d'fheodh

Once again the long stem is used when no suffix is added to the stem, e.g. **ceangail** 'tie' (**cheangail sé** 'he tied') and **imir** 'play' (**d'imir sé** 'he played'). If a suffix is added, the **ai** or **i** at the end of the long stem is lost (or 'syncopated'), hence **ceangl-** and **imr-** as short stems. These verbs are conjugated as follows:

§12 syncopated verb, broad stem, *ceangail* 'tie'

present	ceangl**aíonn** sé	he ties
future	ceangl**óidh** sé	he will tie	ceangl**óchaidh** sé U
conditional	cheangl**ódh** sé	he would tie	cheangl**óchadh** sé U
imperfect	cheangl**aíodh** sé	he used to tie
imperative	ceangl**aíodh** sé	let him tie
present subjunctive	go gceangl**aí** sé	may he tie

syncopated verb, slender stem, *imir* 'play'

present	imr**íonn** sé	he plays
future	imr**eoidh** sé	he will play	imr**eochaidh** sé U
conditional	**d'**imr**eodh** sé	he would play	**d'**imr**eochadh** sé U
imperfect	**d'**imr**íodh** sé	he used to play
imperative	imr**íodh** sé	let him play
present subjunctive	go n-imr**í** sé	may he play

§13 Note: The following key verbs are not syncopated (in Standard Irish): **aithris** 'recite' (3), **foghlaim** 'learn' (49), **freastail** 'attend' (52), **taistil** 'travel' (101), and **tarraing** 'pull' (104).

§14 monosyllables in -*igh* and the first conjugation
Some key verbs have only one syllable and end in **-igh**. Different rules apply to these verbs.

báigh 'drown' (7)	**brúigh** 'bruise' (16)	**cruaigh** 'harden' (26)
	dóigh 'burn' (33)	**feoigh** 'decay' (45)

They are broad when a suffix beginning in – **f-** is added and slender when a suffix beginning in – **t-** is added – as may be seen from the present autonomous in the 2nd column of the table below, or in the verbal adjective **báite** 'drowned':

present	pres. auton.	future	conditional	imperfect
bánn	báitear	báfaidh	bháfadh	bhádh
brúnn	brúitear	brúfaidh	bhrúfadh	bhrúdh
cruann	cruaitear	cruafaidh	chruafadh	chruadh
dónn	dóitear	dófaidh	dhófadh	dhódh
feonn	feoitear	feofaidh	d'fheofadh	d'fheodh

§15 nigh 'wash' (**76**), **suigh** 'sit' (**97**) – mar aon le briathra mar **luigh** 'lie', **guigh** 'pray', **bligh** 'milk': Tugtar faoi deara gur **i** atá ann roimh – t-, msh **nite** 'washed' – chan ionann agus **cloíte** 'deafeated' < **cloígh**.

láithreach	fáistineach	coinníollach	gnáthchaite	ordaitheach
níonn	nífidh	nífeadh	níodh	níodh
suíonn	suífidh	shuífeadh	shuíodh	suíodh

§16 léigh 'read' (**66**) – mar aon le **pléigh** 'discuss', **spréigh** 'spread', **téigh** 'warm':

láithreach	saorbhriathar	fáistineach	coinníollach	gnáthchaite	ordaitheach
léann	léitear	léifidh	léifeadh	léadh	léadh

§17 pacáil 'pack' (**81**), **sábháil** 'save' (**85**), **stampáil** 'stamp' (**96**): Tugtar faoi deara go mbíonn an gas caol roimh – t- (cosúil le §14 thuas), msh. **pacáiltear** 'is packed', **pacáilte** 'packed' srl.

láithreach	fáistineach	coinníollach	gnáthchaite	ordaitheach
pacálann	pacálfaidh	phacálfadh	phacáladh	pacáladh

§18 caitear srl.
Nuair a chuirtear foirceann dar tús **t**- le briathar ar bith a bhfuil **-th** nó **-t** ag deireadh an ghais, scríobhtar –**tht**- agus –**tt**- mar –**t**-:

caitear 'is worn'	(in áit **caithtear**)
d'éisteá 'you used to listen'	(in áit **d'éistteá**)

Ba cheart don léitheoir breathnú sna táblaí ar na briathra: **at** 'swell' (**5**), **caith** 'throw' (**18**), **éist** 'listen' (**39**), **meath** 'decay' (**69**), **trácht** 'mention' (**111**).

§19 na briathra neamhrialta
Is iad seo a leanas na príomhbhriathra neamhrialta:

abair	say	(1)	**faigh**	get	(41)
beir	bear	(11)	**feic**	see	(44)
bí	be	(12)	**ith**	eat	(63)
cluin/	hear	(23)	**tabhair**	give	(98)
clois			**tar**	come	(103)
déan	do, make	(30)	**téigh**	go	(106)

§15 **nigh** 'wash' (**76**), **suigh** 'sit' (**97**) – as well as verbs such as **luigh** 'lie', **guigh** 'pray', **bligh** 'milk'. Note that *i* is always short before – *t*- in these verbs, e.g. **nite** 'washed' (unlike **cloígh** 'defeat', v. adj. **cloíte**):

present	future	conditional	imperfect	imperative
níonn	nífidh	nífeadh	níodh	níodh
suíonn	suífidh	shuífeadh	shuíodh	suíodh

§16 **léigh** 'read' (**66**)-as well as **pléigh** 'discuss', **spréigh** 'spread', **téigh** 'warm':

present	pres. auton.	future	conditional	imperfect	imperative
léann	léitear	léifidh	léifeadh	léadh	léadh

§17 **pacáil** 'pack' (**81**), **sábháil** 'save' (**85**), **stampáil** 'stamp' (**96**). Note that the stem stays slender before – *t* (as in §14 above), e.g. **pacáiltear** 'is packed', **pacáilte** 'packed' etc.

present	future	conditional	imperfect	imperative
pacálann	pacálfaidh	phacálfadh	phacáladh	pacáladh

§18 *caitear* **etc**
When a suffix beginning in **t-** is added to any verb whose stem ends in **-th** or **-t**, then – **tht-** and – **tt-** are written as single – **t-** e.g.

| **caitear** 'is worn' | (instead of áit **caithtear**) |
| **d'éisteá** 'you used to listen' | (instead of áit **d'éistteá**) |

The reader should check in the tables for the verbs: **at** 'swell' (**5**), **caith** 'throw' (**18**), **éist** 'listen' (**39**), **meath** 'decay' (**69**), **trácht** 'mention' (**111**).

§19 **the irregular verbs**
The following are the main irregular verbs:

abair	say	(1)	faigh	get	(41)
beir	bear	(11)	feic	see	(44)
bí	be	(12)	ith	eat	(63)
cluin/	hear	(23)	tabhair	give	(98)
clois			tar	come	(103)
déan	do, make	(30)	téigh	go	(106)

§20 foirmeacha coibhnesta in -s sa láithreach agus san fháistineach (foirmeacha neamhspleácha amháin)

I gCúige Uladh agus i gConnachta úsáidtear samplaí d'fhoirmeacha speisialta coibhneasta a chríochnaíonn in -s san aimsir láithreach agus san fháistineach:

an fear a bhriseann CO, M	the man who breaks	an fear a bhriseas
		(… a bhriseanns C)
an fear a bhrisfidh	the man who will break	an fear a bhrisfeas

§21 na claochluithe tosaigh
Déantar na briathra a réimniú sa ghníomhach agus sa tsaorbhriathar. Chomh maith leis sin, tugtar samplaí de na briathra i ndiaidh na bhfoirmeacha de na míreanna is coitianta a thagann rompu:

níor, ar, gur, nár	san aimsir chaite
ní, an, go, nach	san aimsir láithreach, fháistineach, ghnáthchaite, sa mhodh choinníollach agus san aimsir chaite do roinnt briathra neamhrialta
ná	sa mhodh ordaitheach (agus **ná** do **nach** i gCúige Mumhan)
go, nár	sa mhodh fhoshuiteach, aimsir láithreach

Tugtar na foirmeacha seo le treoir a thabhairt maidir leis an chlaochlú chuí tosaigh ba chóir a úsáid i ndiaidh gach foirme, gné a bhíonn go minic ina constaic ag an fhoghlaimeoir – mura mbí an t-eolas seo in easnamh ar fad air. Táthar ag súil go gcuideoidh a leithéid de chur i láthair leis an fhoghlaimeoir theacht isteach ar chóras na gclaochluithe tosaigh ar bhealach níos éasca ar an ábhar go bhfuil séimhiú, urú agus *h* roimh ghuta de dhlúth agus d'inneach i ngréasán na Gaeilge.

§22 séimhiú, urú agus *h* roimh ghuta
Seo achoimre ar na hathruithe a tharlaíonn i gcás na gclaochluithe tosaigh – fad agus a bhaineann siad le réimniú na mbriathra de:

	bunfhoirm	foirm chlaochlaithe
séimhiú	b, c, d, f, g, m, p, s, t	bh, ch, dh, fh, gh, mh, ph, sh, th
urú	b, c, d, f,g, p, t	mb, gc, nd, bhf, ng, bp, dt
	a, e, i, o,u	n-a, n-e, n-i, n-o, n-u
h roimh ghuta	a, e, i, o, u	ha, he, hi, ho, hu

§20 relative forms in -s in the present and future (independent forms only)

Examples are given, in the present and future, of the special relative forms which end in -s, forms which regularly occur in Ulster and Connaught:

an fear a bhriseann CO, M	the man who breaks	**an fear a bhriseas**
		(... a bhriseanns C)
an fear a bhrisfidh	the man who will break	**an fear a bhrisfeas**

§21 the initial mutations
The verbs are conjugated in the active and the autonomous (or impersonal/ passive). In addition, examples are given of the verb after some of the most common forms of preverbal particles such as:

níor, ar, gur, nár	past tense
ní, an, go, nach	the present, future, imperfect tenses, the conditional mood and in the past tense of some irregulars
ná	the imperative mood (plus **ná** for **nach** in Munster)
go, nár	in the present subjunctive

These preverbal forms are provided to help and advise as to the appropriate initial mutation (or change at the start of the word) which should be used after each particle, a feature which can often dumbfound the learner. It is hoped that such a presentation will help the learner familiarise him/herself with the system of initial mutations in a convenient way, given the fact that aspiration, eclipsis and h before a vowel are integral parts of Irish grammar.

§22 aspiration, eclipsis and h before a vowel
The following is a résumé of the changes which occur as a result of the mutations – as far as the verbal system is concerned:

	primary form of initial	mutated form of initial
aspiration	b, c, d, f, g, m, p, s, t	bh, ch, dh, fh, gh, mh, ph, sh, th
eclipsis	b, c, d, f, g, p, t	**m**b, **g**c, **n**d, **bh**f, **n**g, **b**p, **d**t
	a, e, i, o, u	**n**-a, **n**-e, **n**-i, **n**-o, **n**-u
h before vowel	a, e, i, o, u	**h**a, **h**e, **h**i, **h**o, **h**u

§23 túslitreacha nach gclaochlaítear

Tá roinnt consan ann nach gclaochlaítear in am ar bith:

h-, l-, n, r-	*hata leathan, néata, righin*
sc-, sm-, sp-, st-	*Scread an smaolach agus stad an spealadóir.*

na claochluithe tosaigh sa ghníomhach de ghnáthbhriathra

§24 séimhiú Leanann séimhiú na míreanna a leanas:

níor, ar, gur, nár	aimsir chaite (sa ghníomhach amháin)
ní	gach aimsir agus modh (ach *faigh* agus *deir*)
nár	an modh foshuiteach, aimsir láithreach.

§25 urú Leanann urú na míreanna a leanas:

an, go, nach	gach aimsir agus modh

§26 *h* roimh ghuta Cuirtear **h** roimh ghutha i ndiaidh

ná	sa mhodh ordaitheach
	(agus **ná** do **nach** sa Mumhain).

§27 na claochluithe tosaigh sa tsaorbhriathar

Sa Chaighdeán Oifigiúil ní leanann aon chlaochlú tosaigh **níor**, **ar**, **gur** agus **nár** i saorbhriathar na haimsire caite. Sna canúintí ní thig aon athrú ar chonsan ach cuirtear **h** roimh ghuta:

gníomhach *active*		**saorbhriathar** *autonomous*	
		CO, U, C, M	
thóg sé	he lifted	**Tógadh é.**	It was lifted.
níor thóg sé	he did not lift	**Níor tógadh é.**	It was not lifted.
ar thóg sé?	did he lift?	**Ar tógadh é?**	Was it lifted?
gur thóg sé	that he lifted	**... gur tógadh é.**	... that it was lifted.
nár thóg sé	that he did not lift	**... nár tógadh é.**	... that it was not lifted.
gníomhach *active*		**saorbhriathar** *autonomous*	
		CO	
d'ól sé	he drank	**Óladh é.**	It was drunk.
níor ól sé	he did not drink	**Níor óladh é.**	It was not drunk.
ar ól sé?	did he drink?	**Ar óladh é?**	Was it drunk?
gur ól sé	that he drank	**gur óladh é.**	that it was drunk.
nár ól sé	that he did not drink	**nár óladh é.**	that it was not drunk.

Ach **hÓladh é. Níor hóladh é. Ar hóladh é?**
... **gur/nár hóladh** srl. *M,C, U.*

§23 initials which never change

Some consonants never undergo any changes at the start of words:

h-, l-, n, r-	*He likes noodles and, rice.*
sc-, sm-, sp-, st-	*Scallions smell spicy in stew.*

initial mutations of ordinary verbs in the active

§24 aspiration occurs after the following particles:

níor, ar, gur, nár	past tense (active only)
ní	every tense and mood (except *faigh* and *deir*)
nár	present subjunctive.

§25 eclipsis occurs after the following particles:

an, go, nach	every tense and mood

§26 *h* before vowel occurs after

ná	in the imperative mood
	(and **ná**, for **nach**, in Munster).

§27 initial mutations in the autonomous

In the Official Standard no mutation occurs after **níor**, **ar**, **gur** and **nár** in the past tense of the autonomous (impersonal/passive). In the dialects consonants are not affected but **h** is placed before vowels:

gníomhach *active*		saorbhriathar *autonomous*	
		CO, U, C, M	
thóg sé	he lifted	Tógadh é.	It was lifted.
níor thóg sé	he did not lift	Níor tógadh é.	It was not lifted.
ar thóg sé?	did he lift?	Ar tógadh é?	Was it lifted?
gur thóg sé	that he lifted	... gur tógadh é.	... that it was lifted.
nár thóg sé	that he did not lift	... nár tógadh é.	... that it was not lifted.
gníomhach *active*		saorbhriathar *autonomous*	
		CO	
d'ól sé	he drank	Óladh é.	It was drunk.
níor ól sé	he did not drink	Níor óladh é.	It was not drunk.
ar ól sé?	did he drink?	Ar óladh é?	Was it drunk?
gur ól sé	that he drank	gur óladh é.	that it was drunk.
nár ól sé	that he did not drink	nár óladh é.	that it was not drunk.

Yet **hÓladh é. Níor hóladh. Ar hóladh?**
... **gur/nár hóladh** *etc. M, C, U.*

§28 Sna haimsirí agus sna modhanna eile is iondúil gurb ionann an claochlú tosaigh a leanann an gníomhach agus an saorbhriathar sa Chaighdeán agus i gCúige Uladh. I gCúige Mumhan agus i gConnachtaibh is féidir sin a bheith amhlaidh, nó is féidir gan séimhiú (agus fiú *h* roimh ghuta a bheith ann) san fhoirm neamhspleách den tsaorbhriathar sa mhodh choinníollach agus san aimsir ghnáthchaite, agus i ndiaidh **ní** (i ngach aimsir agus modh).

CO, U		M
bhrisfí	would be broken	(**do**) **brisfí**
bhristí	used to be broken	(**do**) **bristí**
d'ólfaí	would be drunk	(**do**) **hólfaí**
d'óltaí	used to be drunk	(**do**) **hóltaí**
ní bhristear	is not broken	**ní bristear**

§29 crostagairtí agus na claochluithe tosaigh
Leagtar an t-innéacs (i gcolún 1) amach in ord na haibítre síos fríd, ó thús go deireadh. I gcolún 5 luaitear an briathar **coinnigh** 'keep' (**25**) leis na briathra **ceistigh** 'question', **cinntigh** 'certify' srl. de thairbhe go mbaineann siad triúr leis an 2ú réimniú chaol agus go mbeidh idir fhoircinn (**-íodh, -eoidh, -eodh** srl.) agus chlaochluithe tosaigh (**c-, ch-, gc-**) ar aon dul le chéile.

Déantar seo do thromlach mór na gcásanna ach níorbh fhéidir cloí leis an choinbhinsiún seo i ngach uile chás, agus tugadh tús aite do chrostagairt do bhriathar a mbeadh na foircinn mar an gcéanna i gcásanna mar:

eiseachaid 'extradite'
crostagairt **siúil** de thairbhe go leathnaítear an gas nuair a tháitear foirceann agus gur **eiseachadann** 'extradites', **eiseachadfaidh** 'will extradite', **d'eiseachadfadh** 'would extradite' srl. atá ann, ar aon dul le **siúil** 'walk' (**93**) ach **siúlann** 'walks', **siúlfaidh** 'will walk', **shiúlfadh** 'would walk' srl.

athphléigh 'rediscuss'
crostagairt **léigh** 'read' (**66**) de thairbhe go mbeidh na foircinn mar **athphléann** 'rediscusses', **athphléifidh** 'will rediscuss', **d'athphléifeadh** 'would rediscuss' srl., ar aon dul le **léann, léifidh** agus **léifeadh**.

§30 I gcásanna briathra dar tús guta (nó *f-*, seachas *fl-*) a bhfuil crostagairt do bhriathar dar tús consain ag dul leo, moltar don fhoghlaimeoir na claochluithe tosaigh a chinntiú i dtábla briathair a thosaíonn le guta (nó *f-*) – cuimhnítear fosta go mbeidh na claochluithe (.i. *d', h* nó *n-*) mar an gcéanna do gach ceann de na cúig gutaí (*a, e, i, o, u*).

§28 In the other tenses and moods the mutations are the same for the active and autonomous forms of the verb in the Standard and in Ulster Irish. In Connaught and Munster this may be the case, or **h** can be placed before a vowel (and consonants unaspirated) in the independent form of the autonomous in the conditional and imperfect, and after **ní** (all moods and tenses):

CO, U		M
bhrisfí	would be broken	(do) brisfí
bhristí	used to be broken	(do) bristí
d'ólfaí	would be drunk	(do) hólfaí
d'óltaí	used to be drunk	(do) hóltaí
ní bhristear	is not broken	ní bristear

§29 cross-referencing and initial mutations
Column 1 of the index is laid out alphabetically. In column 5 the verbs **ceistigh** 'question', **cinntigh** 'certify' etc. are referred to **coinnigh** 'keep' (**25**) as all three verbs belong to the 2ⁿᵈ conjugation slender which means that both the suffixes (**-íodh, -eoidh, -eodh** etc.) and the initial mutations (**c-, ch-, gc-**) will be identical.

This is done for the vast majority of cases but this convention could not be followed throughout and priority had to given to verbs whose suffixes would have been the same, as in the following:

eiseachaid 'extradite'
cross-reference **siúil** as the stem is broadened when a suffix is added, hence **eiseachadann** 'extradites', **eiseachadfaidh** 'will extradite', **d'eiseachadfadh** 'would extradite' etc., similar to **siúil (93)** 'walk', yet **siúlann** 'walks', **siúlfaidh** 'will walk', **shiúlfadh** 'would walk' etc.

athphléigh 'rediscuss'
cross-reference **léigh** 'read' (**66**) as the suffixes, such as **athphléann** 'rediscusses', **athphléifidh** 'will rediscuss', **d'athphléifeadh** 'would redicsuss' etc., are indentical to **léann**, **léifidh** and **léifeadh**.

§30 In the cases of verbs beginning in a vowel (or *f-*, except *fl-*) which are cross-referred to a verb which begins with a consonant, the learner should check the initial mutations in the table of a verb beginning with a vowel (or *f-*) – it should also be remembered that the mutations for vowels will be the same for all five vowels (*a, e, i, o, u*).

§31 I gcás briathra dar tús **h-, l-, n-, r-, sc-, sm-, sp-** agus **st-** déantar crostagairtí do bhriathra a bhfuil na foircinn chéanna acu agus a bhfuil an túslitir acu nach n-athraítear de bharr claochlaithe, m.sh. **las** 'light' (**65**) mar mhúnla ag briathra as an iú réimniú leathan a thosaíonn le **r-** (**réab** 'tear', **róst** 'roast' srl.). Ní bhíonn aon chlaochlú ach oiread i gcás na ndornán briathra a thosaíonn le **v-** nó **x-**. I gcás **p-**, moltar don fhoghlaimeoir na foircinn a leanúint ón chrostagairt (m.sh. na foircinn do **ceannaigh** 'buy' **21** i gcás an bhriathair **plódaigh** 'throng') ach na claochluithe tosaigh a chinntiú ón bhriathar **pós** 'marry' (**82**).

§32 na claochluithe tosaigh don chopail

Tá difríocht idir na claochluithe tosaigh a bhíonn i gceist do ghnáthbhriathra agus don chopail (**is**, 13). Cuireann **ní** séimhiú ar ghnáthbhriathra ach ní bhíonn aon athrú ar chonsan i ndiaidh **ní** na copaile. Cuireann **an** agus **nach** urú ar ghnáthbhriathra ach ní bhíonn aon athrú ina ndiaidh sa chopail:

an chopail

ní$^{\varnothing}$/ní^h	Ní bád é.	It is not a boat.
an$^{\varnothing}$	An bád é?	Is it a boat?
gur$^{\varnothing}$	Deir sé gur bád é.	He says that it is a boat.
nach$^{\varnothing}$	Deir sé nach bád é.	He says that it is not a boat.

gnáthbhriathra

ní^{smh}	ní b<u>h</u>riseann	does not break
an^{urú}	an <u>m</u>briseann sé?	does (it) break?
go^{urú}	Deir sé go <u>m</u>briseann sé.	He says that he breaks.
nach^{urú}	Deir sé nach <u>m</u>briseann sé.	He says that he does not break.

§33 briathra a bhfuil níos mó ná réimniú amháin acu

Tarlaíonn, anois agus arís, go mbíonn leaganacha malartacha ag briathra. Sna cásanna seo déantar tagairt d'eochairbhriathra difriúla:

clampaigh	*clamp*	... clampaithe	ceannaigh
/clampáil		... /clampáilte	/pacáil

§34 mionsamplaí de bhriathra nach bhfuil réimniú iomlán curtha ar fáil dóibh

Tá mionaicmí de bhriathra nach réimnítear ina n-iomláine, ach sna cásanna seo cuirtear leaganacha den chaite, den láithreach agus den fháistineach ar fáil san innéacs. Thig leis an léitheoir na foirmeacha den choinníollach, den ghnáthchaite (agus de na modhanna eile) a sholáthar ó liosta na bhfoirceann atá ar fáil ar leathanach 247, msh.:

§31 In the case of verbs beginning with **h-, l-, n-, r-, sc-, sm-, sp-** and **st-** these are cross-referred to verbs whose suffixes are identical and whose initial consonants are never mutated, e.g. **las** 'light' (**65**) also serves as a model for the 1st conjugation broad for a verb beginning in **r-** (**réab** 'tear', **róst** 'roast' etc.). In the case of the few verbs beginning in *v-* or *x-* no mutations occur. In the case of **p-**, it is recommended that the learner follow the suffixes from the cross-reference (e.g. **ceannaigh** 'buy' **21**, in the case of the verb **plódaigh** 'throng') but verifies the initial mutations from the verb **pós** 'marry' (**82**).

§32 the initial mutations for the copula

There is a difference between the initial mutations for ordinary verbs and the copula (**is**, 13). **Ní** aspirates ordinary verbs but consonants are not changed following **ní** of the copula. **An** and **nach** eclipse ordinary verbs but there is no change for the copula:

the copula

ní^Ø/ní^h	**Ní bád é.**	It is not a boat.
an^Ø	**An bád é?**	Is it a boat?
gur^Ø	**Deir sé gur bád é.**	He says that it is a boat.
nach^Ø	**Deir sé nach bád é.**	He says that it is not a boat.

ordinary verbs

ní^{asp.}	**ní bhriseann**	does not break
an^{ecl.}	**an mbriseann sé?**	does (it) break?
go^{ecl.}	**Deir sé go mbriseann sé.**	He says that he breaks.
nach^{ecl.}	**Deir sé nach mbriseann sé.**	He says that he does not break.

§33 verbs with more than one conjugation

It happens, from time to time, that verbs have variant forms. In such cases, references are provided to a different key verb for each variant:

clampaigh	*clamp*	... clampaithe	ceannaigh
/clampáil		... /clampáilte	/pacáil

§34 minority verbs for which a full paradigm has not been provided

Some classes of verbs, small in number, are not conjugated in full, but in such cases forms of the past, present and future are provided. The reader can supply the conditional, imperfect (and other forms) by consulting the suffixes listed on page 247, e.g.

gas/fréamh	Béarla	aimsir chaite	aimsir láithreach
adhain	kindle	**d'adhain**	**adhnann**

aimsir fháistineach	ainm briathartha	aidiacht bhr.
adhnfaidh	**adhaint**	**adhainte**

Is briathra coimrithe atá i gceist anseo ach amháin go gcuirtear foirceann an chéad réimnithe leo. Seo samplaí eile:
adhair 'adore, worship' (*adhrann*), *athadhain* 'rekindle' (*athadhnann*), *damhain* 'tame, subdue' (*damhnann*), *díoghail* 'avenge' (*díoghlann*), *dionghaibh* 'ward off' (*diongbhann*), *imdheaghail* 'defend' (*imdheaghlann*), *ionnail* 'wash, bathe' (*ionlann*), *sleabhac* 'droop, fade' (*sleabhcann*), *spadhar* 'enrage' (*spadhrann*), *toghail* 'sack, destroy' (*toghlann*), *torchair* 'fall, lay low' (*torchrann*).

Samplaí caola:
fuighill 'utter, pronounce' (*fuighleann*), *imdheighil* 'distinguish' (*imdheighleann*), *saighid* 'incite, provoke' (*saighdeann*), *tafainn* 'bark' (*taifneann*).

Tá roinnt samplaí eile ann nach gcoimrítear ach a gcuirtear foircinn an dara réimniú leo: *lorg* 'search for' (*lorgaíonn*), *súraic* 'suck (down)' (*súraicíonn*) agus *gogail* 'gobble, cackle' – a leathnaítear – (*gogalaíonn*).

§35 briathra a bhfuil gasanna an-fhada acu
Nuair a bhíonn gas an-fhada ag briathar giorraítear san innéacs é sa dóigh is go bhfanfaidh sé taobh istigh den cholún, m.sh. *craobhscaoil* 'broadcast':

gas		ainm briathartha	aid. bhriathartha	briathar gaolta
craobhscaoil	broadcast	**craobhscaoileadh**	**craobhscaoilte**	cuir

stem/root	English	past tense	present tense
adhain	*kindle*	**d'adhain**	**adhnann**

future tense	verbal noun	verbal adjective
adhnfaidh	**adhaint**	**adhainte**

These verbs are syncopated verbs except that suffixes for the 1st conjugation are added. Further examples include:
adhair 'adore, worship' (*adhrann*), *athadhain* 'rekindle' (*athadhnann*), *damhain* 'tame, subdue' (*damhnann*), *díoghail* 'avenge' (*díoghlann*), *dionghaibh* 'ward off' (*diongbhann*), *imdheaghail* 'defend' (*imdheaghlann*), *ionnail* 'wash, bathe' (*ionlann*), *sleabhac* 'droop, fade' (*sleabhcann*), *spadhar* 'enrage' (*spadhrann*), *toghail* 'sack, destroy' (*toghlann*), *torchair* 'fall, lay low' (*torchrann*).

Examples of slender verbs:
fuighill 'utter, pronounce' (*fuighleann*), *imdheighil* 'distinguish' (*imdheighleann*), *saighid* 'incite, provoke' (*saighdeann*), *tafainn* 'bark' (*taifneann*).

A few examples occur of verbs which are not syncopated and which have second conjugation suffixes: *lorg* 'search for' (*lorgaíonn*), *súraic* 'suck (down)' (*súraicíonn*) and *gogail* 'gobble, cackle' – which is broadened – (*gogalaíonn*).

§35 verbs with long stems
When a verb has an exceedingly long stem it may be shortened in the index to maintain column width, e.g. *craobhscaoil* 'broadcast':

stem		verbal noun	verbal adjective	verb type
craobhscaoil	*broadcast*	**craobhscaoileadh**	**craobhscaoilte**	**cuir**

INNÉACS/INDEX

268

gas/fréamh stem/root	Béarla English	ainm briathartha verbal noun	aidiacht bhr. verbal adjective	briathar gaolta verb type
aistarraing	*withdraw*	aistarraingt	aistarraingthe	77
aistrigh	*move, translate*	aistriú	aistrithe	38
aitheasc	*address (court)*	aitheasc	aitheasctha	93
aithin	***recognize***	**aithint**	**aitheanta**	**2**
aithisigh	*slur, defame*	aithisiú	aithisithe	38
aithris	***recite***	**aithris**	**aithriste**	**3**
áitigh	*occupy*	áitiú	áitithe	38
áitrigh	*inhabit*	áitriú	áitrithe	38
allasaigh	*sweat (metal)*	allasú	allasaithe	6
allmhairigh	*import*	allmhairiú	allmhairithe	38
alp	*devour*	alpadh	alptha	78
alt	*articulate*	alt	alta	5
altaigh	*give thanks*	altú	altaithe	6
altramaigh	*foster*	altramú	altramaithe	6
amharc	***look***	**amharc**	**amharctha**	**4**
amhastraigh	*bark*	amhastrach amhastráil	amhastraithe	6
amplaigh	*be greedy for*	amplú	amplaithe	6
anailísigh	*analyse*	anailísiú	anailísithe	38
análaigh	*breathe*	análú	análaithe	6
anbhainnigh	*enfeeble*	anbhainniú	anbhainnithe	38
anluchtaigh	*overload*	anluchtú	anluchtaithe	6
annáil	*record*	annáladh	annálta	81
ansmachtaigh	*bully*	ansmachtú	ansmachtaithe	6
aoirigh	*shepherd, herd*	aoireacht	aoireachta	38
aol	*whitewash*	aoladh	aolta	78
aoldathaigh	*whitewash*	aoldathú	aoldathaithe	6
aom	*attract*	aomadh	aomtha	78
aonraigh	*isolate*	aonrú	aonraithe	6
aontaigh	*agree, unite*	aontú	aontaithe	6
aor	*satirize*	aoradh, aor	aortha	78
aosaigh	*(come of) age*	aosú	aosaithe	6
aothaigh	*pass crisis*	aothú	aothaithe	6
árachaigh	*insure*	árachú	árachaithe	6
ardaigh	*raise, ascend*	ardú	ardaithe	6
arg	*destroy, pillage*	argain	argtha	78
argóin	*argue*	argóint	argóinte	93
armáil	*arm*	armáil	armáilte	81
armónaigh	*harmonize*	armónú	armónaithe	6
ársaigh	*grow old*	ársú	ársaithe	6
ársaigh	*tell*	ársaí	ársaithe	6
asáitigh	*dislodge*	asáitiú	asáitithe	38
asanálaigh	*exhale*	asanálú	asanálaithe	6
asbheir	*deduce*	asbheirt	asbheirte	77
ascain	*proceed, go to*	ascnamh	ascnaithe	61
ascalaigh	*oscillate*	ascalú	ascalaithe	6
aslaigh	*induce*	aslach	aslaithe	6
aslonnaigh	*evacuate*	aslonnú	aslonnaithe	6
astaigh	*emit*	astú	astaithe	6
asúigh	*absorb, aspirate*	asú	asúite	16
at	***swell***	**at**	**ata**	**5**
atáirg	*reproduce*	atáirgeadh	atáirgthe	77
ataispeáin	*reappear*	ataispeáint	ataispeánta	100 + 2
atarlaigh	*recur*	atarlú	atarlaithe	6
atarraing	*attract*	atarraingt	atarraingthe	104 + 2
atáthaigh	*reweld, coalesce*	atáthú	atáite	6
atéigh	*reheat*	atéamh	atéite	66 + 2
ateilg	*recast*	ateilgean	ateilgthe	77
athachtaigh	*re-enact*	athachtú	athachtaithe	6
athadhain	*rekindle*	athadhaint	athadhainte	lch 264 / 7
athadhlaic	*reinter*	athadhlacadh	athadhlactha	93 + 4
athaimsigh	*rediscover*	athaimsiú	athaimsithe	38
athainmnigh	*rename*	athainmniú	athainmnithe	38
atháitigh	*reoccupy*	atháitiú	atháitithe	38
athallmhairigh	*reimport*	athallmhairiú	athallmhairithe	38
athaontaigh	*reunite*	athaontú	athaontaithe	6
atharmáil	*rearm*	atharmáil	atharmáilte	81
athbheoigh	*revive*	athbheochan	athbheochanta	45
athbhreithnigh	*review, revise*	athbhreithniú	athbhreithnithe	38
athbhris	*break again*	athbhriseadh	athbhriste	77 + 15
athbhuail	*beat again*	athbhualadh	athbhuailte	77
athbhunaigh	*re-establish*	athbhunú	athbhunaithe	6
athchas	*turn again*	athchasadh	athchasta	78 + 19
athcheangail	*refasten*	athcheangal	athcheangailte	80 + 20

gas/fréamh stem/root	Béarla English	ainm briathartha verbal noun	aidiacht bhr. verbal adjective	briathar gaolta verb type
athcheannaigh	repurchase	athcheannach	athcheannaithe	6 + 21
	reappoint	athcheapadh	athcheaptha	78
athcheartaigh	revise, re-amend	athcheartú	athcheartaithe	6
athcheistigh	re-examine	athcheistiú	athcheistithe	38
athchlampaigh	reclamp	athchlampú	athchlampaithe	6
athchlóigh	reprint	athchló	athchlóite	33
athchlúdaigh	re-cover	athchlúdach	athchlúdaithe	6
athchnuchair	refoot	athchnuchairt	athchnuchartha	61
athchogain	ruminate	athchogaint	athchoganta	61
athchóipeáil	recopy	athchóipeáil	athchóipeáilte	81
athchóirigh	rearrange	athchóiriú	athchóirithe	38
athchomhair	re-count	athchomhaireamh	athchomhairthe	77
athchomhairligh	dissuade	athchomhairliú	athchomhairlithe	38
athchorpraigh	re-incorporate	athchorprú	athchorpraithe	6
athchraol	retransmit	athchraoladh	athchraolta	78
athchruaigh	reharden	athchruachan	athchruaite	26
athchrúigh	remilk	athchrú	athchrúite	16 + 78
athchruinnigh	reassemble	athchruinniú	athchruinnithe	38
athchruthaigh	reshape	athchruthú	athchruthaithe	6
athchuir	replant, remand	athchur	athchurtha	77 + 28
athchum	reconstruct	athchumadh	athchumtha	78
athdháil	redistribute	athdháileadh	athdháilte	77
athdhathaigh	re-dye, repaint	athdhathú	athdhathaithe	6
athdhéan	redo, remake	athdhéanamh	athdhéanta	78
athdhearbhaigh	re-affirm	athdhearbhú	athdhearbhaithe	6
athdheilbhigh	reshape	athdheilbhiú	athdheilbhithe	38
athdheimhnigh	reassure	athdheimhniú	athdheimhnithe	38
athdheisigh	remand, reset	athdheisiú	athdheisithe	38
athdhílsigh	revest	athdhílsiú	athdhílsithe	38
athdhíol	resell	athdhíol	athdhíolta	78 + 31
athdhíon	re-roof	athdhíonadh	athdhíonta	78 + 31
athdhúisigh	reawake	athdhúiseacht	athdhúisithe	38
atheagraigh	rearrange, edit	atheagrú	atheagraithe	6
athéirigh	rise again	athéirí	athéirithe	38
atheisigh	reissue	atheisiúint	atheisithe	38
athéist	rehear	athéisteacht	athéiste	39
athfhaghair	retemper metal	athfhaghairt	athfhaghartha	61
athfheidhmigh	refunction	athfheidhmiú	athfheidhmithe	38
athfheistigh	recloth, fit	athfheistiú	athfheistithe	38
athfhill	recur, refold	athfhilleadh	athfhillte	77 + 47
athfhoilsigh	republish	athfhoilsiú	athfhoilsithe	38
athfhostaigh	re-employ	athfhostú	athfhostaithe	6
athfhuaimnigh	resound	athfhuaimniú	athfhuaimnithe	38
athghabh	retake, recover	athghabháil	athghafa	78
athghair	recall, repeal	athghairm	athghairthe	77
athghéaraigh	resharpen	athghéarú	athghéaraithe	6
athghéill	resubmit	athghéilleadh	athghéillte	77 + 53
athghin	regenerate	athghiniúint	athghinte	77
athghlan	reclean	athghlanadh	athghlanta	78 + 54
athghlaoigh	recall	athghlaoch	athghlaoite	45
athghléas	refit	athghléasadh	athghléasta	78
athghnóthaigh	regain	athghnóthú	athghnóthaithe	6
athghoin	rewound	athghoin	athghonta	77
athghor	reheat	athghoradh	athghortha	78
athghreamaigh	refasten	athghreamú	athghreamaithe	6
athghríosaigh	rekindle	athghríosú	athghríosaithe	6
athghróig	refoot turf	athghróigeadh	athghróigthe	77
athghrúpáil	regroup	athghrúpáil	athghrúpáilte	81
athimir	replay	athimirt	athimeartha	59
athinis	retell	athinsint /-inse	athinste	60
athiompaigh	turn back	athiompú	athiompaithe	6
athiontráil	re-enter	athiontráil	athiontráilte	81
athlas	relight, inflame	athlasadh	athlasta	78
athleag	re-lay	athleagan	athleagtha	78
athleáigh	remelt	athleá	athleáite	7
athleasaigh	reamend	athleasú	athleasaithe	6
athléigh	reread	athléamh	athléite	66 + 78
athléirigh	revive	athléiriú	athléirithe	38
athlíneáil	reline	athlíneáil	athlíneáilte	81
athlíon	refill	athlíonadh	athlíonta	78
athliostáil	re-enlist	athliostáil	athliostáilte	81
athluaigh	reiterate	athlua	athluaite	fuaigh
athluchtaigh	reload, recharge	athluchtú	athluchtaithe	6
athmhaisigh	redecorate	athmhaisiú	athmhaisithe	38

gas/fréamh stem/root	Béarla English	ainm briathartha verbal noun	aidiacht bhr. verbal adjective	briathar gaolta verb type
athmhúnlaigh	remould	athmhúnlú	athmhúnlaithe	6
athmhúscail	reawake	athmhúscailt	athmhúscailte	80, 74
athnasc	reclasp	athnascadh	athnasctha	78
athneartaigh	reinforce	athneartú	athneartaithe	6
athnuaigh	renew	athnuachan	athnuaite	fuaigh
athonnmhairigh	re-export	athonnmhairiú	athonnmhairithe	38
athordaigh	re-order	athordú	athordaithe	6
athoscail	reopen	athoscailt	athoscailte	80
athphéinteáil	repaint	athphéinteáil	athphéinteáilte	81
athphlandáil	replant	athphlandáil	athphlandáilte	81
athphléigh	rediscuss	athphlé	athphléite	66 + 78
athphós	remarry	athphósadh	athphósta	78 + 43
athphreab	rebound	athphreabadh	athphreabtha	78
athphriontáil	reprint	athphriontáil	athphriontáilte	81
athraigh	**change**	**athrú**	**athraithe**	**6**
athraon	refract	athraonadh	athraonta	78
athreoigh	regelate	athreo	athreoite	45
athriar	readminister	athriar	athriartha	78
athrígh	dethrone	athrí	athríthe	22
athroinn	reapportion	athroinnt	athroinnte	77 + 84
athrómhair	redig	athrómhar	athrómhartha	61
athscag	refilter	athscagadh	athscagtha	78
athscinn	recoil	athscinneadh	athscinnte	77
athscríobh	rewrite	athscríobh	athscríofa	78 + 88
athscrúdaigh	re-examine	athscrúdú	athscrúdaithe	6
athshamhlaigh	imagine afresh	athshamhlú	athshamhlaithe	6
athshaothraigh	recultivate	athshaothrú	athshaothraithe	6
athsheachaid	replevy, relay	athsheachadadh	athsheachadta	93 + 78
athsheol	readdress	athsheoladh	athsheolta	78
athshlánaigh	rehabilitate	athshlánú	athshlánaithe	6
athshluaistrigh	reshovel	athshluaistriú	athshluaistrithe	38
athshnaidhm	reknot	a.shnaidhmeadh	athshnaidhmthe	77
athshocraigh	rearrange	athshocrú	athshocraithe	6
athsholáthraigh	replenish	athsholáthar	athsholáthraithe	6
athshon	resonate	athshonadh	athshonta	78
athshuaith	remix/shuffle	athshuaitheadh	athshuaite	18
athshúigh	reabsorb	athshú	athshúite	16 + 78
athspreag	reincite	athspreagadh	athspreagtha	78
athspréigh	respread	athspré	athspréite	66 + 78
athstóraigh	re-store	athstórú	athstóraithe	6
atíolaic	rebestow	atíolacadh	atíolactha	93 + 78
ationóil	reconvene	ationól	ationólta	93 + 78
atit	relapse	atitim	atite	39 + 108
atóg	rebuild, retake	atógáil	atógtha	78
atogh	re-elect	atoghadh	atofa	78
atosaigh	recommence	atosú	atosaithe	6 + 110
atrácht	retread	atráchtadh	atráchta	111 + 78
atreabh	replough	atreabhadh	atreafa	78
atriail	retry	atriail	atriailte	77
babhláil	bowl	babhláil	babhláilte	81
babhtáil	exchange, swap	babhtáil	babhtáilte	81
bac	hinder	bacadh	bactha	14
bácáil	bake	bácáil	bácáilte	81
bachlaigh	bud	bachlú	bachlaithe	10
badráil	bother	badráil	badráilte	81
bagair	threaten	bagairt	bagartha	20
baghcatáil	boycott	baghcatáil	baghcatáilte	81
baiceáil	back	baiceáil	baiceáilte	81
baig	bag, heap	baigeadh	baigthe	15
báigh	**drown**	**bá**	**báite**	**7**
bailc	pour down	balcann	balctha	93
bailigh	**gather, collect**	**bailiú**	**bailithe**	**8**
bain	**cut, take, win**	**baint**	**bainte**	**9**
baist	baptize, name	baisteadh	baiste	108
báistigh	rain	báisteach	báistithe	8
balbhaigh	silence	balbhú	balbhaithe	10
ballastaigh	ballast	ballastú	ballastaithe	10
ballbhasc	maim	ballbhascadh	ballbhasctha	14
balsamaigh	embalm	balsamú	balsamaithe	10
bánaigh	desert, whiten	bánú	bánaithe	10
bancáil	bank	bancáil	bancáilte	81
bannaigh	bail	bannú	bannaithe	10
baoiteáil	bait	baoiteáil	baoiteáilte	81
barántaigh	warrant	barántú	barántaithe	10

gas/fréamh stem/root	Béarla English	ainm briathartha verbal noun	aidiacht bhr. verbal adjective	briathar gaolta verb type
barr¹	top	barradh	barrtha	14
barr²	hinder	barradh	barrtha	14
barrchaolaigh	taper	barrchaolú	barrchaolaithe	10
barrdhóigh	singe	barrdhó	barrdhóite	33
barriompaigh	turn about	barriompú	barriompaithe	10
barrloisc	singe	barrloscadh	barrloiscthe	15
barúil	think	barúil	barúlta	93
básaigh	die	bású	básaithe	10
basc	bash	bascadh	basctha	14
baslaigh	baste beat	baslú	baslaithe	10
batáil	pole	batáil	batáilte	81
batráil	batter	batráil	batráilte	81
beachtaigh	correct	beachtú	beachtaithe	10
beagaigh	diminish	beagú	beagaithe	10
bealaigh	grease	bealú	bealaithe	10
béalraigh	(spread) gossip	béalrú	béalraithe	10
beangaigh	graft	beangú	beangaithe	10
beannaigh	**bless**	**beannú**	**beannaithe**	**10**
bearnaigh	breach	bearnú	bearnaithe	10
bearr	clip, trim, cut	bearradh	bearrtha	14
beartaigh	cast, decide	beartú	beartaithe	10
beathaigh	feed, nourish	beathú	beathaithe	10
beibheal	bevel	beibhealadh	beibhealta	14
béic	yell, shout	béiceadh U ag béicfigh	béicthe	15
beir	**bear, carry**	**breith**	**beirthe**	**11**
beirigh	boil	beiriú	beirithe	8
beoghearr	vivisect	beoghearradh	beoghearrtha	14
beoghoin	wound	beoghoin	beoghonta	93 cf goin
beoigh	animate	beochan	beoite	45
beophian	tantalize	beophianadh	beophianta	14
bí	**be**	**bheith**	-	**12**
biathaigh	feed	biathú	biathaithe	10
bíog	chirp	bíogadh	bíogtha	14
bior-róst	spit-roast	bior-róstadh	bior-rósta	14
bioraigh	sharpen	biorú	bioraithe	10
biotúmanaigh	bituminize	biotúmanú	biotúmanaithe	10
bisigh	improve	bisiú	bisithe	8
bladair	cajole	bladar	bladartha	20
bladhair	shout, bellow	bladhradh	bladhartha	20
bladhm	flame, flare up	bladhmadh	bladhmtha	14
blais	taste	blaiseadh	blaiste	15
blaistigh	season (food)	blaistiú	blaistithe	8
blaosc	puff, inflate	blaoscadh	blaosctha	14
blaoscrúisc	scalp	blaoscrúscadh	blaoscrúiscthe	15
blásaigh	bloom phot.	blású	blásaithe	10
bláthaigh	blossom, bloom	bláthú	bláthaithe	10
bláthnaigh	beautify, smooth	bláthnú	bláthnaithe	10
bleaisteáil	blast	bleaisteáil	bleaisteáilte	81
bligh	milk	blí	blite	76
blocáil	block	blocáil	blocáilte	81
blogh	shatter	bloghadh	bloghta	14
blosc	crack, explode	bloscadh	blosctha	14
bobáil	bob, trim	bobáil	bobáilte	81
bocáil	toss	bocáil	bocáilte	81
bochtaigh	impoverish	bochtú	bochtaithe	10
bocsáil	box	bocsáil	bocsáilte	81
bodhair	deafen	bodhradh	bodhartha	20
bodhraigh	deafen	bodhrú	bodhraithe	10
bog	**move**	**bogadh**	**bogtha**	**14**
bogaigéadaigh	acidulate	bogaigéadú	bogaigéadaithe	10
boilscigh	bulge, inflate	boilsciú	boilscithe	8
bolaigh	smell, scent	bolú	bolaithe	10
bolcáinigh	vulcanize	bolcáiniú	bolcáinithe	8
bolg	bulge	bolgadh	bolgtha	14
boltáil	bolt	boltáil	boltáilte	81
boltanaigh	smell, scent	boltanú	boltanaithe	10
bombardaigh	bombard	bombardú	bombardaithe	10
bonnaigh	walk, trot	bonnú	bonnaithe	10
borbaigh	get angry	borbú	borbaithe	10
bordáil	board	bordáil	bordáilte	81
borr	swell, increase	borradh	borrtha	14
brácáil	harrow	brácáil	brácáilte	81
bradaigh	steal, pilfer	bradú	bradaithe	10

gas/fréamh stem/root	Béarla English	ainm briathartha verbal noun	aidiacht bhr. verbal adjective	briathar gaolta verb type
braich	malt	brachadh	brachta	93
braigeáil	brag	braigeáil	braigeáilte	81
braith	feel, perceive	brath	braite	18
brandáil	brand	brandáil	brandáilte	81
brásáil	embrace	brásáil	brásáilte	81
breab	bribe	breabadh	breabtha	14
breabhsaigh	perk up	breabhsú	breabhsaithe	10
breac	speckle	breacadh	breactha	14
bréadaigh	braid	bréadú	bréadaithe	10
bréag	cajole, coax	bréagadh	bréagtha	14
bréagnaigh	contradict	bréagnú	bréagnaithe	10
bréan	pollute, putrify	bréanadh	bréanta	14
breáthaigh	beautify	breáthú	breáthaithe	10
breathnaigh	look, observe	breathnú	breathnaithe	10
bréid	patch	bréideadh	bréidte	15
breisigh	increase, add to	breisiú	breisithe	8
breithnigh	adjudge	breithniú	breithnithe	8
bréitseáil	breach, vomit	bréitseáil	bréitseáilte	81
breoigh	sicken, enfeeble	breo	breoite	45
breoslaigh	fuel	breoslú	breoslaithe	10
briog	prick, provoke	briogadh	briogtha	14
brionnaigh	forge	brionnú	brionnaithe	10
brioscaigh	crisp	brioscú	brioscaithe	10
bris	**break**	**briseadh**	**briste**	**15**
broc	mess up	brocadh	broctha	14
broic (le)	tolerate	broiceadh	broicthe	15
broicéadaigh	brocade	broicéadú	broicéadaithe	10
broid	prod, nudge	broideadh	broidte	15
bróidnigh	embroider	bróidniú	bróidnithe	8
broim	fart	bromadh	bromtha	93
bróitseáil	broach	bróitseáil	bróitseáilte	81
brón	grieve	brónadh	brónta	14
bronn, pronn U	grant, bestow	bronnadh	bronnta	14
brostaigh	hasten, urge	brostú	brostaithe	10
brúcht	belch, burp	brúchtadh	brúchta	111
brúidigh	brutalize	brúidiú	brúidithe	8
brúigh	**press**	**brú**	**brúite**	**16**
bruíon	fight, quarrel	bruíon	bruíonta	14
brúisc	crush, crunch	brúscadh	brúiscthe	15
bruiseáil	brush	bruiseáil	bruiseáilte	81
bruith	boil	bruith	bruite	18
bruithnigh	smelt	bruithniú	bruithnithe	8
buac	lixiviate	buacadh	buactha	14
buaigh	win	buachan	buaite	26
buail	hit, beat, strike	bualadh	buailte	15
buain	reap	buain	buainte	93
buair	grieve, vex	buaireamh	buartha	15
bualtaigh	smear dung on	bualtú	bualtaithe	10
buamáil	bomb	buamáil	buamáilte	81
buanaigh	perpetuate	buanú	buanaithe	10
búcláil	buckle	búcláil	búcláilte	81
buidéalaigh	bottle	buidéalú	buidéalaithe	10
buígh	yellow, tan	buíochan	buíte	22
buinnigh	shoot up, gush	buinniú	buinnithe	8
buíochasaigh	thank	buíochasú	buíochasaithe	10
búir	bellow, roar	búireach	búirthe	15
buiséad	budget	buiséadadh	buiséadta	14
bunaigh	establish	bunú	bunaithe	10
burdáil	beat, trounce	burdáil	burdáilte	81
burláil	bundle	burláil	burláilte	81
cabáil	out-argue	cabáil	cabáilte	81
cabhair	help	cabhradh	cabhartha	24
cabhraigh	help	cabhrú	cabhraithe	21
cáblaigh	cable	cáblú	cáblaithe	21
cac	shit, excrete	cac	cactha	19
cácáil	caulk	cácáil	cácáilte	81
cadhail	coil, pile	caidhleadh	caidhilte	102
caibeáil	'kib', dibble	caibeáil	caibeáilte	81
caidéalaigh	pump out	caidéalú	caidéalaithe	21
caidrigh	befriend	caidriú	caidrithe	25
caígh	weep, lament	caí	caíte	22
caighdeánaigh	standardise	caighdeánú	caighdeánaithe	21
cailcigh	calcify	cailciú	cailcithe	25
cailcínigh	calcine	cailcíniú	cailcínithe	25

gas/fréamh stem/root	Béarla English	ainm briathartha verbal noun	aidiacht bhr. verbal adjective	briathar gaolta verb type
cailg	*bite, sting*	cailgeadh	cailgthe	17
cáiligh	*qualify*	cáiliú	cáilithe	25
caill	*lose*	**cailleadh**	**caillte**	**17**
cáin	*fine, condemn*	cáineadh	cáinte	17
cainníochtaigh	*quantify*	cainníochtú	cainníochtaithe	21
cáinsigh	*scold*	cáinsiú	cáinsithe	25
caintigh	*speak, address*	caintiú	caintithe	25
caipitligh	*capitalize*	caipitliú	caipitlithe	25
cairéalaigh	*quarry*	cairéalú	cairéalaithe	21
cairtfhostaigh	*charter*	cairtfhostú	cairtfhostaithe	21
caisligh	*castle (chess)*	caisliú	caislithe	25
caisnigh	*frizz, curl*	caisniú	caisnithe	25
caith	***wear, spend, throw***	**caitheamh**	**caite**	**18**
cáith	*winnow, spray*	cáitheadh	cáite	18
cáithigh	*belittle, revile*	cáithiú	cáithithe	25
caithreáil	*tangle*	caithreáil	caithreáilte	81
caithréimigh	*triumph*	caithréimiú	caithréimithe	25
caithrigh	*reach puberty*	caithriú	caithrithe	25
caiticeasmaigh	*catechize*	caiticeasmú	caiticeasmaithe	21
calabraigh	*calibrate*	calabrú	calabraithe	21
calaigh	*berth*	calú	calaithe	21
calc	*caulk, cake*	calcadh	calctha	19
calmaigh	*strengthen*	calmú	calmaithe	21
cam	*bend, distort*	camadh	camtha	19
camhraigh	*become tainted*	camhrú	camhraithe	21
campáil	*camp*	campáil	campáilte	81
can	*sing, chant*	canadh	canta	19
cánáil	*cane*	cánáil	cánáilte	81
canálaigh	*canalize*	canálú	canálaithe	21
cancraigh	*vex, annoy*	cancrú	cancraithe	21
cannaigh	*can*	cannú	cannaithe	21
canónaigh	*canonize*	canónú	canónaithe	21
cantáil	*grab, devour*	cantáil	cantáilte	81
caoch	*dazzle, wink*	caochadh	caochta	19
caochfháithimigh	*slip-hem*	c.fháithimiú	c.fháithimithe	25
caoin	*cry, keen,*	caoineadh	caointe	28
caoithigh	*suit*	caoithiú	caoithithe	25
caolaigh	*slenderize*	caolú	caolaithe	21
caomhnaigh	*preserve*	caomhnú	caomhnaithe	21
car	*love*	carthain	cartha	19
caradaigh	*befriend*	caradú	caradaithe	21
carbólaigh	*carbolize*	carbólú	carbólaithe	21
carbónaigh	*carbonize*	carbónú	carbónaithe	21
carbraigh	*carburate*	carbrú	carbraithe	21
carcraigh	*incarcerate*	carcrú	carcraithe	21
cardáil	*card, discuss*	cardáil	cardáilte	81
carn	*heap, pile*	carnadh	carntha	19
cart	*tan, clear out*	cartadh	carta	111
cas	***twist, wind***	**casadh**	**casta**	**19**
cásaigh	*deplore*	cású	cásaithe	21
cásáil	*encase, case*	cásáil	cásáilte	81
casaoid	*complain*	casaoid	casaoidte	28
casiompaigh	*retrograde*	casiompú	casiompaithe	21
casmhúnlaigh	*spin*	casmhúnlú	casmhúnlaithe	21
catalaigh	*catalyze*	catalú	catalaithe	21
cathaigh	*battle, tempt*	cathú	cathaithe	21
ceadaigh	*permit, allow*	ceadú	ceadaithe	21
céadcheap	*invent, rough-hew*	céadcheapadh	céadcheaptha	19
céadfaigh	*sense*	céadfú	céadfaithe	21
ceadúnaigh	*license*	ceadúnú	ceadúnaithe	21
cealaigh	*cancel*	cealú	cealaithe	21
cealg	*beguile, lull*	cealgadh	cealgtha	19
ceangail	***tie, bind***	**ceangal**	**ceangailte**	**20**
ceannaigh	***buy***	**ceannach**	**ceannaithe**	**21**
céannaigh	*identify*	céannú	céannaithe	21
ceannchogain	*nibble, gnaw*	ceannchogaint	ceannchoganta	20
ceansaigh	*appease, control*	ceansú	ceansaithe	21
ceantáil	*auction*	ceantáil	ceantáilte	81
ceap	*invent, think*	ceapadh	ceaptha	19
cearnaigh	*square*	cearnú	cearnaithe	21
ceartaigh	*correct*	ceartú	ceartaithe	21
céas	*crucify, torment*	céasadh	céasta	19
céaslaigh	*paddle (boat)*	céaslú	céaslaithe	21
ceasnaigh	*complain*	ceasnú	ceasnaithe	21

gas/fréamh stem/root	Béarla English	ainm briathartha verbal noun	aidiacht bhr. verbal adjective	briathar gaolta verb type
ceil	hide, conceal	ceilt	ceilte	28
ceiliúir	warble, sing, celebrate	ceiliúradh	ceiliúrtha	93
céimnigh	step, graduate	céimniú	céimnithe	25
ceirtleáil	wind into ball	ceirtleáil	ceirtleáilte	81
ceis	grumble	ceasacht	ceiste	28
ceistigh	question	ceistiú	ceistithe	25
ciallaigh	mean, signify	ciallú	ciallaithe	21
ciap	harass, annoy	ciapadh	ciaptha	19
ciar	wax	ciaradh	ciartha	81
ciceáil	kick	ciceáil	ciceáilte	81
cigil	tickle	cigilt	cigilte	102
cimigh	make captive	cimiú	cimithe	25
cin	spring, descend	cineadh	cinte	28
cineach	devolve (jur.)	cineachadh	cineachta	19
cinn	decide, decree	cinneadh	cinnte	28
cinn	step, surpass	cinneadh	cinnte	28
cinnir	lead by the head	cinnireacht	cinneartha	59 + 102
cinntigh	make certain	cinntiú	cinntithe	25
ciondáil	ration	ciondáil	ciondáilte	81
cionroinn	apportion	cionroinnt	cionroinnte	28
ciontaigh	blame, accuse	ciontú	ciontaithe	21
cíor	comb, examine	cíoradh	cíortha	19
ciorclaigh	(en)circle	ciorclú	ciorclaithe	21
cíorláil	comb, rummage	cíorláil	cíorláilte	81
ciorraigh	cut, hack, maim	ciorrú	ciorraithe	21
cíosaigh	(pay) rent (for)	cíosú	cíosaithe	21
cis	stand on, restrain	ciseadh	ciste	28
cistigh	encyst	cistiú	cistithe	25
ciúáil	queue	ciúáil	ciúáilte	81
ciúbaigh	cube	ciúbú	ciúbaithe	21
ciúnaigh	calm, quieten	ciúnú	ciúnaithe	21
clab	devour	clabadh	clabtha	19
clabhtáil	clout	clabhtáil	clabhtáilte	81
cladáil	heap	cladáil	cladáilte	81
clag	clack, clatter	clagadh	clagtha	19
claidh	dig	claidhe	claidhte	28
clamhair	pull hair / skin off	clamhairt	clamhartha	20
clampaigh / clampáil	clamp	clampú / clampáil	clampaithe / clampáilte	21 / 81
clannaigh	procreate, plant	clannú	clannaithe	21
claochlaigh	mutate	claochlú	claochlaithe	21
claon	incline, slant	claonadh	claonta	19
claonmharaigh	mortify	claonmharú	claonmharaithe	21
cláraigh	regestir, enrol	clárú	cláraithe	21
clasaigh	channel, trench	clasú	clasaithe	21
clasaigh	coax	clasú	clasaithe	21
clasánaigh	gully (soil)	clasánú	clasánaithe	21
cleacht	practise	cleachtadh	cleachta	111
cleitigh	preen, fledge	cleitiú	cleitithe	25
cliath	harrow	cliathadh	cliata	69
cliceáil	click	cliceáil	cliceáilte	81
climir	strip milch cow	climirt	climeartha	102 + 59
cling	clink, tinkle	clingeadh	clingthe	28
clíomaigh	acclimatize	clíomú	clíomaithe	21
clip	prick, tease	clipeadh	clipthe	28
clis	jump, start(le)	cliseadh	cliste	28
clíth	copulate	clítheadh	clite	18 + 76
clóbhuail	type	clóbhualadh	clóbhuailte	buail + 17
cloch	stone	clochadh	clochta	19
clochraigh	petrify	clochrú	clochraithe	21
cló-eagraigh	compose	cló-eagrú	cló-eagraithe	21
clog	blister	clogadh	clogtha	19
clóigh	tame	cló	clóite	33
clóigh	print	cló	clóite	33
cloígh	**defeat**	**cloí**	**cloíte**	**22**
clóigh	cleave, adhere	cloí	cloíte	22
clóírínigh	chlorinate	clóíríniú	clóírínithe	25
clois = cluin	**hear**	**cloisteáil**	**cloiste**	**23**
clóscríobh	type(write)	clóscríobh	clóscríofa	19
clothaigh	praise, extol	clothú	clothaithe	21
clúdaigh	cover	clúdach	clúdaithe	21
cluich	chase, harry	cluicheadh	cluichte	28
cluicheáil	pilfer, steal	cluicheáil	cluicheáilte	81
cluimhrigh	pluck, spruce up	cluimhriú	cluimhrithe	25
cluin = clois	**hear**	**cluinstean**	**cluinte**	**23**

gas/fréamh stem/root	Béarla English	ainm briathartha verbal noun	aidiacht bhr. verbal adjective	briathar gaolta verb type
clúmhill	slander	clúmhilleadh	clúmhillte	28 + 70
clutharaigh	shelter	clutharú	clutharaithe	21
cnádaigh	smoulder	cnádú	cnádaithe	21
cnag	knock, strike	cnagadh	cnagtha	19
cnagbheirigh	parboil	cnagbheiriú	cnagbheirithe	25
cnagbhruith	parboil	cnagbhruith	cnagbhruite	18
cnaígh	gnaw, corrode	cnaí	cnaíte	22
cnámhaigh	ossify	cnámhú	cnámhaithe	21
cnámhair	suck	cnáimhreadh	cnámhartha	20
cnámhghoin	wound (to bone)	cnámhghoin	cnámhghonta	28
cnap	heap, knock	cnapadh	cnaptha	19
cnead	pant, groan	cneadach	cneadta	19
cneáigh	wound	cneá	cneáite	7
cneasaigh	cicatrize, heal	cneasú	cneasaithe	21
cniog	rap, blow, stir	cniogadh	cniogtha	19
cniotáil	knit	cniotáil	cniotáilte	81
cnuáil	lag	cnuáil	cnuáilte	81
cnuasaigh	collect, gather	cnuasach	cnuasaithe	21
cnuchair	foot (turf)	cnuchairt	cnuchartha	20
cobhsaigh	stabilize	cobhsú	cobhsaithe	21
coc	cock (hay)	cocadh	coctha	19
cocáil	cock, point	cocáil	cocáilte	81
cócaráil	cook	cócaráil	cócáilte	81
cochlaigh	enclose, cuddle	cochlú	cochlaithe	21
códaigh	codify	códú	códaithe	21
codail	**sleep**	**codladh**	**codalta**	**24**
codánaigh	fractionate	codánú	codánaithe	21
codhnaigh	master, control	codhnú	codhnaithe	21
cogain	chew, gnaw	cogaint	coganta	24
cogairsigh	marshal	cogairsiú	cogairsithe	25
coibhseanaigh	confess	coibhseanú	coibhseanaithe	21
coiceáil	goffer	coiceáil	coiceáilte	81
coigeartaigh	rectify, adjust	coigeartú	coigeartaithe	21
coigil	spare, rake fire	coigilt	coigilte	102
coigistigh	confiscate	coigistiú	coigistithe	25
coiligh	tread (cock)	coiliú	coilithe	25
coilínigh	colonize	coilíniú	coilínithe	25
coill	geld, despoil	coilleadh	coillte	17
coilltigh	afforest	coilltiú	coilltithe	25
coimeád	keep, observe	coimeád	coimeádta	19
cóimeáil	assemble	cóimeáil	cóimeáilte	81
coimhéad	watch over	coimhéad	coimhéadta	19
cóimheas	compare, collate	cóimheas	cóimheasta	19
cóimheasc	coalesce	cóimheascadh	cóimheasctha	19
cóimhiotalaigh	alloy	cóimhiotalú	cóimhiotalaithe	21
coimhthigh	estrange	coimhthiú	coimhthithe	25
coimpir	conceive	coimpeart	coimpeartha	102
coimrigh	sum up	coimriú	coimrithe	25
coinbhéartaigh	convert	coinbhéartú	coinbhéartaithe	21
coinbhéirsigh	converge	coinbhéirsiú	coinbhéirsithe	25
coincheap	conceive	coincheapadh	coincheaptha	19
coincréitigh	concrete	coincréitiú	coincréitithe	25
cóineartaigh	confirm	cóineartú	cóineartaithe	21
coinnealbháigh	excommunicate	coinnealbhá	coinnealbháite	7
coinnigh	**keep, maintain**	**coinneáil**	**coinnithe**	**25**
coinscríobh	conscript	coinscríobh	coinscríofa	19 + 88
coinsínigh	consign	coinsíniú	coinsínithe	25 + 92
coip	ferment, froth	coipeadh	coipthe	28
cóipeáil	copy	cóipeáil	cóipeáilte	81
cóipeáil	cope	cóipeáil	cóipeáilte	81
coir	tire, exhaust	cor	cortha	17
coirb	corrupt	coirbeadh	coirbthe	17
coirbéal	corbel	coirbéaladh	coirbéalta	19
cóireáil	treat (medical)	cóireáil	cóireáilte	81
coirigh	accuse	coiriú	coirithe	25
cóirigh	repair, arrange	cóiriú	cóirithe	25
coirnigh	tonsure	coirniú	coirnithe	25
coirtigh	tan, coat	coirtiú	coirtithe	25
coisc	prevent, restrain	cosc	coiscthe	28
coisigh	walk, go on foot	coisíocht	coisithe	25
coisric	bless	coisreacan	coisricthe	17
comáil	tie together	comáil	comáilte	81
comardaigh	equate	comardú	comardaithe	21
comhaill	fulfill, perform	comhall	comhallta	93

gas/fréamh stem/root	Béarla English	ainm briathartha verbal noun	aidiacht bhr. verbal adjective	briathar gaolta verb type
comhair	count, calculate	comhaireamh	comhairthe	24
comhairligh	advise, counsel	comhairliú	comhairlithe	25
cómhalartaigh	reciprocate	cómhalartú	cómhalartaithe	21
comhaontaigh	unite, agree	comhaontú	comhaontaithe	21
comhardaigh	equalise, balance	comhardú	comhardaithe	21
comharthaigh	signify, designate	comharthú	comharthaithe	21
comhathraigh	vary	comhathrú	comhathraithe	21
comhbhailigh	aggregate	comhbhailiú	comhbhailithe	25 + 8
comhbheartaigh	concert	comhbheartú	comhbheartaithe	21
comhbhrúigh	compress	comhbhrú	comhbhrúite	16
comhbhuail	strike in unison	comhbhualadh	comhbhuailte	28
comhcheangail	bind, join	comhcheangal	comhcheangailte	20
comhchlaon	converge	comhchlaonadh	comhchlaonta	19
comhchoirigh	recriminate	comhchoiriú	comhchoirithe	25
comhchruinnigh	assemble	comhchruinniú	comhchruinnithe	25
comhchuingigh	conjugate (biology)	comhchuingiú	comhchuingithe	25
comhdaigh	file	comhdú	comhdaithe	21
comhdhéan	make up	comhdhéanamh	comhdhéanta	19
comhdhearbhaigh	corroborate	comhdhearbhú	c.dhearbhaithe	21
comhdhlúthaigh	press, compact	comhdhlúthú	comhdhlúthaithe	21
comhéignigh	coerce	comhéigniú	comhéignithe	25
comhfhadaigh	justify (typography)	comhfhadú	comhfhadaithe	21
comhfháisc	compress	comhfháscadh	comhfháiscthe	28
comhfhortaigh	console	comhfhortú	comhfhortaithe	21
comhfhreagair	correspond	comhfhreagairt	comhfhreagartha	20
comhghaolaigh	correlate	comhghaolú	comhghaolaithe	21
comhghlasáil	interlock	comhghlasáil	comhghlasáilte	81
comhghléas	tune in	comhghléasadh	comhghléasta	19
comhghreamaigh	cohere	comhghreamú	c.ghreamaithe	21
comhghríosaigh	incite, agitate	comhghríosú	c.ghríosaithe	21
comhlánaigh	complete	comhlánú	comhlánaithe	21
comhleáigh	fuse (metall.)	comhleá	comhleáite	7
comhlínigh	collimate	comhlíniú	comhlínithe	25
comhlíon	fulfill	comhlíonadh	comhlíonta	19
comhoibrigh	co-operate	comhoibriú	comhoibrithe	25
comhoiriúnaigh	harmonize	comhoiriúnú	comhoiriúnaithe	21
comhordaigh	co-ordinate	comhordú	comhordaithe	21
comhordanáidigh	co-ordinate	comhordanáidiú	c.ordanáidithe	25
comhraic	encounter	comhrac	comhraicthe	28/25
comhréitigh	compromise	comhréiteach	comhréitithe	25
comhrialaigh	regulate	comhrialú	comhrialaithe	21
comhrianaigh	contour	comhrianú	comhrianaithe	21
comhshamhlaigh	assimilate	comhshamhlú	c.shamhlaithe	21
comhshínigh	countersign	comhshíniú	comhshínithe	25
comhshnaidhm	intertwine	c.shnaidhmeadh	c.shnaidhmthe	28
comhshóigh	convert	comhshó	comhshóite	33
comhshuigh	compound	comhshuí	comhshuite	97
comhthacaigh	corroborate	comhthacú	comhthacaithe	21
comhtharlaigh	coincide	comhtharlú	comhtharlaithe	21
comhtharraing	pull in unison	comhtharraingt	c.tharraingthe	104
comhtháthaigh	coalesce	comhtháthú	comhtháthaithe	21
comhthiomsaigh	associate	comhthiomsú	comhthiomsaithe	21
comhthit	coincide	comhthitim	comhthite	108
comhthiúin	tune	comhthiúnadh	comhthiúnta	93
comhthogh	co-opt	comhthoghadh	comhthofa	19
comóir	convene	comóradh	comórtha	93
comthaigh	associate	comthú	comthaithe	21
cónaigh	dwell, reside	cónaí	cónaithe	21
conáil	perish, freeze	conáil	conáilte	81
cónaisc	connect	cónascadh	cónasctha	28
conclúidigh	conclude	conclúidiú	conclúidithe	25
conducht	conduct	conduchtadh	conduchta	111
conlaigh	glean, gather	conlú	conlaithe	21
connaigh	accustom	connú	connaithe	21
conraigh	contract	conrú	conraithe	21
consaigh	miss	consú	consaithe	21
conspóid	argue, dispute	conspóid	conspóidte	28
construáil	construe	construáil	construáilte	81
cor	turn	coradh	cortha	19
corb	corrupt, deprave	corbadh	corbtha	19
corcáil	cork	corcáil	corcáilte	81
corcraigh	(die) purple	corcrú	corcraithe	21
cordaigh	cord	cordú	cordaithe	21
corn	roll, coil	cornadh	corntha	19

277

gas/fréamh stem/root	Béarla English	ainm briathartha verbal noun	aidiacht bhr. verbal adjective	briathar gaolta verb type
corónaigh	crown	corónú	corónaithe	21
corpraigh	incorporate	corprú	corpraithe	21
corracaigh	coo	corracú	corracaithe	21
corraigh	move, stir	corrú	corraithe	21
cosain	defend, cost	cosaint	cosanta	24
coscair	cut up, thaw	coscairt	coscartha	24
costáil	cost	costáil	costáilte	81
cóstáil	coast	cóstáil	cóstáilte	81
cosúlaigh	liken	cosúlú	cosúlaithe	21
cothaigh	feed, sustain	cothú	cothaithe	21
cothromaigh	level, equalize	cothromú	cothromaithe	21
crág	chelate	crágadh	crágtha	19
crágáil	claw, paw	crágáil	crágáilte	81
craiceáil	crack	craiceáil	craiceáilte	81
cráigh	vex, torment	crá	cráite	7
cráin	suck	cráineadh	cráinte	28
cráindóigh	smoulder	cráindó	cráindóite	33
crampáil	cramp	crampáil	crampáilte	81
crandaigh	stunt	crandú	crandaithe	21
cranraigh	become knotty	cranrú	cranraithe	21
craobhaigh	branch, expand	craobhú	craobhaithe	21
craobhscaoil	broadcast	c.scaoileadh	craobhscaoilte	28
craol	announce	craoladh	craolta	19
craosfholc	gargle	craosfholcadh	craosfholctha	19
crap	contract, shrink	crapadh	craptha	19
craplaigh	fetter, cripple	craplú	craplaithe	21
creach	plunder, raid	creachadh	creachta	19
créachtaigh	gash, wound	créachtú	créachtaithe	21
créam	cremate	créamadh	créamtha	19
crean	obtain, bestow	creanadh	creanta	19
creath	tremble	creathadh	creata	69
creathnaigh	tremble, quake	creathnú	creathnaithe	21
creid	believe	creidiúint	creidte	28
creidiúnaigh	accredit	creidiúnú	creidiúnaithe	21
creim	gnaw, corrode	creimeadh	creimthe	28
creimneáil	tack, baste	creimneáil	creimneáilte	81
creimseáil	nibble	creimseáil	creimseáilte	81
cré-umhaigh	bronze	cré-umhú	cré-umhaithe	21
criathraigh	sieve, winnow	criathrú	criathraithe	21
crinn	contend with	crinneadh	crinnte	28
críochaigh	demarcate	críochú	críochaithe	21
críochnaigh	finish, complete	críochnú	críochnaithe	21
críon	age, wither	críonadh	críonta	19
crioslaigh	girdle, enclose	crioslú	crioslaithe	21
criostalaigh	crystallize	criostalú	criostalaithe	21
crith	tremble, shake	crith	crite	18
crithlonraigh	shimmer	crithlonrú	crithlonraithe	21
croch	hang	crochadh	crochta	19
cróiseáil	crochet	cróiseáil	cróiseáilte	81
croith	shake	croitheadh	croite	18
crom	bend	cromadh	cromtha	19
crómchneasaigh	chrome-plate	crómchneasú	crómchneasaithe	21
crómleasaigh	chrome-tan	crómleasú	crómleasaithe	21
cronaigh /crothnaigh U	miss	cronú /crothnú	cronaithe /crothnaithe	21
crónaigh	tan, darken	crónú	crónaithe	21
cros	cross, forbid	crosadh	crosta	19
crosáil	cross	crosáil	crosáilte	81
croscheistigh	cross-question	croscheistiú	croscheistithe	25
crosghrean	cross-hatch	crosghreanadh	crosghreanta	19
crosphóraigh	cross-breed	crosphórú	crosphóraithe	21
cros-síolraigh	intercross	cros-síolrú	cros-síolraithe	21
cros-toirchigh	cross-fertilize	cros-toirchiú	cros-toirchithe	25
cruach	stack, pile	cruachadh	cruachta	19
cruaigh	**harden**	**cruachan**	**cruaite**	**26**
cruan	enamel	cruanadh	cruanta	19
cruashádráil	hard-solder	cruashádráil	cruashádráilte	81
crúbáil	claw, paw	crúbáil	crúbáilte	81
crúcáil	hook, clutch	crúcáil	crúcáilte	81
crúigh	milk	crú	crúite	16
crúigh	shoe a horse	crú	crúite	16
cruinnigh	**gather, collect**	**cruinniú**	**cruinnithe**	**27**
crústaigh	pelt	crústú	crústaithe	21
crústáil	drub, belabour	crústáil	crústáilte	81
cruthaigh	create, prove	cruthú	cruthaithe	21

gas/fréamh stem/root	Béarla English	ainm briathartha verbal noun	aidiacht bhr. verbal adjective	briathar gaolta verb type
cuach	bundle, wrap	cuachadh	cuachta	19
cuaileáil	coil	cuaileáil	cuaileáilte	81
cuailligh	stud	cuailliú	cuaillithe	25
cuar	curve	cuaradh	cuartha	19
cuardaigh Std = cuartaigh U	search search	cuardach cuartú	cuardaithe cuartaithe	21 21
cúb	coop, bend	cúbadh	cúbtha	19
cúbláil	juggle	cúbláil	cúbláilte	81
cuibhrigh	bind, fetter	cuibhriú	cuibhrithe	25
cuideachtaigh	bring together	cuideachtú	cuideachtaithe	21
cuidigh	associate, help	cuidiú	cuidithe	25
cúigleáil	cheat, embezzle	cúigleáil	cúigleáilte	81
cuileáil	discard, reject	cuileáil	cuileáilte	81
cuilteáil	quilt	cuilteáil	cuilteáilte	81
cuimhnigh	remember	cuimhniú	cuimhnithe	25
cuimil	rub	cuimilt	cuimilte	102
cuimsigh	comprehend	cuimsiú	cuimsithe	25
cuingigh	yoke, pair	cuingiú	cuingithe	25
cuingrigh	yoke, pair	cuingriú	cuingrithe	25
cúinneáil	corner	cúinneáil	cúinneáilte	81
cuir	**put, sow**	**cur**	**curtha**	**28**
cúisigh	accuse, charge	cúisiú	cúisithe	25
cuisligh	flow, pipe	cuisliú	cuislithe	25
cuisnigh	refrigerate	cuisniú	cuisnithe	25
cúitigh	compensate	cúiteamh	cúitithe	25
cúlaigh	reverse, retreat	cúlú	cúlaithe	21
cúláil	back	cúláil	cúláilte	81
cúlcheadaigh	connive	cúlcheadú	cúlcheadaithe	21
cúlchlóigh	perfect (typography)	cúlchló	cúlchlóite	33
cúléist	eavesdrop	cúléisteacht	cúléiste	39
cúlghair	revoke	cúlghairm	cúlghairthe	28
cúlghearr	back-bite	cúlghearradh	cúlghearrtha	19
cúliompaigh	turn back	cúliompú	cúliompaithe	21
cúlsleamhnaigh	backslide	cúlsleamhnú	cúlsleamhnaithe	21
cúltort	back-fire	cúltortadh	cúltorta	111
cum	compose	cumadh	cumtha	19
cumaisc	mix, blend	cumascadh	cumaiscthe	93
cumasaigh	enable	cumasú	cumasaithe	21
cumhachtaigh	empower	cumhachtú	cumhachtaithe	21
cumhdaigh	cover, protect	cumhdach	cumhdaithe	21
cumhraigh	perfume	cumhrú	cumhraithe	21
cumhsanaigh	rest, repose	cumhsanú	cumhsanaithe	21
cumhscaigh	move, stir	cumhscú	cumhscaithe	21
cúnaigh	help	cúnamh	cúnaithe	21
cúnantaigh	covenant	cúnantú	cúnantaithe	21
cúngaigh	narrow	cúngú	cúngaithe	21
cuntais	count	cuntas	cuntaiste	93
cúpláil	couple, unite	cúpláil	cúpláilte	81
cúr	chastise, scourge	cúradh	cúrtha	19
cúrsaigh	reprimand	cúrsú	cúrsaithe	21
cúrsáil	cruise, course	cúrsáil	cúrsáilte	81
dáil	allot, bestow	dáil	dálta	34
daingnigh	fortify	daingniú	daingnithe	32
dall	blind, darken	dalladh	dallta	31
dallraigh	blind, dazzle	dallrú	dallraithe	29
damascaigh	damascene	damascú	damascaithe	29
dambáil	dam	dambáil	dambáilte	81
dámh	concede, allow	dámhachtain	dáfa	31
damhain	tame, subdue	damhnadh	damhainte	lch 264/7
damhnaigh	materialize	damhnú	damhnaithe	29
damhsaigh	dance	damhsú	damhsaithe	29
damnaigh	damn	damnú	damnaithe	29
dánaigh	give, bestow	dánú	dánaithe	29
daoirsigh	raise price	daoirsiú	daoirsithe	32
daonnaigh	humanize	daonnú	daonnaithe	29
daor	enslave, condemn	daoradh	daortha	31
daorbhasc	maul severely	daorbhascadh	daorbhasctha	31
dátaigh / dátáil	date	dátú / dátáil	dátaithe / dátáilte	29/81
dath	allocate	dathadh	daite	69
dathaigh	**colour**	**dathú**	**daite**	**29**
deachaigh	decimate	deachú	deachaithe	29
deachair	differentiate	deachrú	deachraithe	24
deachtaigh	dictate, indite	deachtú	deachtaithe	29
deachúlaigh	decimalize	deachúlú	deachúlaithe	29

gas/fréamh stem/root	Béarla English	ainm briathartha verbal noun	aidiacht bhr. verbal adjective	briathar gaolta verb type
déadail	*dare*	déadladh	déadlaithe	24
déaduchtaigh	*deduce*	déaduchtú	déaduchtaithe	29
dealagáidigh	*delegate*	dealagáidiú	dealagáidithe	32
dealaigh	*part, differentiate*	dealú	dealaithe	29
dealbhaigh	*impoverish*	dealbhú	dealbhaithe	29
dealbhaigh	*sculpt, fashion*	dealbhú	dealbhaithe	29
dealraigh	*shine, illuminate*	dealramh	dealraithe	29
déan	*do, make*	**déanamh**	**déanta**	**30**
deann	*colour, paint*	deannadh	deannta	31
dear	*design, draw*	dearadh	deartha	31
dear	*renounce*	dearadh	deartha	31
dearbhaigh	*confirm*	dearbhú	dearbhaithe	29
dearbháil	*test, check*	dearbháil	dearbháilte	81
dearbhasc	*affirm*	dearbhascadh	dearbhasctha	31
dearc	*look*	dearcadh	dearctha	31
dearg	*redden, light*	deargadh	deargtha	31
dearlaic	*grant, bestow*	dearlacadh	dearlaicthe	93
dearmad	*forget*	dearmad	dearmadta	31
dearnáil	*darn*	dearnáil	dearnáilte	81
dearóiligh	*debase*	dearóiliú	dearóilithe	32
dearscnaigh	*excel, transcend*	dearscnú	dearscnaithe	29
deasaigh	*dress, prepare*	deasú	deasaithe	29
deasc	*precipitate*	deascadh	deasctha	31
deataigh	*smoke*	deatú	deataithe	29
deifnídigh	*define*	deifnídiú	deifnídithe	32
deifrigh	*hurry, hasten*	deifriú	deifrithe	32
deighil	*separate*	deighilt	deighilte	102
deil	*turn on lathe*	deileadh	deilte	34
deilbhigh	*frame, fashion*	deilbhiú	deilbhithe	32
déileáil	*deal*	déileáil	déileáilte	81
deimhneasc	*aver (jur.)*	deimhneascadh	deimhneasctha	31
deimhnigh	*certify, assure*	deimhniú	deimhnithe	32
deisigh	*mend, repair*	deisiú	deisithe	32
deoch	*immerse, cover*	deochadh	deochta	31
deonaigh	*grant*	deonú	deonaithe	29
déroinn	*bisect*	déroinnt	déroinnte	34 + 84
dí-adhlaic	*disinter, exhume*	dí-adhlacadh	dí-adhlactha	93
dí-agair	*non-suit (jur.)*	dí-agairt	dí-agartha	24
dí-armáil	*disarm*	dí-armáil	dí-armáilte	81
dí-eaglaisigh	*secularize*	dí-eaglaisiú	dí-eaglaisithe	32
dí-ocsaídigh	*deoxidize*	dí-ocsaídiú	dí-ocsaídithe	32
dí-ocsaiginigh	*deoxygenate*	dí-ocsaiginiú	dí-ocsaiginithe	32
dí-oighrigh	*de-ice*	dí-oighriú	dí-oighrithe	32
dí-shainoidhrigh	*disentail*	dí-shainoidhriú	dí-shainoidhrithe	32
diagaigh	*deify*	diagú	diagaithe	29
diailigh	*dial*	diailiú	diailithe	32
diall	*incline, decline*	dialladh	diallta	31
diamhaslaigh	*blaspheme*	diamhaslú	diamhaslaithe	29
diamhraigh	*darken, obscure*	diamhrú	diamhraithe	29
dianaigh	*intensify*	dianú	dianaithe	29
dianscaoil	*decompose*	dianscaoileadh	dianscaoilte	34
diansir	*importune*	diansireadh	diansirthe	34
diasraigh	*glean*	diasrú	diasraithe	29
díbh	*dismiss*	díbheadh	dífe	34
díbharraigh	*disbar*	díbharrú	díbharraithe	29
dibhéirsigh	*diverge*	dibhéirsiú	dibhéirsithe	32
díbholaigh	*deodorize*	díbholú	díbholaithe	29
díbholg	*deflate*	díbholgadh	díbholgtha	31
díbhunaigh	*disestablish*	díbhunú	díbhunaithe	29
díbir	*banish, exile*	díbirt	díbeartha	102
díbligh	*debilitate*	díbliú	díblithe	32
dícháiligh	*disqualify*	dícháiliú	dícháilithe	32
dícharbónaigh	*decarbonize*	dícharbónú	dícharbónaithe	29
dícheadaigh	*disallow*	dícheadú	dícheadaithe	29
dícheangail	*untie, detach*	dícheangal	dícheangailte	20
dícheann	*behead*	dícheannadh	dícheannta	31
/ dícheannaigh	*behead*	/ dícheannú	/ dícheannaithe	/ 29
dícheil	*conceal, secrete*	dícheilt	dícheilte	34
díchnámhaigh	*bone, fillet*	díchnámhú	díchnámhaithe	29
díchódaigh	*decode*	díchódú	díchódaithe	29
díchóimeáil	*dismantle*	díchóimeáil	díchóimeáilte	81
díchoisric	*deconsecrate*	díchoisreacan	díchoisricthe	34
díchollaigh	*disembody*	díchollú	díchollaithe	29
díchónasc	*disconnect*	díchónascadh	díchónasctha	31

280

gas/fréamh stem/root	Béarla English	ainm briathartha verbal noun	aidiacht bhr. verbal adjective	briathar gaolta verb type
díchorn	unwind	díchornadh	díchornta	31
díchorónaigh	dethrone	díchorónú	díchorónaithe	29
díchreid	disbelieve	díchreidiúint	díchreidte	34
díchreidiúnaigh	discredit	díchreidiúnú	díchreidiúnaithe	29
díchruthaigh	disprove	díchruthú	díchruthaithe	29
díchuir	expel, eject	díchur	díchurtha	34, 28
díchum	deform, distort	díchumadh	díchumtha	31
dídhaoinigh	depopulate	dídhaoiniú	dídhaoinithe	32
dífháisc	decompress	dífháscadh	dífháiscthe	34
dífhéaraigh	depasture	dífhéarú	dífhéaraithe	29
dífhoraoisigh	deforest	dífhoraoisiú	dífhoraoisithe	32
dífhostaigh	disemploy	dífhostú	dífhostaithe	29
difreáil	differentiate	difreáil	difreáilte	81
difrigh	differ, dissent	difriú	difrithe	32
díghalraigh	disinfect	díghalrú	díghalraithe	29
díghreamaigh	unstick	díghreamú	díghreamaithe	29
díhiodráitigh	dehydrate	díhiodráitiú	díhiodráitithe	32
díláithrigh	displace	díláithriú	díláithrithe	32
díláraigh	decentralize	dílárú	díláraithe	29
díleáigh	dissolve, digest	díleá	díleáite	7
díligh	deluge	díliú	dílithe	32
dílódáil	unload	dílódáil	dílódáilte	81
dílsigh	vest, pledge	dílsiú	dílsithe	32
díluacháil	devalue	díluacháil	díluacháilte	81
díluchtaigh	discharge, unload	díluchtú	díluchtaithe	29
dímhaighnéadaigh	demagnetize	dímhaighnéadú	dimhaigh	29
dímhignigh	condemn	dímhigniú	-néadaithe	32
dímhíleataigh	demilitarize	dímhíleatú	dímhignithe	29
dímhol	dispraise	dímholadh	dímhíleataithe	31+73
dímhonaigh	demonetize	dímhonú	dímholta	29
dínádúraigh	denature	dínádúrú	dímhonaithe	29
dínáisiúnaigh	denationalize	dínáisiúnú	dínáisiúnaithe	29
dínasc	disconnect	dínascadh	-	31
díneartaigh	enfeeble	díneartú	dínasctha	29
ding	dint, wedge	dingeadh	díneartaithe	34
ding	wedge	dingeadh	dingthe	34
dínítriginigh	denitrify	dínítriginiú	dingthe	32
díobh	extinguish	díobhadh	dínítriginithe	31
díobháil	injure, harm	díobháil	díofa	81
díochlaon	decline	díochlaonadh	díobháilte	31
diogáil	dock, trim	diogáil	díochlaonta	81
díoghail	avenge, punish	díoghail	díoghailte	lch 264/7
díol	**sell**	**díol**	**díolta**	**31**
díolaim	compile, glean	díolaim	díolaimthe	49/34
díolmhaigh	exempt	díolmhú	díolmhaithe	29
díolmhainigh	free, exempt	díolmhainiú	díolmhainithe	32
diomail	waste, squander	diomailt	diomailte	24
díon	protect, shelter	díonadh	díonta	31
diongaibh	ward off, repel	diongbháil	diongbháilte	lch 264/7
díorthaigh	derive	díorthú	díorthaithe	29
diosc	dissect	dioscadh	diosctha	31
díosc	creak, grate	díoscadh	díosctha	31
díoscarnaigh	creak, grind	díoscarnach	díoscarnaithe	29
díospóid	dispute	díospóid	díospóidte	34
díotáil	indict	díotáil	díotáilte	81
díotáil	progress	díotáil	díotáilte	81
díotchúisigh	arraign	díotchúisiú	díotchúisíthe	32
díothaigh	destroy	díothú	díothaithe	29
dipeáil	dip	dipeáil	dipeáilte	81
díphacáil	unpack	díphacáil	díphacáilte	81
dípholaraigh	depolarize	dípholarú	dípholaraithe	29
díraon	diffract	díraonadh	díraonta	31
dírátaigh	derate	dírátú	dírátaithe	29
díréitigh	disarrange	díréitiú	díréitithe	32
díreoigh	defrost	díreo	díreoite	45
dírigh	**straighten**	**díriú**	**dírithe**	**32**
díscaoil	unloose, disperse	díscaoileadh	díscaoilte	34
díscigh	dry up, drain	dísciú	díscithe	32
díscoir	unloose	díscor	díscortha	34
díscríobh	write off	díscríobh	díscríofa	31+88
díshamhlaigh	dissimilate	díshamhlú	díshamhlaithe	29
díshealbhaigh	dispossess, evict	díshealbhú	díshealbhaithe	29
díshioc	defrost	díshioc	díshioctha	31
díshlóg	demobilize	díshlógadh	díshlógtha	31

gas/fréamh stem/root	Béarla English	ainm briathartha verbal noun	aidiacht bhr. verbal adjective	briathar gaolta verb type
díshraith	derate	díshraitheadh	díshraite	18
díshrian	decontrol	díshrianadh	díshrianta	31
dísigh	pair	dísiú	dísithe	32
dísligh	dice	dísliú	díslithe	32
díspeag	despise, belittle	díspeagadh	díspeagtha	31
díthiomsaigh	dissociate	díthiomsú	díthiomsaithe	29
dithneasaigh	hasten, hurry	dithneasú	dithneasaithe	29
díthochrais	unwind	díthochras	díthochraiste	34
díthruailligh	decontaminate	díthruailliú	díthruaillithe	32
diúg	drain, suck	diúgadh	diúgtha	31
diúl	suck	diúl	diúlta	31
diúltaigh / diúlt	refuse	diúltú / diúltadh	diúltaithe / diúlta	29 / 111
diúraic	cast, project	diúracadh	diúractha	93
diurnaigh	drain, swallow	diurnú	diurnaithe	29
/diurn/ diurnáil		diurnadh/diurnáil	diurnta/diurnáithe	/31/81
diúscair	dispose of	diúscairt	diúscartha	24
dlaoithigh	tress (hair)	dlaoithiú	dlaoithithe	32
dligh	be entitled to	dlí	dlite	76
dlisteanaigh	legitimate	dlisteanú	dlisteanaithe	29
dluigh	cleave, divide	dluí	dluite	97
dlúthaigh	compact	dlúthú	dlúthaithe	29
dochraigh	harm, prejudice	dochrú	dochraithe	29
docht	tighten, bind	dochtadh	dochta	111
dóibeáil	daub	dóibeáil	dóibeáilte	81
doicheallaigh	be unwilling	doicheallú	doicheallaithe	29
dóigh	*burn*	**dó**	**dóite**	**33**
doilbh	form, fabricate	doilbheadh	doilfe	34
doiléirigh	darken	doiléiriú	doiléirithe	32
doimhnigh	obscure	doimhniú	doimhnithe	32
doir	bull	dor	dortha	34
doirt	spill, pour	doirteadh	doirte	108
dol	loop, net	doladh	dolta	31
domheanmnaigh	dispirit	domheanmnú	domheanmnaithe	29
donaigh	aggravate	donú	donaithe	29
donnaigh	brown, tan	donnú	donnaithe	29
dópáil	dope	dópáil	dópáilte	81
dorchaigh	darken	dorchú	dorchaithe	29
dord	hum, buzz	dordadh	dordta	31
dornáil	fist, box	dornáil	dornáilte	81
draenáil	(dig) drain	draenáil	draenáilte	81
drámaigh	dramatize	drámú	drámaithe	29
dramhail	trample	dramhailt	dramhailte	24
drann	grin, snarl	drannadh	drannta	31
drantaigh	snarl, growl	drantú	drantaithe	29
draoibeáil	besplatter	draoibeáil	draoibeáilte	81
dreach	make up	dreachadh	dreachta	31
dréachtaigh	draft	dréachtú	dréachtaithe	29
dreap	climb	dreapadh	dreaptha	31
dreasaigh	incite, urge on	dreasú	dreasaithe	29
dreideáil	dredge	dreideáil	dreideáilte	81
dréim	climb, ascend	dréim	dréimthe	34
dreoigh	decompose	dreo	dreoite	45
driog	distil	driogadh	driogtha	31
drithligh	sparkle, glitter	drithliú	drithlithe	32
droimscríobh	endorse	droimscríobh	droimscríofa	31 + 88
drugáil	drug	drugáil	drugáilte	81
druid	*close, shut*	**druidim (drud)**	**druidte**	**34**
druileáil	drill	druileáil	druileáilte	81
duaithnigh	obscure	duaithniú	duaithnithe	32
dual	twine, braid	dualadh	dualta	31
dúbail	double	dúbailt	dúbailte	24
dubhaigh	blacken, darken	dúchan	dubhaithe	29
dúbláil	second distil	dúbláil	dúbláilte	81
duilligh	foliate	duilliú	duillithe	32
dúisigh	*(a)wake, arouse*	**dúiseacht**	**dúisithe**	**35**
dúlaigh	desire	dúlú	dúlaithe	29
dúloisc	char	dúloscadh	dúloiscthe	34
dúmhál	blackmail	dúmháladh	dúmhálta	31
dumpáil	dump	dumpáil	dumpáilte	81
dún	*close, shut*	**dúnadh**	**dúnta**	**36**
dúnmharaigh	murder	dúnmharú	dúnmharaithe	29 + 68
durdáil	coo	durdáil	durdáilte	81
dustáil	dust	dustáil	dustáilte	81
eachtraigh	set forth	eachtrú	eachtraithe	37

gas/fréamh stem/root	Béarla English	ainm briathartha verbal noun	aidiacht bhr. verbal adjective	briathar gaolta verb type
eachtraigh	relate, narrate	eachtraí	eachtraithe	37
éadaigh	clothe	éadú	éadaithe	37
eadarbhuasaigh	flutter, soar	eadarbhuasú	eadarbhuasaithe	37
éadlúthaigh	rarefy	éadlúthú	éadlúthaithe	37
eadóirsigh	naturalize	eadóirsiú	eadóirsithe	38
eadránaigh	arbitrate	eadránú	eadránaithe	37
éadromaigh	lighten	éadromú	éadromaithe	37
éaduchtaigh	educe	éaduchtú	éaduchtaithe	37
éag	die (out)	éag/éagadh	éagtha	78
éagaoin	moan, lament	éagaoineadh	éagaointe	77
eaglaigh	fear	eaglú	eaglaithe	37
eagnaigh	grow wise	eagnú	eagnaithe	37
éagnaigh	complain	éagnach	éagnaithe	37
éagóirigh / éagóir	wrong	éagóiriú / éagóireadh	éagóirithe / éagóirthe	38 / 77
éagothromaigh	unbalance	éagothromú	éagothromaithe	37
eagraigh	**organize**	**eagrú**	**eagraithe**	**37**
éagsúlaigh	diversify	éagsúlú	éagsúlaithe	37
éagumasaigh	incapicitate	éagumasú	éagumasaithe	37
éalaigh	escape, elude	éalú	éalaithe	37
eamhnaigh	double, sprout	eamhnú	eamhnaithe	37
eangaigh	notch, indent	eangú	eangaithe	37
éar	refuse	éaradh	éartha	78
earb	(en)trust	earbadh	earbtha	78
earcaigh	recruit	earcú	earcaithe	37
earrachaigh	vernalize	earrachú	earrachaithe	37
easáitigh	displace	easáitiú	easáitithe	38
easanálaigh	exhale	easanálú	easanálaithe	37
easaontaigh	disagree	easaontú	easaontaithe	37
easbhrúigh	thrust out	easbhrú	easbhrúite	16
éascaigh	facilitate	éascú	éascaithe	37
eascainigh	curse, swear	eascaíní	eascainithe	38
eascair	spring, sprout	eascairt	eascartha	61
eascoiteannaigh	ostracize	eascoiteannú	eascoiteannaithe	37
easlánaigh	become sick	easlánú	easlánaithe	37
easmail	reproach, abuse	easmailt	easmailte	93
easonóraigh	dishonour	easonórú	easonóraithe	37
easpórtáil	export	easpórtáil	easpórtáilte	81
easraigh	litter, strew	easrú	easraithe	37
eibligh	emulsify	eibliú	eiblithe	38
éidigh	dress, clothe	éidiú	éidithe	38
éigh	cry out, scream	éamh	éite	66
éigiontaigh	acquit, absolve	éigiontú	éigiontaithe	37
éignigh	compel, violate	éigniú	éignithe	38
éiligh	claim, complain	éileamh	éilithe	38
éilligh	corrupt, defile	éilliú	éillithe	38
éimigh	refuse, deny	éimiú	éimithe	38
éinirtigh	enfeeble	éinirtiú	éinirtithe	38
éirigh	**rise**	**éirí**	**éirithe**	**38**
éirnigh	dispense	éirniú	éirnithe	38
eis	exist	eiseadh	eiste	77
eisc	excise	eisceadh	eiscthe	77
eiscrigh	form ridges	eiscriú	eiscrithe	38
eiscríobh	escribe	eiscríobh	eiscríofa	78 + 88
eiseachaid	extradite	eiseachadadh	eiseachadta	93
eiseamláirigh	exemplify	eiseamláiriú	eiseamláirithe	38
eiséat	escheat	eiséatadh	eiséata	5
eisfhear	excrete	eisfhearadh	eisfheartha	78
eisiacht	eject	eisiachtain	eisiachta	5
eisiaigh	exclude	eisiamh	eisiata	26
eisigh	issue	eisiúint	eisithe	38
eisil	flow out	eisileadh	eisilte	77
eisleath	effuse	eisleathadh	eisleata	69
eislig	egest	eisligean	eisligthe	77
eispéirigh	experience	eispéiriú	eispéirithe	38
eisreachtaigh	proscribe, ban	eisreachtú	eisreachtaithe	37
eisréidh	disperse	eisréadh	eisréite	66
eisréimnigh	diverge	eisréimniú	eisréimnithe	38
éist	**listen**	**éisteacht**	**éiste**	**39**
eistearaigh	esterify	eistearú	eistearaithe	37
eistréat	estreat	eistréatadh	eistréata	5
eitigh	refuse	eiteach	eitithe	38
eitil	fly	eitilt	eitilte	59
eitrigh	furrow, groove	eitríú	eitrithe	38
eitseáil	etch	eitseáil	eitseáilte	81

gas/fréamh stem/root	Béarla English	ainm briathartha verbal noun	aidiacht bhr. verbal adjective	briathar gaolta verb type
fabhraigh	develop, form	fabhrú	fabhraithe	46
fabhraigh	favour	fabhrú	fabhraithe	46
fachtóirigh	factorize	fachtóiriú	fachtóirithe	50
fadaigh	kindle	fadú	fadaithe	46
fadaigh	lengthen	fadú	fadaithe	46
fadhbh	spoil, strip	fadhbhadh	faofa	43
fág	**leave**	**fágáil**	**fágtha**	**40**
faghair	fire, incite	faghairt	faghartha	51
faichill	be careful of	faichill	faichillte	47
faigh	**get**	**fáil**	**faighte**	**41**
failligh	neglect, omit	failliú	faillithe	50
failp	whip, strike	failpeadh	failpthe	47
fáiltigh	rejoice, welcome	fáiltiú	fáiltithe	50
fáinnigh	ring, encircle	fáinniú	fáinnithe	50
fair	watch, wake	faire	fairthe	47
fáir	roost	fáireadh	fáirthe	47
fairsingigh	widen, extend	fairsingiú	fairsingithe	50
fáisc	wring, squeeze	fáscadh	fáiscthe	47
faisnéis	recount, inquire	faisnéis	faisnéiste	47
fáistinigh	prophesy	fáistiniú	fáistinithe	50
fálaigh	fence, enclose	fálú	fálaithe	46
fallaingigh	drape	fallaingiú	fallaingithe	50
falsaigh	falsify	falsú	falsaithe	46
fan	**wait, stay**	**fanacht**	**fanta**	**42**
fánaigh	disperse	fánú	fánaithe	46
fannaigh	weaken	fannú	fannaithe	46
faobhraigh	sharpen, whet	faobhrú	faobhraithe	46
faoileáil	wheel, spin	faoileáil	faoileáilte	81
faoisc	shell, parboil	faoisceadh	faoiscthe	47
faomh	accept, agree to	faomhadh	faofa	43
faon / faonaigh	lay flat	faonadh / faonú	faonta / faonaithe	43 / 46
fás	**grow**	**fás**	**fásta**	**43**
fásaigh	lay watse, empty	fású	fásaithe	46
fáthmheas	diagnose	fáthmheas	fáthmheasta	43
feabhsaigh	improve	feabhsú	feabhsaithe	46
feac	bend	feac	feactha	43
féach	look, try	féachaint	féachta	43
féad	be able to	féadachtáil	féadta	43
feagánaigh	chase, hunt	feagánú	feagánaithe	46
feáigh	fathom	feá	feáite	7
feall	betray	fealladh	feallta	43
feallmharaigh	assassinate	feallmharú	feallmharaithe	46 + 68
feamnaigh	apply seaweed	feamnú	feamnaithe	46
feann	skin, flay	feannadh	feannta	43
fear	pour, grant	fearadh	feartha	43
fearastaigh	equip, furnish	fearastú	fearastaithe	46
feargaigh	anger, irritate	feargú	feargaithe	46
féastaigh	feast	féastú	féastaithe	46
feic	**see**	**feiscint /feiceáil U**	**feicthe**	**44**
féichiúnaigh	debit	féichiúnú	féichiúnaithe	46
feidhligh	endure	feidhliú	feidhlithe	50
feidhmigh	function, act	feidhmiú	feidhmithe	50
feighil	watch, tend	feighil	feighilte	59
feil	suit	feiliúint	feilte	47
feiltigh	felt	feiltiú	feiltithe	50
féinphailnigh	self-pollinate	féinphailniú	féinphailnithe	50
feir	house (carpentry)	feireadh	feirthe	47
feistigh	adjust, moor	feistiú	feistithe	50
feith	observe, wait	feitheamh	feite	47 + 18
féithigh	calm, smooth	féithiú	féithithe	50
feochraigh	become angry	feochrú	feochraithe	46
feoigh	**wither**	**feo**	**feoite**	**45**
fiach	hunt, chase	fiach	fiachta	43
fiafraigh	**ask, inquire**	**fiafraí**	**fiafraithe**	**46**
fialaigh	veil, screen	fialú	fialaithe	46
fianaigh	attest, testify	fianú	fianaithe	46
fiar	slant, veer	fiaradh	fiartha	43
figh	weave	fí	fite	76
fill = pill U	**return, turn up**	**filleadh, pilleadh U**	**fillte, pillte U**	**47**
filléadaigh	fillet	filléadú	filléadaithe	46
fíneáil	fine	fíneáil	fíneáilte	81
fínigh	decay	fíniú	fínithe	50
fionn	whiten	fionnadh	fionnta	43
fionn	ascertain	fionnadh	fionnta	43

gas/fréamh stem/root	Béarla English	ainm briathartha verbal noun	aidiacht bhr. verbal adjective	briathar gaolta verb type
fionnuaraigh	cool, freshen	fionnuarú	fionnuaraithe	46
fionraigh	wait, suspend	fionraí	fionraithe	46
fíoraigh	figure, outline	fíorú	fíoraithe	46
fíoraigh	verify	fíorú	fíoraithe	46
fíordheimhnigh	authenticate	fíordheimhniú	fíordheimhnithe	50
fiosaigh	know	fiosú	fiosaithe	46
fiosraigh	investigate	fiosrú	fiosraithe	46
fírinnigh	justify	fírinniú	fírinnithe	50
fithisigh	orbit	fithisiú	fithisithe	50
fiuch	boil	fiuchadh	fiuchta	43
fleadhaigh	feast, carouse	fleadhú	fleadhaithe	46
flípeáil	trounce	flípeáil	flípeáilte	81
fliuch	**wet**	**fliuchadh**	**fliuchta**	**48**
flosc	excite	floscadh	flosctha	48
fluairídigh	flouridate	fluairídiú	fluairídithe	48+50
flúirsigh	make abundant	flúirsiú	flúirsithe	48+50
fo-eagraigh	sub-edit	fo-eagrú	fo-eagraithe	46
fo-ghlac	subsume	fo-ghlacadh	fo-ghlactha	43
fo-ordaigh	subordinate	fo-ordú	fo-ordaithe	46+79
fo-rangaigh	subclassify	fo-rangú	fo-rangaithe	46
fóbair	fall upon, attack	fóbairt	fóbartha	80
fócasaigh	focus	fócasú	fócasaithe	46
fócht	ask, inquire	fóchtadh	fóchta	5
fódaigh	bank with sods	fódú	fódaithe	46
fodháil	distribute	fodháileadh	fodháilte	47
fofhostaigh	sub-employ	fofhostú	fofhostaithe	46
fógair	announce	fógairt	fógartha	51
foghlaigh	plunder	foghlú	foghlaithe	46
foghlaim	**learn, teach**	**foghlaim**	**foghlamtha**	**49**
foghraigh	pronounce	foghrú	foghraithe	46
foighnigh	have patience	foighneamh	foighnithe	50
foilseán	exhibit	foilseánadh	foilseánta	43
foilsigh	**publish**	**foilsiú**	**foilsithe**	**50**
fóin	serve, be of use	fónamh	fónta	93
foinsigh	spring forth	foinsiú	foinsithe	50
fóir	help, suit	fóirithint	fóirthe	47
foirb	knurl	foirbeadh	foirbthe	47
foirceann	terminate	foirceannadh	foirceanta	43
foirfigh	perfect, mature	foirfiú	foirfithe	50
foirgnigh	construct	foirgniú	foirgnithe	50
fóirigh	face, clamp	fóiriú	fóirithe	50
foirmigh	form, take shape	foirmiú	foirmithe	50
foithnigh	shelter	foithniú	foithnithe	50
fol	moult	foladh	folta	43
folaigh	hide conceal	folú	folaithe	46
folc	bath, wash	folcadh	folctha	43
folean	follow	foleanúint	foleanta	43
folig	sublet	foligean	foligthe	47+67
folíon	supplement	folíonadh	folíonta	43
follúnaigh	rule, sustain	follúnú	follúnaithe	46
folmhaigh	empty, evacuate	folmhú	folmhaithe	46
foloisc	scorch, singe	foloscadh	foloiscthe	47
fómhais	tax	fómhas	fómhasta	93
fonsaigh	hoop, gird	fonsú	fonsaithe	46
foráil	command, urge	foráil	foráilte	81
forasaigh	ground	forasú	forasaithe	46
forbair	develop	forbairt	forbartha	51
forbheirigh	boil over	forbheiriú	forbheirithe	50
forcáil	fork	forcáil	forcáilte	81
forchéimnigh	proceed	forchéimniú	forchéimnithe	50
forchlóigh	overprint	forchló	forchlóite	33
forchneasaigh	cicatrize	forchneasú	forchneasaithe	46
forchoimeád	reserve (jur.)	forchoimeád	forchoimeádta	43
forchoimhéad	watch, guard	forchoimhéad	forchoimhéadta	43
forchuimil	rub together	forchuimilt	forchuimilte	59
fordhearg	redden	fordheargadh	fordheargtha	43
fordhing	press, thrust	fordhingeadh	fordhingthe	47
fordhóigh	scorch, singe	fordhó	fordhóite	33
fordhubhaigh	darken, obscure	fordhúchan	fordhubhaithe	46
foréignigh	force, compel	foréigniú	foréignithe	50
foréiligh	request	foréileamh	foréilithe	50
forfhill	overfold	forfhilleadh	forfhillte	47
forfhuaraigh	supercool	forfhuarú	forfhuaraithe	46
forghabh	seize, usurp	forghabháil	forghafa	43

gas/fréamh stem/root	Béarla English	ainm briathartha verbal noun	aidiacht bhr. verbal adjective	briathar gaolta verb type
forghair	convoke	forghairm	forghairthe	47
forghéill	forfeit	forghéilleadh	forghéillte	47+53
forghníomhaigh	execute (jur.)	forghníomhú	forghníomhaithe	46
forghoin	wound severly	forghoin	forghonta	47
forghrádaigh	pro-grade	forghrádú	forghrádaithe	46
foriaigh	close, fasten	foriamh	foriata	45+7
forlámhaigh	dominate	forlámhú	forlámhaithe	46
forleag	overlay	forleagan	forleagtha	43
forléas	demise	forléasadh	forléasta	43
forleath	broadcast	forleathadh	forleata	69
forleathnaigh	extend, expand	forleathnú	forleathnaithe	46
forléirigh	construe	forléiriú	forléirithe	50
forlíon	overfill	forlíonadh	forlíonta	43
forloisc	enkindle, sear	forloscadh	forloiscthe	47
forluigh	overlap	forluí	forluite	97
formhéadaigh	magnify	formhéadú	formhéadaithe	46
formheas	approve	formheas	formheasta	43
formhol	extol, eulogize	formholadh	formholta	43
formhúch	smother, stifle	formhúchadh	formhúchta	43
formhuinigh	endorse	formhuiniú	formhuinithe	50
forógair	forewarn	forógairt	forógartha	51
foroinn	subdivide	foroinnt	foroinnte	47+84
forordaigh	pre-ordain	forordú	forordaithe	46+79
fórsáil	force	fórsáil	fórsáilte	79
forscaoil	loose, release	forscaoileadh	forscaoilte	47+87
forsceith	overflow	forsceitheadh	forsceite	47+18
forshuigh	super(im)pose	forshuí	forshuite	97
fortaigh	aid, succour	fortacht	fortaithe	46
forthacht	half-choke	forthachtadh	forthachta	5
forthairg	tender	forthairiscint	forthairgthe	47
forthéigh	super-heat	forthéamh	forthéite	66
foruaisligh	ennoble, exalt	foruaisliú	foruaislithe	50
forualaigh	overload	forualú	forualaithe	46
fosaigh	steady, stabilize	fosú	fosaithe	46
foscain	winnow	foscnamh	foscnafa	93+47
foscríobh	subscribe	foscríobhadh	foscríofa	43+88
fostaigh	employ	fostú	fostaithe	46
fothaigh	found/establish	fothú	fothaithe	46
fothainigh	shelter, screen	fothainiú	fothainithe	50
fothraig	bathe, dip	fothragadh	fothragtha	93+43
frainceáil	frank	frainceáil	frainceáilte	81
frámaigh	frame	frámú	frámaithe	46
frapáil	prop	frapáil	frapáilte	81
frasaigh	shower	frasú	frasaithe	46
freagair	**answer**	**freagairt**	**freagartha**	**51**
fréamhaigh	root	fréamhú	fréamhaithe	46
freang	wrench, contort	freangadh	freangtha	43
freasaigh	react	freasú	freasaithe	46
freaschuir	reverse	freaschur	freaschurtha	47+28
freastail	**attend**	**freastal**	**freastailte**	**52**
frioch	fry	friochadh	friochta	43
friotaigh	resist	friotú	friotaithe	46
friotháil	attend, minister	friotháil	friotháilte	81
frisnéis	refute, rebut	frisnéis	frisnéiste	47
fritháirigh	set off (book-k)	fritháireamh	fritháirithe	50
frithbheartaigh	counteract	frithbheartú	frithbheartaithe	46
frithbhuail	recoil	frithbhualadh	frithbhuailte	47
frithchaith	reflect	frithchaitheamh	frithchaite	43+18
frithéiligh	counter-claim	frithéileamh	frithéilithe	50
frithgheall	underwrite	frithghealladh	frithgheallta	43
frithghníomhaigh	react	frithghníomhú	f.ghníomhaithe	46
frithingigh	reciprocate	frithingiú	frithingithe	50
frithionsaigh	counter-attack	frithionsaí	frithionsaithe	46
frithmháirseáil	countermarch	frithmháirseáil	f.mháirseáilte	81
frithráigh	contradict	frithrá	frithráite	7
frithsheiptigh	anticepticize	frithsheiptiú	frithsheiptithe	50
frithsheol	reverse	frithsheoladh	frithsheolta	43
frithshuigh	set against	frithshuí	frithshuite	97
frithspréigh	reverberate	frithspré	frithspréite	66
fruiligh	engage, hire	fruiliú	fruilithe	50
fuadaigh	abduct, kidnap	fuadach	fuadaithe	46
fuaidrigh	stray, suspend	fuaidreamh	fuaidrithe	50
fuaigh	sew, bind	fuáil	fuaite	26
fuaimnigh	pronounce	fuaimniú	fuaimnithe	50

gas/fréamh stem/root	Béarla English	ainm briathartha verbal noun	aidiacht bhr. verbal adjective	briathar gaolta verb type
fuaraigh	cool, chill	fuarú	fuaraithe	46
fuascail	deliver, solve	fuascailt	fuascailte	51+80
fuathaigh	hate	fuathú	fuathaithe	46
fuighill	utter, pronounce	fuigheall	fuighillte	Ich 264/7
fuiligh	(cause to) bleed	fuiliú	fuilithe	50
fuill	add to, increase	fuilleamh	fuillte	47
fuin	cook, knead	fuineadh	fuinte	47
fuin	set (of sun)	fuineadh	fuinte	47
fuinnmhigh	energize	fuinnmhiú	fuinnmhithe	50
fuipeáil	whip	fuipeáil	fuipeáilte	81
fuirigh	wait, delay	fuireach(t)	fuirithe	50
fuirs	harrow	fuirseadh	fuirste	47
/fuirsigh	harrow	fuirsiú	fuirsithe	/50
fulaing	suffer, endure	fulaingt	fulaingthe	49
gabh	take, accept	gabháil	gafa	54
gabhlaigh	fork, branch out	gabhlú	gabhlaithe	56
gad	take away	gad	gadta	54
Gaelaigh	Gaelicize	Gaelú	Gaelaithe	56
gág	crack, chap	gágadh	gágtha	54
gaibhnigh	forge	gaibhniú	gaibhnithe	55
gaibhnigh	impound	gaibhniú	gaibhnithe	55
gainnigh	scale (fish)	gainniú	gainnithe	55
gair	call, invoke	gairm	gairthe	53
gáir	shout, laugh	gáire	gáirthe	53
gairdigh	rejoice	gairdiú	gairdithe	55
gairidigh	shorten	gairidiú	gairidithe	55
gairnisigh	garnish	gairnisiú	gairnisithe	55
gais	gush	gaiseadh	gaiste	53
gaistigh	trap, ensnare	gaistiú	gaistithe	55
galaigh	vaporize	galú	galaithe	56
galbhánaigh	galvanize	galbhánú	galbhánaithe	56
galldaigh	anglicize	galldú	galldaithe	56
gallúnaigh	saponify	gallúnú	gallúnaithe	56
galraigh	infect	galrú	galraithe	56
galstobh	braise	galstobhadh	galstofa	54
gannaigh	become scarce	gannú	gannaithe	56
gaothraigh	fan, flutter	gaothrú	gaothraithe	56
garbhaigh	roughen	garbhú	garbhaithe	56
garbhshnoigh	rough-hew	garbhshnoí	garbhshnoite	97
garbhtheilg	rough-cast	garbhtheilgean	garbhtheilgthe	53
gardáil	guard	gardáil	gardáilte	81
gargaigh	make harsh	gargú	gargaithe	56
gargraisigh	gargle	gargraisiú	gargraisithe	55
gásaigh / gásáil	gas	gású / gásáil	gásaithe / gásáilte	56/81
gathaigh / gatháil	gaff	gathú / gatháil	gathaithe / gatháilte	56/81
gathaigh	sting, radiate	gathú	gathaithe	56
geab	talk, chatter	geabadh	geabtha	54
geafáil	gaff	geafáil	geafáilte	81
géagaigh	branch out	géagú	géagaithe	56
geal	whiten	gealadh	gealta	54
geal-leasaigh	taw	geal-leasú	geal-leasaithe	56
geall	promise, pledge	gealladh	geallta	54
geallearb	pawn	geallearbadh	geallearbtha	54
geamhraigh	spring, sprout	geamhrú	geamhraithe	56
géaraigh	sharpen	géarú	géaraithe	56
gearán	complain	gearán	gearánta	54
gearr	cut, shorten	gearradh	gearrtha	54
gearrchiorcad	short-circuit	g.chiorcadadh	gearrchiorcadta	54
geil	graze	geilt	geilte	53
géill	**yield, submit**	**géilleadh, géillstean U**	**géillte**	**53**
géim	low, bellow	géimneach	géimthe	53
geimhligh	fetter, chain	geimhliú	geimhlithe	55
geimhrigh	hibernate	geimhriú	geimhrithe	55
géis	cry out, roar	géiseacht	géiste	53
geit	jump, start	geiteadh	geite	108
geoidligh	yodel	geoidliú	geoidlithe	55
gibir	dribble	gibreacht	gibeartha	102
gin	beget	giniúint	ginte	53
ginidigh	germinate	ginidiú	ginidithe	55
giob	pick, pluck	giobadh	giobtha	54
gíog	cheep, chirp	gíogadh	gíogtha	54
giolc	beat, cane	giolcadh	giolctha	54
giolc	tweet, chirp	giolcadh	giolctha	54
giollaigh	guide, tend	giollú	giollaithe	56

gas/fréamh stem/root	Béarla English	ainm briathartha verbal noun	aidiacht bhr. verbal adjective	briathar gaolta verb type
giorraigh	shorten	giorrú	giorraithe	56
giortaigh	shorten	giortú	giortaithe	56
giortáil	gird, tuck up	giortáil	giortáilte	81
giosáil	fizz, ferment	giosáil	giosáilte	81
giotaigh	break in bits	giotú	giotaithe	56
giúmaráil	humour	giúmaráil	giúmaráilte	81
glac	take, accept	glacadh	glactha	54
glaeigh	glue	glae	glaeite	7
glam	bark, howl	glamaíl	glamtha	54
glám	grab, clutch	glámadh, -máil	glámtha	54
glámh	satirize, revile	glámhadh	gláfa	54
glan	clean	glanadh	glanta	54
glaoigh	call	glaoch	glaoite	7
glasaigh	become green	glasú	glasaithe	56
glasáil	lock	glasáil	glasáilte	81
gleadhair	beat, pummel	gleadhradh	gleadhartha	20
glean	stick, adhere	gleanúint	gleanta	54
gléas	adjust, dress	gléasadh	gléasta	54
gléasaistrigh	transpose	gléasaistriú	gléasaistrithe	55
gléghlan	clarify	glég	gléghlanta	54
gleois	babble, chatter	gleoiseadh	gleoiste	53
glicrínigh	glycerinate	glicríniú	glicrínithe	55
gligleáil	clink	gligleáil	gligleáilte	81
glinneáil	wind	glinneáil	glinneáilte	81
glinnigh	fix, secure	glinniú	glinnithe	55
glinnigh	scrutinize	glinniú	glinnithe	55
gliúáil	glue	gliúáil	gliúáilte	81
gloinigh	vitrify, glaze	gloiniú	gloinithe	55
glóirigh	glorify	glóiriú	glóirithe	55
glónraigh	glaze	glónrú	glónraithe	56
glóraigh	voice, vocalize	glórú	glóraithe	56
glórmharaigh	glorify	glórmharú	glórmharaithe	56
glóthaigh	gel	glóthú	glóthaithe	56
gluais	move, proceed	gluaiseacht	gluaiste	53
glúinigh	branch out	glúiniú	glúinithe	55
gnáthaigh	frequent	gnáthú	gnáthaithe	56
gnéithigh	regain, mend	gnéithiú	gnéithithe	55
gníomhachtaigh	activate	gníomhachtú	gníomhachtaithe	56
gníomhaigh	act (agency)	gníomhú	gníomhaithe	56
gnóthaigh	earn, labour	gnóthú	gnóthaithe	56
gob	protrude	gobadh	gobtha	54
góchum	counterfeit	góchumadh	góchumtha	54
gófráil	goffer	gófráil	gófráilte	81
gogail	gobble, cackle	gogal	gogailte	Ich 264/7
goil	cry	gol	goilte	53
goiligh	gut (fish)	goiliú	goilithe	55
goill	grieve, hurt	goilleadh	goillte	53
goin	wound, slay	goin	gonta	53
goin	win outright	goint	gointe	53
goirtigh	**salt, pickle**	**goirtiú**	**goirtithe**	**55**
gor	heat, warm, hatch	goradh	gortha	54
gormaigh	colour blue	gormú	gormaithe	56
gortaigh	**hurt, injure**	**gortú**	**gortaithe**	**56**
gortghlan	clear weeds	gortghlanadh	gortghlanta	54
gotháil	gesticulate	gotháil	gotháilte	81
grabáil	grab	grabáil	grabáilte	81
grábháil	engrave, grave	grábháil	grábháilte	81
grádaigh	grade	grádú	grádaithe	56
graf	sketch, graph	grafadh	graftha	54
graifnigh	ride (horse)	graifniú	graifnithe	55
gráigh	love	grá	gráite	7
gráinigh	hate, abhor	gráiniú	gráinithe	55
gráinnigh	grain, granulate	gráinniú	gráinnithe	55
gráinseáil	feed on grain	gráinseáil	gráinseáilte	81
gránaigh	granulate	gránú	gránaithe	56
grátáil	grate	grátáil	grátáilte	81
gread	thrash, drub	greadadh	greadta	54
greagnaigh	pave, stud	greagnú	greagnaithe	56
greamaigh	stick, attach	greamú	greamaithe	56
grean	engrave	greanadh	greanta	54
greannaigh	irritate, ruffle	greannú	greannaithe	56
gréasaigh	ornament	gréasú	gréasaithe	56
greasáil	beat, trounce	greasáil	greasáilte	81
gréisc	grease	gréisceadh	gréiscthe	53

gas/fréamh stem/root	Béarla English	ainm briathartha verbal noun	aidiacht bhr. verbal adjective	briathar gaolta verb type
grian	sun	grianadh	grianta	54
grianraigh	insolate	grianrú	grianraithe	56
grinnbhreathnaigh	scrutinize	grinnbhreathnú	grinnbhreathnaithe	56
grinndearc	scrutinize	grinndearcadh	grinndearctha	54
grinneall	sound, fathom	grinnealladh	grinneallta	54
grinnigh	scrutinize	grinniú	grinnithe	55
grinnscrúdaigh	scrutinize	grinnscrúdú	grinnscrúdaithe	56
griog	tease, annoy	griogadh	griogtha	54
grioll	broil, quarrel	griolladh	griollta	54
gríosaigh	fire, incite	gríosú	gríosaithe	56
gríosc / gríoscáil	broil, grill	gríoscadh / gríoscáil	gríosctha / gríoscáilte	54 / 81
griotháil	grunt	griotháil	griotháilte	81
grod	quicken, urge on	grodadh	grodta	54
grodloisc	deflagrate	grodloscadh	grodloiscthe	53
gróig = cróig U	foot (turf)	gróigeadh	gróigthe	53
gruamaigh	become gloomy	gruamú	gruamaithe	56
grúdaigh	brew	grúdú	grúdaithe	56
grúntáil	sound (nautical)	grúntáil	grúntáilte	81
grúpáil	group	grúpáil	grúpáilte	81
guailleáil	shoulder	guailleáil	guailleáilte	81
guairigh	bristle	guairiú	guairithe	55
gualaigh	char	gualú	gualaithe	56
guigh	pray	guí	guite	97
guilbnigh	peck	guilbniú	guilbnithe	55
guilmnigh	calumniate	guilmniú	guilmnithe	55
gúistigh	gouge	gúistiú	gúistithe	55
gumaigh	gum	gumú	gumaithe	56
guthaigh	voice, vocalize	guthú	guthaithe	56
haicleáil	hackle	haicleáil	haicleáilte	81
haigleáil	haggle	haigleáil	haigleáilte	81
hapáil	hop	hapáil	hapáilte	81
Heilléanaigh	Hellenize	Heilléanú	Heilléanaithe	75
hibridigh	hybridize	hibridiú	hibridithe	94
hidrealaigh	hydrolyze	hidrealú	hidrealaithe	75
hidriginigh	hydrogenate	hidriginiú	hidriginithe	94
híleáil	heel	híleáil	híleáilte	81
hinigh	henna	hiniú	hinithe	94
hiodráitigh	hydrate	hiodráitiú	hiodráitithe	94
hiopnóisigh	hypnotize	hiopnóisiú	hiopnóisithe	94
iacht	cry, groan	iachtadh	iachta	5
iadaigh	iodize	iadú	iadaithe	62
iadáitigh	iodate	iadáitiú	iadáitithe	58
iaigh	close, enclose	iamh	iata	26
ianaigh	ionize	ianú	ianaithe	62
iarchuir	defer, postpone	iarchur	iarchurtha	28 + 77
iardhátaigh	post-date	iardhátú	iardhátaithe	62
iarnaigh	put in irons	iarnú	iarnaithe	62
iarnáil	iron, smooth	iarnáil	iarnáilte	81
iarr	**ask, request**	**iarraidh**	**iarrtha**	**57**
iasc	fish	iascach	iasctha	57
ibh	drink	ibhe	ife	77
idéalaigh	idealize	idéalú	idéalaithe	62
ídigh	use (up)	ídiú	ídithe	58
idir-roinn	partition	idir-roinnt	idir-roinnte	77 + 84
idircheart	interpret, discuss	idircheartadh	idirchearta	77 + 5
idirchuir	interpose	idirchur	idirchurtha	77 + 28
idirdhealaigh	differentiate	idirdhealú	idirdhealaithe	62
idirdhuilligh	interleave	idirdhuilliú	idirdhuillithe	58
idirfhigh	interweave	idirfhí	idirfhite	77 + 76
idirghabh	intervene	idirghabháil	idirghafa	57
idirláimhsigh	intermeddle	idirláimhsiú	idirláimhsithe	58
idirleath	diffuse	idirleathadh	idirleata	69
idirlínigh	interline	idirlíniú	idirlínithe	58
idirmhalartaigh	interchange	idirmhalartú	idirmhalartaithe	62
idirscar	part, divorce	idirscaradh	idirscartha	57
idirscoir	interrupt	idirscor	idirscortha	77
idirshuigh	interpose	idirshuí	idirshuite	97
ilchóipeáil	manifold	ilchóipeáil	ilchóipeáilte	81
íligh	oil	íliú	ílithe	58
imaistrigh	transmigrate	imaistriú	imaistrithe	58
imchas	rotate	imchasadh	imchasta	57 + 19
imchéimnigh	circumvent	imchéimniú	imchéimnithe	58
imchlóigh	return, revert	imchló	imchlóite	33
imchlúdaigh	envelop	imchlúdú	imchlúdaithe	62

gas/fréamh stem/root	Béarla English	ainm briathartha verbal noun	aidiacht bhr. verbal adjective	briathar gaolta verb type
imchosain	defend	imchosaint	imchosanta	61
imchroith	sprinkle	imchroitheadh	imchroite	18
imdháil	distribute	imdháileadh	imdháilte	77
imdheaghail	defend, parry	imdheaghal	imdheaghailte	lch 264/7
imdhealaigh	separate	imdhealú	imdhealaithe	62
imdhearg	cause to blush	imdheargadh	imdheargtha	57
imdheighil	distinguish	imdheighilt	imdheighilte	lch 264/7
imdhíon	immunize	imdhíonadh	imdhíonta	57
imdhruid	encompass	imdhruidim	imdhruidte	77
imeaglaigh	intimidate	imeaglú	imeaglaithe	62
imeasc	integrate	imeascadh	imeasctha	57
imghabh	avoid, evade	imghabháil	imghafa	57
imghlan	cleanse, purify	imghlanadh	imghlanta	57 + 54
imigh	**go away, leave**	**imeacht**	**imithe/ar shiúl U**	**58**
imir	**play (game)**	**imirt**	**imeartha**	**59**
imirc	migrate	imirceadh	imircthe	77
imlínigh	outline	imlíniú	imlínithe	58
imloisc	singe	imloscadh	imloiscthe	77
imoibrigh	react (chemistry)	imoibriú	imoibrithe	58
imphléasc	collapse	imphléascadh	imphléasctha	57
impigh	beseech, entreat	impí	impithe	58
impleachtaigh	imply	impleachtú	impleachtaithe	62
imrothlaigh	revolve	imrothlú	imrothlaithe	62
imscaoil	scatter	imscaoileadh	imscaoilte	77 + 87
imscar	spread about	imscaradh	imscartha	57
imscríobh	circumscribe	imscríobh	imscríofa	57 + 88
imscrúdaigh	investigate	imscrúdú	imscrúdaithe	62
imshocraigh	compound	imshocrú	imshocraithe	62 + 95
imshuigh	encompass	imshuí	imshuite	97
imthairg	bid	imthairiscint	imthairgthe	77
imtharraing	gravitate	imtharraingt	imtharraingthe	104
imtheorannaigh	intern	imtheorannú	imtheorannaithe	62
imthnúth	covet, envy	imthnúthadh	imthnúta	69
imthreascair	wrestle, contend	imthreascairt	imthreascartha	61
inbhéartaigh	invert	inbhéartú	inbhéartaithe	62
inchreach	reprove, rebuke	inchreachadh	inchreachta	57
indibhidigh	individuate	indibhidiú	indibhidithe	58
ineirgigh	energize	ineirgiú	ineirgithe	58
infeirigh	infer	infeiriú	infeirithe	58
infheistigh	invest	infheistiú	infheistithe	58
infhill	enfold, entwine	infhilleadh	infhillte	77 + 47
inghreim	prey upon, persecute	inghreimeadh / inghreamadh	inghreimthe / inghreamtha	77 / 57 + 93
ingnigh	tear, pick	ingniú	ingnithe	58
iniaigh	enclose, include	iniamh	iniata	26
inis	**tell**	**insint/inse**	**inste**	**60**
inísligh	humble, abase	inísliú	iníslithe	58
iniúch	scrutinize	iniúchadh	iniúchta	57
inleag	inlay	inleagadh	inleagtha	57
innéacsaigh	index	innéacsú	innéacsaithe	62
inneallfhuaigh	machine-sew	inneallfhuáil	inneallfhuaite	26
inneallghrean	engine-turn	inneallghreanadh	inneallghreanta	57
innill	arrange, plot	inleadh	innealta	59
inniúlaigh	capacitate	inniúlú	inniúlaithe	62
inphléasc	implode	inphléascadh	inphléasctha	57
inréimnigh	converge	inréimniú	inréimnithe	58
insamhail / insamhlaigh	liken, imitate	insamhladh / insamhlú	insamhalta / insamhlaithe	24 + 61 / 62
inscríobh	inscribe	inscríobh	inscríofa	57 + 88
insealbhaigh	invest, install	insealbhú	insealbhaithe	62
inseamhnaigh	inseminate	inseamhnú	inseamhnaithe	62
insil	instil, infuse	insileadh	insilte	77
insíothlaigh	infiltrate	insíothlú	insíothlaithe	62
insligh	insulate	insliú	inslithe	58
insteall	inject	instealladh	insteallta	57
insuigh	plug in	insuí	insuite	97
íobair	sacrifice	íobairt	íobartha	61
íoc	pay	íoc	íoctha	57
íoc	heal, cure	íoc	íoctha	57
íocleasaigh	medicate, dress	íocleasú	íocleasaithe	62
iodálaigh	italicize	iodálú	iodálaithe	62
íograigh	sensitize	íogrú	íograithe	62
iolraigh	multiply	iolrú	iolraithe	62
iomadaigh	multiply	iomadú	iomadaithe	62

gas/fréamh stem/root	Béarla English	ainm briathartha verbal noun	aidiacht bhr. verbal adjective	briathar gaolta verb type
iomáin	drive, hurl	iomáint	iomáinte	77 + 107
iomair	row (boat)	iomramh	iomartha	61
iomalartaigh	commute	iomalartú	iomalartaithe	62
iomardaigh	reproach	iomardú	iomardaithe	62
iombháigh	submerse	iombhá	iombháite	7
iomdhaigh	increase	iomdhú	iomdhaithe	62
iomlaisc	roll about	iomlascadh	iomlasctha	93
iomlánaigh	complete	iomlánú	iomlánaithe	77
iomlaoidigh	fluctuate	iomlaoidiú	iomlaoidithe	58
iomluaigh	stir, discuss	iomlua	iomluaite	26
iompaigh	turn, avert	iompú	iompaithe	62
iompair	**carry, transport**	**iompar**	**iompartha**	**61**
iompórtáil	import	iompórtáil	iompórtáilte	81
iomráidh	report, mention	iomrá	iomráite	7
ion-análaigh	inhale	ion-análú	ion-análaithe	62
ionaclaigh	inoculate	ionaclú	ionaclaithe	62
ionadaigh	position	ionadú	ionadaithe	62
íonaigh	purify	íonú	íonaithe	62
ionannaigh	equate	ionannú	ionannaithe	62
ionchoirigh	incriminate	ionchoiriú	ionchoirithe	58
ionchollaigh	incarnate	ionchollú	ionchollaithe	62
ionchorpraigh	incorporate	ionchorprú	ionchorpraithe	62
ionchúisigh	prosecute	ionchúisiú	ionchúisithe	58
ionduchtaigh	induce	ionduchtú	ionduchtaithe	62
ionghabh	ingest	ionghabháil	ionghafa	57
ionghair	herd, watch	ionghaire	ionghairthe	77
íonghlan	purify	íonghlanadh	íonghlanta	57
ionnail	wash, bathe	ionladh	ionnalta	Ich 264 / 7
ionnarb	banish, exile	ionnarbadh	ionnarbtha	57
ionradaigh	irradiate	ionradú	ionradaithe	62
ionramháil	handle, manage	ionramháil	ionramháilte	81
ionsáigh	insert, intrude	ionsá	ionsáite	7
ionsaigh	**attack**	**ionsaí**	**ionsaithe**	**62**
ionsoilsigh	illuminate	ionsoilsiú	ionsoilsithe	58
ionsorchaigh	brighten	ionsorchú	ionsorchaithe	62
ionstraimigh	instrument	ionstraimiú	ionstraimithe	58
ionsúigh	absorb	ionsú	ionsúite	16
ionsuigh	plug in	ionsuí	ionsuite	97
iontaisigh	fossilize	iontaisiú	iontaisithe	58
iontonaigh	intone	iontonú	iontonaithe	62
iontráil	enter	iontráil	iontráilte	81
íoschéimnigh	step-down	íoschéimniú	íoschéimnithe	58
íospair	ill-treat, ill-use	íospairt	íospartha	61
irisigh	gazette	irisiú	irisithe	58
is	**the copula**			**13**
ísligh	lower	ísliú	íslithe	58
ith	**eat**	**ithe**	**ite**	**63**
labáil	lob	labáil	labáilte	96
labhair	**speak**	**labhairt**	**labhartha**	**64**
ládáil	lade (ship)	ládáil	ládáilte	96
lagaigh	weaken	lagú	lagaithe	86
laghdaigh	reduce	laghdú	laghdaithe	86
láib	spatter	láibeadh	láibthe	67
Laidinigh	Latinize	Laidiniú	Laidinithe	94
láidrigh	strengthen	láidriú	láidrithe	94
láigh	dawn	láchan	láite	7
láimhseáil	handle, manage	láimhseáil	láimhseáilte	96
láimhsigh	handle, manage	láimhsiú	láimhsithe	94
lainseáil	launch	lainseáil	lainseáilte	96
láist	leach, wash away	láisteadh	láiste	108
láithrigh	appear, present	láithriú	láithrithe	94
láithrigh	demolish	láithriú	láithrithe	94
lámhach	shoot	lámhach(adh)	lámhachta	65
lamháil	allow, permit	lamháil	lamháilte	96
lámhscaoil	free, manumit	lámhscaoileadh	lámhscaoilte	67 + 87
lánaigh	fill out	lánú	lánaithe	86
lannaigh	laminate, scale	lannú	lannaithe	86
lansaigh	lance	lansú	lansaithe	86
lánscoir	dissolve	lánscor	lánscortha	67
laobh	bend, pervert	laobhadh	laofa	65
laoidh	narrate as a lay	laoidheadh	laoidhte	67
láraigh	centralize	lárú	láraithe	86
las	**light**	**lasadh**	**lasta**	**65**
lasc	lash, whip	lascadh	lasctha	65

291

gas/fréamh stem/root	Béarla English	ainm briathartha verbal noun	aidiacht bhr. verbal adjective	briathar gaolta verb type
lascainigh	discount	lascainiú	lascainithe	94
lastáil	lade, load	lastáil	lastáilte	96
leabaigh	(em)bed, set	leabú	leabaithe	86
leabhlaigh	libel	leabhlú	leabhlaithe	86
leabhraigh	stretch, extend	leabhrú	leabhraithe	86
leabhraigh	swear	leabhrú	leabhraithe	86
leacaigh	flatten, crush	leacú	leacaithe	86
leachtaigh	liquefy	leachtú	leachtaithe	86
leadair	smite, beat	leadradh	leadartha	24
leadhb	tear in strips	leadhbadh	leadhbtha	65
leadhbair	belabour, beat	leadhbairt	leadhbartha	24
leag	knock down	leagan	leagtha	65
leáigh	melt	leá	leáite	7
leamh	render impotent	leamhadh	leafa	65
leamhsháinnigh	stalemate	leamhsháinniú	leamhsháinnithe	94
lean	follow, pursue	leanúint /-nstan	leanta	65
leang	strike, slap	leangadh	leangtha	65
léarscáiligh	map	léarscáiliú	léarscáilithe	94
léas	welt, flog	léasadh	léasta	65
leasaigh	improve	leasú	leasaithe	86
léasaigh	lease, farm out	léasú	léasaithe	86
leaschraol	relay	leaschraoladh	leaschraolta	65
leath	spread, halve	leathadh	leata	69
leathnaigh	widen	leathnú	leathnaithe	86
leibhéal	level	leibhéaladh	leibhéalta	65
leictreachlóigh	electrotype	leictreachló	leictreachlóite	33
leictrealaigh	electrolyse	leictrealú	leictrealaithe	86
leictreaphlátáil	electroplate	leictreaphlátáil	leictreaphlátáilte	96
leictrigh	electrify	leictriú	leictrithe	94
léigh	**read**	**léamh**	**léite**	**66**
leigheas	cure	leigheas	leigheasta	65
léim	leap, jump	léim / léimneach	léimthe	67
léirbhreithnigh	review	léirbhreithniú	léirbhreithnithe	94
léirchruthaigh	demonstrate	léirchruthú	léirchruthaithe	86
léirghlan	clarify	léirghlanadh	léirghlanta	65 + 54
léirghoin	wound badly	léirghoin	léirghonta	67
léirigh	make clear	léiriú	léirithe	94
léirigh	beat down	léiriú	léirithe	94
léirmhínigh	explain fully	léirmhíniú	léirmhínithe	94 + 71
léirscríobh	engross	léirscríobh	léirscríofa	65 + 88
léirscrios	destroy	léirscriosadh	léirscriosta	65
léirsigh	demonstrate	léirsiú	léirsithe	94
léirsmaoinigh	consider	léirsmaoiniú	léirsmaoinithe	94
leitheadaigh	spread	leitheadú	leitheadaithe	86
leithghabh	appropriate	leithghabháil	leithghafa	65
leithlisigh	isolate	leithlisiú	leithlisithe	94
leithreasaigh	appropriate	leithreasú	leithreasaithe	86
leithroinn	allot	leithroinnt	leithroinnte	67 + 84
leithscar	segregate	leithscaradh	leithscartha	65
leoidh	cut off, hack	leodh	leoite	45
leomh	dare, presume	leomhadh	leofa	65
leon	sprain	leonadh	leonta	65
liath	(become) grey	liathadh	liata	69
lig	**let, permit**	**ligean/ligint**	**ligthe**	**67**
ligh	lick, fawn on	lí	lite	76
lignigh	lignify	ligniú	lignithe	94
líneáil	line	líneáil	líneáilte	96
ling	leap, spring	lingeadh	lingthe	67
línigh	line, delineate	líniú	línithe	94
linseáil	lynch	linseáil	linseáilte	96
liobair	tear, scold	liobairt	liobartha	24
líomh	grind, sharpen	líomhadh	líofa	65
líomhain	allege	líomhaint	líomhainte	24
líon	fill	líonadh	líonta	65
líontánaigh	reticulate	líontánú	líontánaithe	86
liostaigh	list, enumerate	liostú	liostaithe	86
liostáil	list	liostáil	liostáilte	96
lísigh	lyse	lísiú	lísithe	94
liteagraf	lithograph	liteagrafadh	liteagrafa	65
litrigh	spell	litriú	litrithe	94
liúdráil	beat, trounce	liúdráil	liúdráilte	96
liúigh	yell, shout	liú	liúite	16
liúr	beat, trounce	liúradh	liúrtha	65
lobh	rot, decay	lobhadh	lofa	65

gas/fréamh stem/root	Béarla English	ainm briathartha verbal noun	aidiacht bhr. verbal adjective	briathar gaolta verb type
loc	pen, enclose	locadh	loctha	65
loc	pluck	locadh	loctha	65
locáil	localize	locáil	locáilte	96
locair	plane, smooth	locrú	locraithe	24
lochair	tear, afflict	lochradh	lochartha	24
lochtaigh	fault, blame	lochtú	lochtaithe	86
lódáil	load	lódáil	lódáilte	96
lodair	cover with mud	lodairt	lodartha	24
lóg	wail, lament	lógadh	lógtha	65
logh	remit, forgive	loghadh	loghtha	65
loic	flinch, shirk	loiceadh	loicthe	67
loighcigh	logicize	loighciú	loighcithe	94
loingsigh	banish, exile	loingsiú	loingsithe	94
loisc	burn, scorch	loscadh	loiscthe	67
lóisteáil	lodge	lóisteáil	lóisteáilte	96
loit	hurt, injure	lot	loite	108
lom	lay bare, strip	lomadh	lomtha	65
lomair	shear, fleece	lomairt	lomartha	24
lomlíon	fill to brim	lomlíonadh	lomlíonta	65
lónaigh	supply, hoard	lónú	lónaithe	86
long	swallow, eat	longadh	longtha	65
lonnaigh	stay, settle	lonnú	lonnaithe	86
lonnaigh	become angry	lonnú	lonnaithe	86
lonraigh	shine	lonrú	lonraithe	86
lorg	search for	lorg	lorgtha	lch 264/7
luacháil	value, evaluate	luacháil	luacháilte	96
luaidh	traverse	luadh	luaite	26
luaigh	mention	lua	luaite	26
luainigh	move quickly	luainiú	luainithe	94
luaithrigh	sprinkle ash	luaithriú	luaithrithe	94
luasc	swing, oscillate	luascadh	luasctha	65
luasghéaraigh	accelerate	luasghéarú	luasghéaraithe	86
luasmhoilligh	decelerate	luasmhoilliú	luasmhoillithe	94
luathaigh	quicken	luathú	luathaithe	86
luathbhruith	spatchcock	luathbhruith	luathbhruite	18
lúb	bend, loop	lúbadh	lúbtha	65
lúbáil	link	lúbáil	lúbáilte	96
lúcháirigh	rejoice	lúcháiriú	lúcháirithe	94
luchtaigh	charge, load	luchtú	luchtaithe	86
luigh	lie down	luí	luite	97
luigh	swear	luighe	luite	97
luisnigh	blush, glow	luisniú	luisnithe	94
lútáil	fawn, adore	lútáil	lútáilte	96
macadamaigh	macadamize	macadamú	macadamaithe	72
macasamhlaigh	reproduce, copy	macasamhlú	macasamhlaithe	72
máchailigh	harm, disfigure	máchailiú	máchailithe	71
machnaigh	marvel, reflect	machnamh	machnaithe	72
macht	kill, slaughter	machtadh	machta	111
maidhm	burst, defeat	madhmadh	madhmtha	93
maígh	state, claim	maíomh	maíte	22
maighnéadaigh	magnetize	maighnéadú	maighnéadaithe	72
mainnigh	default	mainniú	mainnithe	71
mair	live, last	maireachtáil /mairstean U	martha	70
maircigh	gall	mairciú	maircithe	71
máirseáil	march, parade	máirseáil	máirseáilte	81
maisigh	decorate, adorn	maisiú	maisithe	71
maistrigh	churn	maistriú	maistrithe	71
máistrigh	master	máistreacht	máistrithe	71
maith	forgive, pardon	maitheamh	maite	18
máithrigh	mother, bear	máithriú	máithrithe	71
malartaigh	exchange	malartú	malartaithe	72
malgamaigh	amalgamate	malgamú	malgamaithe	72
mallaigh	curse	mallú	mallaithe	72
mámáil	gather in handfuls	mámáil	mámáilte	81
mantaigh	bite into, indent	mantú	mantaithe	72
maoinigh	finance, endow	maoiniú	maoinithe	71
maolaigh	(make) bald	maolú	maolaithe	72
maolánaigh	buffer	maolánú	maolánaithe	72
maoscail	wade	maoscal	maoscailte	20
maothaigh	soften, moisture	maothú	maothaithe	72
maothlaigh	mellow	maothlú	maothlaithe	72
mapáil	map	mapáil	mapáilte	81
mapáil	mop	mapáil	mapáilte	81

gas/fréamh stem/root	Béarla English	ainm briathartha verbal noun	aidiacht bhr. verbal adjective	briathar gaolta verb type
maraigh; marbh U	*kill*	**marú**	**maraithe**	**68**
marbhsháinnigh	*checkmate*	marbhsháinniú	marbhsháinnithe	71
marcaigh	*ride*	marcaíocht	marcaithe	72
marcáil	*mark*	marcáil	marcáilte	81
margaigh	*market*	margú	margaithe	72
marlaigh	*fertilize, marl*	marlú	marlaithe	72
marmaraigh	*marble, mottle*	marmarú	marmaraithe	72
martraigh	*martyr, maim*	martrú	martraithe	72
masc	*mask*	mascadh	masctha	73
maslaigh	*insult, strain*	maslú	maslaithe	72
meabhlaigh	*shame, deceive*	meabhlú	meabhlaithe	72
meabhraigh	*recall, reflect*	meabhrú	meabhraithe	72
méadaigh	*increase*	méadú	méadaithe	72
méadraigh	*metricate*	méadrú	méadraithe	72
meáigh	*weigh, measure*	meá	meáite	7
meaisínigh	*machine*	meaisíniú	meaisínithe	71
meaitseáil	*match*	meaitseáil	meaitseáilte	81
méalaigh	*humble*	méalú	méalaithe	72
meall	*charm, entice*	mealladh	meallta	73
meallac	*saunter, stroll*	meallacadh	meallactha	73
meánaigh	*centre*	meánú	meánaithe	72
meánchoimrigh	*syncopate*	meánchoimriú	meánchoimrithe	71
meang	*lop, prune*	meangadh	meangtha	73
meanmnaigh	*cheer, plan*	meanmnú	meanmnaithe	72
mearaigh	*derange*	mearú	mearaithe	72
méaraigh	*finger, fiddle*	méarú	méaraithe	72
meas	*estimate*	meas	measta	73
measc	*mix, blend*	meascadh	measctha	73
measraigh	*feed with mast*	measrú	measraithe	72
measraigh	*moderate*	measrú	measraithe	72
measúnaigh	*assess, assay*	measúnú	measúnaithe	72
meath	*decay, fail*	**meath**	**meata/meaite**	**69**
méathaigh	*fatten*	méathú	méathaithe	72
meathlaigh	*decline, decay*	meathlú	meathlaithe	72
meicnigh	*mechanize*	meicniú	meicnithe	71
meidhrigh	*elate, enliven*	meidhriú	meidhrithe	71
meil	*grind, eat, talk*	meilt	meilte	70
meirbhligh	*weaken*	meirbhliú	meirbhlithe	71
meirdrigh	*prostitute*	meirdriú	meirdrithe	71
meirgigh	*rust*	meirgiú	meirgithe	71
meirsirigh	*mercerize*	meirsiriú	meirsirithe	71
meirtnigh	*weaken*	meirtniú	meirtnithe	71
meiteamorfaigh	*metamorphose*	meiteamorfú	meiteamorfaithe	72
meitibiligh	*metabolize*	meitibiliú	meitibilithe	71
meitiligh	*methylate*	meitiliú	meitilithe	71
mí-iompair	*misconduct*	mí-iompar	mí-iompartha	61
miadhaigh	*honour*	miadhú	miadhaithe	72
mianaigh	*desire*	mianú	mianaithe	72
mianraigh	*mineralize*	mianrú	mianraithe	72
mianrill	*jig*	mianrilleadh	mianrillte	70
míchóirigh	*disarrange*	míchóiriú	míchóirithe	71
míchomhairligh	*misadvise*	míchomhairliú	míchomhairlithe	71
míchumasaigh	*disable*	míchumasú	míchumasaithe	72
mídhílsigh	*misappropriate*	mídhílsiú	mídhílsithe	71
mífhuaimnigh	*mispronounce*	mífhuaimniú	mífhuaimnithe	71
mílitrigh	*mis-spell*	mílitriú	mílitrithe	71
mill	*destroy, ruin*	**milleadh**	**millte**	**70**
milleánaigh	*blame, censure*	milleánú	milleánaithe	72
milsigh	*sweeten*	milsiú	milsithe	71
mím	*mime*	mímeadh	mímthe	70
mímheas	*misjudge*	mímheas	mímheasta	73
mímhínigh	*misexplain*	mímhíniú	mímhínithe	71
mímhisnigh	*discourage*	mímhisniú	mímhisnithe	71
mímhol	*dispraise*	mímholadh	mímholta	73
mineastráil	*administer*	mineastráil	mineastráilte	81
mínghlan	*refine*	mínghlanadh	mínghlanta	73 + 53
minicigh	*frequent*	miniciú	minicithe	71
mínigh	*explain*	**míniú**	**mínithe**	**71**
mínmheil	*grind down*	mínmheilt	mínmheilte	70
míntírigh	*reclaim (land)*	míntíriú	míntírithe	71
míog	*cheep*	míogadh	míogtha	73
mionaigh	*pulverise, mince*	mionú	mionaithe	72
mionathraigh	*modify slightly*	mionathrú	mionathraithe	72 + 6
mionbhreac	*stipple*	mionbhreacadh	mionbhreactha	73

gas/fréamh stem/root	Béarla English	ainm briathartha verbal noun	aidiacht bhr. verbal adjective	briathar gaolta verb type
mionbhrúigh	crush, crumble	mionbhrú	mionbhrúite	16
miondealaigh	separate in detail	miondealú	miondealaithe	72
miondíol	retail	miondíol	miondíolta	73 + 31
mionghearr	cut fine, chop	mionghearradh	mionghearrtha	73
miongraigh	crumble, gnaw	miongrú	miongraithe	72
mionleasaigh	amend slightly	mionleasú	mionleasaithe	72
mionnaigh	*swear*	**mionnú**	**mionnaithe**	**72**
mionroinn	divide in lots	mionroinnt	mionroinnte	70 + 84
mionsaothraigh	work out in detail	mionsaothrú	mionsaothraithe	72
mionscag	fine-filter	mionscagadh	mionscagtha	73
mionscrúdaigh	scrutinize	mionscrúdú	mionscrúdaithe	72
mionteagasc	brief	mionteagasc	mionteagasctha	73
míostraigh	menstruate	míostrú	míostraithe	72
miotaigh	bite, pinch	miotú	miotaithe	72
miotalaigh	metallize	miotalú	miotalaithe	72
mírialaigh	misrule	mírialú	mírialaithe	72
míriar	mismanage	míriaradh	míriartha	73
mírigh	phrase	míriú	mírithe	71
míshásaigh	displease	míshásamh	míshásaithe	72
mísheol	misdirect	mísheoladh	mísheolta	73
misnigh	encourage	misniú	misnithe	71
mítéaraigh	mitre	mítéarú	mítéaraithe	72
míthreoraigh	misdirect	míthreorú	míthreoraithe	72
modhnaigh	modulate	modhnú	modhnaithe	72
modraigh	darken, muddy	modrú	modraithe	72
mogallaigh	mesh, enmesh	mogallú	mogallaithe	72
móidigh	vow	móidiú	móidithe	71
moilligh	delay	moilliú	moillithe	71
moirigh	water	moiriú	moirithe	71
moirtísigh	mortise	moirtísiú	moirtísithe	71
moirtnigh	mortify	moirtniú	moirtnithe	71
mol	*praise*	**moladh**	**molta**	**73**
monaplaigh	monopolize	monaplú	monaplaithe	72
monaraigh	manufacture	monarú	monaraithe	72
mór	magnify, exalt	móradh	mórtha	73
morg	corrupt	morgadh	morgtha	73
morgáistigh	mortgage	morgáistiú	morgáistithe	71
mótaraigh	motorize	mótarú	mótaraithe	72
mothaigh	feel, hear	mothú, -thachtáil	mothaithe	72
mothallaigh	tousle	mothallú	mothallaithe	72
múch	smother, put out	múchadh	múchta	73
múchghlan	fumigate	múchghlanadh	múchghlanta	73 + 54
mudh / mudhaigh	ruin, destroy	mudhadh / mudhú	mudhta / mudhaithe	73 / 72
múin	teach, instruct	múineadh	múinte	70
muinigh	trust in, rely on	muiniú	muinithe	71
muinnigh	call, summon	muinniú	muinnithe	71
muirearaigh	charge (jur.)	muirearú	muirearaithe	72
muirligh	munch	muirliú	muirlithe	71
muirnigh	fondle, cherish	muirniú	muirnithe	71
mumaigh	mummify	mumú	mumaithe	72
mún	urinate	mún	múnta	73
mungail	chew, munch	mungailt	mungailte	74
múnlaigh	mould, cast	múnlú	múnlaithe	72
múr	wall in, immure	múradh	múrtha	73
múr	raze, demolish	múradh	múrtha	73
múráil	moor (vessel)	múráil	múráilte	81
múscail, muscail U	*wake, awake*	**múscailt**	**múscailte**	**74, var 35**
náirigh	shame	náiriú	náirithe	94
náisiúnaigh	nationalize	náisiúnú	náisiúnaithe	75
naomhaigh	sanctify, hallow	naomhú	naomhaithe	75
naomhainmnigh	canonize	naomhainmniú	naomhainmnithe	94
nasc	tie, bind	nascadh	nasctha	65
neadaigh	nest	neadú	neadaithe	75
néalaigh	sublimate	néalú	néalaithe	75
neamhbhailigh	invalidate	neamhbhailiú	neamhbhailithe	94
neamhchothromaigh	unbalance	neamhchothromú	neamhchothromaithe	75
neamhnigh	nullify	neamhniú	neamhnithe	94
neartaigh	strengthen	neartú	neartaithe	75
neasaigh	approximate	neasú	neasaithe	75
neodraigh	neutralize	neodrú	neodraithe	75
niamh / niamhaigh	brighten	niamhadh / niamhú	niafa / niamhaithe	65 / 75
niamhghlan	burnish	niamhghlanadh	niamhghlanta	65 + 54
niciligh	nickel	niciliú	nicilithe	94
nicilphlátáil	nickel-plate	nicilphlátáil	nicilphlátáilte	96

gas/fréamh stem/root	Béarla English	ainm briathartha verbal noun	aidiacht bhr. verbal adjective	briathar gaolta verb type
nigh	*wash*	ní	nite	76
nimhigh	*poison*	nimhiú	nimhithe	94
nocht	*bare, uncover*	nochtadh	nochta	111
nódaigh	*graft, transplant*	nódú	nódaithe	75
nog	*nog*	nogadh	nogtha	65
nótáil	*note*	nótáil	nótáilte	96
núicléataigh	*nucleate*	núicléatú	núicléataithe	75
ob	*refuse, shun*	obadh	obtha	78
ócáidigh	*use*	ócáidiú	ócáidithe	38
oclúidigh	*occlude*	oclúidiú	oclúidithe	38
ócraigh	*ochre*	ócrú	ócraithe	79
ocsaídigh	*oxidize*	ocsaídiú	ocsaídithe	38
ocsaiginigh	*oxygenate*	ocsaiginiú	ocsaiginithe	38
odhraigh	*make dun*	odhrú	odhraithe	79
ofráil	*offer*	ofráil	ofráilte	81
oibrigh	*operate, work*	oibriú	oibrithe	38
oidhrigh	*bequeath*	oidhriú	oidhrithe	38
oighrigh	*ice, congeal*	oighriú	oighrithe	38
oil	***nourish, rear***	**oiliúint**	**oilte**	**77**
oir	*suit, fit*	oiriúint	oirthe	77
oirircigh	*exalt, dignify*	oirirciú	oirircithe	38
oiris	*stay, wait, delay*	oiriseamh	oiriste	77
oiriúnaigh	*fit, adapt*	oiriúnú	oiriúnaithe	79
oirmhinnigh	*honour, revere*	oirmhinniú	oirmhinnithe	38
oirnéal	*decorate*	oirnéaladh	oirnéalta	78
oirnigh	*ordain*	oirniú	oirnithe	38
oirnigh	*cut in bits*	oirniú	oirnithe	38
ól	*drink*	ól	ólta	78
olaigh / oláil	*oil, anoint*	olú / oláil	olaithe / oláilte	79 / 81
ollaigh	*enlarge*	ollú	ollaithe	79
olltáirg	*mass-produce*	olltáirgeadh	olltáirgthe	77
onnmhairigh	*export*	onnmhairiú	onnmhairithe	38
onóraigh	*honour*	onórú	onóraithe	79
óraigh	*gild*	órú	óraithe	79
orchraigh	*wither, decay*	orchrú	orchraithe	79
ordaigh	*order*	ordú	ordaithe	79
orlaigh	*sledge, hammer*	orlú	orlaithe	79
ornáidigh	*ornament*	ornáidiú	ornáidithe	38
ornaigh	*adorn, array*	ornú	ornaithe	79
órphlátáil	*gold-plate*	órphlátáil	órphlátáilte	81
oscail /foscail U	***open***	**oscailt**	**oscailte**	**80**
osnaigh	*sigh*	osnaíl	osnaithe	79
othrasaigh	*ulcerate*	othrasú	othrasaithe	79
ózónaigh	*ozonize*	ózónú	ózónaithe	79
pábháil	*pave*	pábháil	pábháilte	81
pacáil	***pack***	**pacáil**	**pacáilte**	**81**
pailnigh	*pollinate*	pailniú	pailnithe	25
painéal	*panel*	painéaladh	painéalta	82
páirceáil	*park*	páirceáil	páirceáilte	81
páirtigh	*share*	páirtiú	páirtithe	25
páisigh	*torment*	páisiú	páisithe	25
paisteáil	*patch*	paisteáil	paisteáilte	81
paistéar	*pasteurize*	paistéaradh	paistéartha	82
paitinnigh	*patent*	paitinniú	paitinnithe	25
palataigh	*palatalize*	palatú	palataithe	21
pánáil	*pawn*	pánáil	pánáilte	81
páráil	*pare*	páráil	páráilte	81
parsáil	*parse*	parsáil	parsáilte	81
pasáil	*tread, trample*	pasáil	pasáilte	81
pasáil	*pass*	pasáil	pasáilte	81
péac	*sprout, shoot*	péacadh	péactha	82
peacaigh	*sin*	peacú	peacaithe	21
pearsanaigh	*(im)personate*	pearsanú	pearsanaithe	21
pearsantaigh	*personify*	pearsantú	pearsantaithe	21
péinteáil	*paint*	péinteáil	péinteáilte	81
péireáil	*pair*	péireáil	péireáilte	81
péirseáil	*flog*	péirseáil	péirseáilte	81
pian	*pain, punish*	pianadh	pianta	82
piardáil	*ransack*	piardáil	piardáilte	81
pic	*(coat with) pitch*	piceadh	picthe	15
picéadaigh	*picket*	picéadú	picéadaithe	81
píceáil	*pike, pitchfork*	píceáil	píceáilte	81
píceáil	*peek*	píceáil	píceáilte	81
picil	*pickle*	picilt	picilte	15

gas/fréamh stem/root	Béarla English	ainm briathartha verbal noun	aidiacht bhr. verbal adjective	briathar gaolta verb type
pincigh	push, thrust	pinciú	pincithe	25
píob	hoarsen	píobadh	píobtha	82
pioc	pick	piocadh	pioctha	82
píolótaigh	pilot	píolótú	píolótaithe	21
pionnáil	pin	pionnáil	pionnáilte	81
pionósaigh	penalize, punish	pionósú	pionósaithe	21
píosáil	piece together	píosáil	píosáilte	81
pitseáil	pitch	pitseáil	pitseáilte	81
plab	plop, slam	plabadh	plabtha	82
plac	gobble, guzzle	placadh	plactha	82
pláigh	plague	plá	pláite	7
plánáil	plane	plánáil	plánáilte	81
planc	beat, pommel	plancadh	planctha	82
plancghaibhnigh	drop-forge	plancghaibhniú	plancghaibhnithe	25
plandaigh	plant (horticulture)	plandú	plandaithe	21
plandáil	plant, colonize	plandáil	plandáilte	81
plástráil	plaster	plástráil	plástráilte	81
plátáil	plate	plátáil	plátáilte	81
platanaigh	platinize	platanú	platanaithe	21
pléadáil	plead, wrangle	pléadáil	pléadáilte	81
pleanáil	plan	pleanáil	pleanáilte	81
pléasc	explode, burst	pléascadh	pléasctha	82
pléatáil	pleat	pléatáil	pléatáilte	81
pléigh	discuss	plé	pléite	66
plódaigh	crowd, throng	plódú	plódaithe	21
pluc	puff out, bulge	plucadh	pluctha	82
plucáil	pluck, swindle	plucáil	plucáilte	81
plúch	smother	plúchadh	plúchta	82
plúraigh	effloresce	plúrú	plúraithe	21
pocáil	strike, puck	pocáil	pocáilte	81
pocléim	buck-jump	pocléimneach	pocléimthe	15
podsalaigh	podzolize	podsalú	podsalaithe	21
póg	kiss	pógadh	pógtha	82
poibligh	make public	poibliú	poiblithe	25
póilínigh	police	póilíniú	póilínithe	25
pointeáil	point	pointeáil	pointeáilte	81
pointeáil	fix, appoint	pointeáil	pointeáilte	81
poit	poke, nudge	poiteadh	poite	108
polaraigh	polarize	polarú	polaraithe	21
poll	puncture, pierce	polladh	pollta	82
poncaigh	punctuate, dot	poncú	poncaithe	21
poncloisc	cauterize	poncloscadh	poncloiscthe	15
póraigh	grow from seed	pórú	póraithe	21
portaigh	steep (flax)	portú	portaithe	21
pós	marry	pósadh	pósta	82
postaigh	(appoint to) post	postú	postaithe	21
postáil	post, mail	postáil	postáilte	81
postaláidigh	postulate	postaláidiú	postaláidithe	25
potbhiathaigh	spoon-feed	potbhiathú	potbhiathaithe	21
práib	daub	práibeadh	práibthe	15
pramsáil	prance, frolic	pramsáil	pramsáilte	81
pramsáil	crunch, gobble	pramsáil	pramsáilte	81
prapáil	prepare, titivate	prapáil	prapáilte	81
prásáil	braze, foist	prásáil	prásáilte	81
preab	start, bound	preabadh	preabtha	82
préach	perish (cold)	préachadh	préachta	82
preasáil	press, conscript	preasáil	preasáilte	81
preasáil	press	preasáil	preasáilte	81
prímeáil	prime	prímeáil	prímeáilte	81
prioc	prick, prod	priocadh	prioctha	82
priontáil	print	priontáil	priontáilte	81
príosúnaigh	imprison	príosúnú	príosúnaithe	21
profaigh	proof	profú	profaithe	21
próiseáil	process	próiseáil	próiseáilte	81
próisigh	process	próisiú	próisithe	25
prólaiféaraigh	proliferate	prólaiféarú	prólaiféaraithe	21
promh	prove, test	promhadh	profa	82
púdraigh	pulverize	púdrú	púdraithe	21
púdráil	(apply) powder	púdráil	púdráilte	81
puinseáil	punch	puinseáil	puinseáilte	81
púitseáil	rummage	púitseáil	púitseáilte	81
pulc	stuff, gorge	pulcadh	pulctha	82
pumpáil	pump	pumpáil	pumpáilte	81
pupaigh	pupate	pupú	pupaithe	21

gas/fréamh stem/root	Béarla English	ainm briathartha verbal noun	aidiacht bhr. verbal adjective	briathar gaolta verb type
purgaigh	purge	purgú	purgaithe	21
purparaigh	purple	purparú	purparaithe	21
racáil	rack, beat	racáil	racáilte	96
rácáil	rake	rácáil	rácáilte	96
rad	give, frolic	radadh	radta	65
radaigh	radiate	radú	radaithe	75
rádlaigh	lap-joint	rádlú	rádlaithe	75
raiceáil	wreck	raiceáil	raiceáilte	96
raifleáil	raffle	raifleáil	raifleáilte	96
rámhaigh	row (boat)	rámhaíocht	rámhaithe	75
ramhraigh	fatten	ramhrú	ramhraithe	75
rangaigh	classify, grade	rangú	rangaithe	75
rannpháirtigh	participate	rannpháirtiú	rannpháirtithe	94
ransaigh	ransack	ransú	ransaithe	75
raonáil	range	raonáil	raonáilte	96
rapáil	rap	rapáil	rapáilte	96
rásáil	race, groove	rásáil	rásáilte	96
raspáil	rasp	raspáil	raspáilte	96
rátáil	rate	rátáil	rátáilte	96
rathaigh	prosper, thrive	rathú	rathaithe	75
rathaigh	perceive	rathú	rathaithe	75
ráthaigh	guarantee	ráthú	ráthaithe	75
ráthaigh	shoal (fish)	ráthaíocht	ráthaithe	75
réab	tear, burst	réabadh	réabtha	65
reachtaigh	legislate	reachtú	reachtaithe	75
réadaigh	make real	réadú	réadaithe	75
réadtiomnaigh	devise	réadtiomnú	réadtiomnaithe	75
réal	manifest	réaladh	réalta	65
réamhaithris	predict, foretell	réamhaithris	réamhaithriste	104
réamhbheartaigh	premeditate	réamhbheartú	r.bheartaithe	75
réamhcheap	preconceive	réamhcheapadh	réamhcheaptha	65
réamhchinn	predestine	réamhchinneadh	réamhchinnte	84
réamhchinntigh	predetermine	réamhchinntiú	réamhchinntithe	94
réamhdhátaigh	antedate	réamhdhátú	réamhdhátaithe	75
réamhdhéan	prefabricate	réamhdhéanamh	réamhdhéanta	65
réamhfhíoraigh	prefigure	réamhfhíorú	réamhfhíoraithe	75
réamhghabh	anticipate	réamhghabháil	réamhghafa	65
réamhghiorraigh	foreshorten	réamhghiorrú	réamhghiorraithe	75
réamhinis	predict	réamhinsint	réamhinste	60
réamhíoc	prepay	réamhíoc	réamhíochta	65
réamhleag	premise	réamhleagan	réamhleagtha	65
réamhordaigh	pre-ordinate	réamhordú	réamhordaithe	75+79
réamhshocraigh	pre-arrange	réamhshocrú	réamhshocraithe	75+95
réamhtheilg	precast	réamhtheilgean	réamhtheilgthe	84
réasúnaigh	reason	réasúnú	réasúnaithe	75
réchas	twist slowly	réchasadh	réchasta	65+19
reic	sell, trade	reic	reicthe	67
réimnigh	conjugate	réimniú	réimnithe	94
reith	rut, tup	reitheadh	reite	83
réitigh	smooth, settle	réiteach	réitithe	94
reoigh	freeze	reo	reoite	45
réscaip	diffuse (light)	réscaipeadh	réscaipthe	84
riagh	rack, torture	riaghadh	riaghtha	65
rialaigh	rule, govern	rialú	rialaithe	75
riall	rend, tear	rialladh	riallta	65
rianaigh	trace, gauge	rianú	rianaithe	75
riar	administer	riar	riartha	65
riastáil	flog, furrow	riastáil	riastáilte	96
rib	snare	ribeadh	ribthe	84+28
rigeáil	rig	rigeáil	rigeáilte	96
righ	stretch, tauten	ríochan	rite	76
rígh	enthrone	rí	ríthe	22
righnigh	toughen	righniú	righnithe	94
rill	riddle, sieve	rilleadh	rillte	84+28
rinc	dance	rince	rincthe	84+28
rindreáil	render	rindreáil	rindreáilte	96
rinseáil	rinse	rinseáil	rinseáilte	96
riochtaigh	adapt, condition	riochtú	riochtaithe	75
ríomh	count, reckon	ríomhadh	ríofa	65
ríonaigh	queen (chess)	ríonú	ríonaithe	75
rionn	carve, engrave	rionnadh	rionnta	65
rith	**run**	**rith**	**rite**	**83**
robáil	rob	robáil	robáilte	96
róbáil	robe	róbáil	róbáilte	96

gas/fréamh stem/root	Béarla English	ainm briathartha verbal noun	aidiacht bhr. verbal adjective	briathar gaolta verb type
roc	wrinkle, crease	rocadh	roctha	65
rod	rot	rodadh	rodta	65
ródáil	moor, anchor	ródáil	ródáilte	96
róghearr	over-cut	róghearradh	róghearrtha	65
roghnaigh	choose, select	roghnú	roghnaithe	94
roinn, rann U	**divide**	**roinnt**	**roinnte**	**84**
rois	unravel, tear	roiseadh	roiste	84 + 28
roisínigh	resin	roisíniú	roisínithe	94
roll	roll	rolladh	rollta	65
rollaigh	enrol, empanel	rollú	rollaithe	75
róluchtaigh	overload	róluchtú	róluchtaithe	75
rómhair	dig (ground)	rómhar	rómhartha	24
rop	thrust, stab	ropadh	roptha	65
róshealbhaigh	overhold	róshealbhú	róshealbhaithe	75
róst	roast	róstadh	rósta	111
rothaigh	cycle	rothaíocht	rothaithe	75
rothlaigh	rotate, whirl	rothlú	rothlaithe	75
ruadhóigh	scorch	ruadhó	ruadhóite	33
ruaig	chase	ruaigeadh	ruaigthe	84 + 28
ruaigh	redden	ruachan	ruaite	26
ruaimnigh	dye red	ruaimniú	ruaimnithe	94
rualoisc	scorch	rualoscadh	rualoiscthe	84 + 28
rubaraigh	rubberize	rubarú	rubaraithe	75
rúisc	bark, strip	rúscadh	rúiscthe	84 + 28
ruithnigh	illuminate	ruithniú	ruithnithe	94
rúnscríobh	cipher	rúnscríobh	rúnscríofa	88
rútáil	root	rútáil	rútáilte	96
sábh	saw	sábhadh	sáfa	90
sábháil	**save**	**sábháil**	**sábháilte**	**85**
sac	sack, bag, pack	sacadh	sactha	90
sacáil	sack, dismiss	sacáil	sacáilte	85
sadhlasaigh	ensilage	sadhlasú	sadhlasaithe	95
sádráil	solder	sádráil	sádráilte	85
saibhrigh	enrich	saibhriú	saibhrithe	92
saibhseáil	test depth	saibhseáil	saibhseáilte	85
saigh	go towards	saighe	saighte	91
sáigh	thrust, stab	sá / sáthadh	sáite	7
saighid	incite, provoke	saighdeadh	saighdte	lch 264 / 7
saighneáil	sign	saighneáil	saighneáilte	85
saighneáil	shine	saighneáil	saighneáilte	85
saill	salt, cure	sailleadh	saillte	91
sáimhrigh	quieten, smooth	sáimhriú	sáimhrithe	92
sainaithin	identify	sainaithint	sainaitheanta	2
sainigh	specify, define	sainiú	sainithe	92
sainmhínigh	define	sainmhíniú	sainmhínithe	92
sáinnigh	trap, check	sáinniú	sáinnithe	92
sainoidhrigh	entail	sainoidhriú	sainoidhrithe	92
sáirsingigh	press, force	sáirsingiú	sáirsingithe	92
sáithigh	sate, satiate	sáithiú	sáithithe	92
salaigh	dirty, defile	salú	salaithe	95
sámhaigh	clam, get sleepy	sámhú	sámhaithe	95
samhailchomharthaigh	symbolize, typify	samhailchomharthú	samhailchomharthaithe	95
samhlaigh	imagine	samhlú	samhlaithe	95
samhraigh	(pass) summer	samhrú	samhraithe	95
sampláil	sample	sampláil	sampláilte	85
sann	assign	sannadh	sannta	90
santaigh	covet, desire	santú	santaithe	95
saobh	slant, twist	saobhadh	saofa	90
saoirsigh	work stone etc.	saoirsiú	saoirsithe	92
saoirsigh	cheapen	saoirsiú	saoirsithe	92
saolaigh	be born	saolú	saolaithe	95
saor	free, save	saoradh	saortha	90
saorghlan	purge, purify	saorghlanadh	saorghlanta	90 + 54
saothraigh	earn, toil	saothrú	saothraithe	95
sáraigh	violate, thwart	sárú	sáraithe	95
sársháithigh	supersaturate	sársháithiú	sársháithithe	92
sárthadhaill	osculate	sárthadhall	sárthadhallta	89
sásaigh	satisfy	sásamh	sásta	95
satail	tramp	satailt	satailte	89
scab U = scaip	scatter	scabadh	scabtha	88
scag	strain, filter	scagadh	scagtha	88
scagdhealaigh	dialyse	scagdhealú	scagdhealaithe	86
scáin	crack, split	scáineadh	scáinte	87
scaip / scab U	scatter	scaipeadh / scabadh	scaipthe / scabtha	87 / 88

gas/fréamh stem/root	Béarla English	ainm briathartha verbal noun	aidiacht bhr. verbal adjective	briathar gaolta verb type
scaird	squirt, gush	scairdeadh	scairdte	87
scairt	call	scairteadh, ag scairtigh U	scairte	108
scal	burst out, flash	scaladh	scalta	88
scálaigh	scale	scálú	scálaithe	86
scall	scald, scold	scalladh	scallta	88
scamallaigh	cloud (over)	scamallú	scamallaithe	86
scamh	peel, scale	scamhadh	scafa	88
scan	scan	scanadh	scanta	88
scannalaigh	scandalize	scannalú	scannalaithe	86
scannánaigh	film	scannánú	scannánaithe	86
scanraigh	**scare, frighten**	**scanrú**	**scanraithe**	**86**
scaob	scoop	scaobadh	scaobtha	88
scaoil	**loose(n), shoot**	**scaoileadh**	**scaoilte**	**87**
scar	part, separate	scaradh, -rúint	scartha	88
scarbháil	crust, harden	scarbháil	scarbháilte	96
scarshiúntaigh	splice	scarshiúntú	scarshiúntaithe	86
scátáil	skate	scátáil	scátáilte	96
scáthaigh	shade, screen	scáthú	scáthaithe	86
scáthcheil	screen	scáthcheilt	scáthcheilte	87
scáthlínigh	shade	scáthlíniú	scáthlínithe	94
scead	cut patch in	sceadadh	sceadta	88
scéalaigh	relate	scéalú	scéalaithe	86
scealp	splinter, flake	scealpadh	scealptha	88
sceamh	yelp, squeal	sceamhadh	sceafa	88
scean	knife, stab	sceanadh	sceanta	88
sceathraigh	spew, spawn	sceathrú	sceathraithe	86
sceimhligh	terrorize	sceimhliú	sceimhlithe	94
sceith	vomit, spawn	sceitheadh	sceite	87 + 16
sceitseáil	sketch	sceitseáil	sceitseáilte	83
sceoigh	wither, wilt	sceo	sceoite	45
sciáil	ski	sciáil	sciáilte	96
sciamhaigh	beautify	sciamhú	sciamhaithe	86
sciath	screen	sciathadh	sciata	69
scil	shell, chatter	scileadh	scilte	87
scillig	shell, husk	scilligeadh	scilligthe	67
scimeáil	skim	scimeáil	scimeáilte	96
scimpeáil	skimp	scimpeáil	scimpeáilte	96
scinceáil	pour off, decant	scinceáil	scinceáilte	96
scinn	start, spring	scinneadh	scinnte	87
sciob	snatch	sciobadh	sciobtha	88
scioll	enucleate, scold	sciolladh	sciollta	88
sciomair	scour, scrub	sciomradh	sciomartha	89
sciorr	slip, slide	sciorradh	sciorrtha	88
sciortáil	skirt	sciortáil	sciortáilte	96
sciot	snip, clip, crop	sciotadh	sciota	88 + 5
scipeáil	skip	scipeáil	scipeáilte	96
scirmisigh	skirmish	scirmisiú	scirmisithe	94
/ scirmiseáil		/ scirmiseáil	/ scirmiseáilte	/96
scíthigh	become tired	scíthiú	scíthithe	94
sciúch / sciúchaigh	throttle	sciúchadh / sciúchú	sciúchta / sciúchaithe	88 / 86
sciúr	scour, lash	sciúradh	sciúrtha	88
sciurd	rush, dart	sciurdadh	sciurdta	88
sciúrsáil	scourge, flog	sciúrsáil	sciúrsáilte	96
sclamh	snap at, abuse	sclamhadh	sclafa	88
sclár	cut up, tear	scláradh	sclártha	88
sclog	gulp, gasp	sclogadh	sclogtha	88
scobail	scutch	scobladh	scobailte	89
scóig	throttle	scóigeadh	scóigthe	87
scoilt	split	scoilteadh	scoilte	108 + 87
scoir	unyoke	scor	scortha	87
scoith	cut off, wean	scoitheadh	scoite	18 + 87
scol	call, shout	scoladh	scolta	88
scól	scald	scóladh	scólta	88
scolbáil	scallop	scolbáil	scolbáilte	96
scon	strip, fleece	sconadh	sconta	88
scor	slash, slice	scoradh	scortha	88
scoráil	release	scoráil	scoráilte	96
scóráil	score	scóráil	scóráilte	96
scoth-thriomaigh	rough-dry clothes	scoth-thriomú	scoth-thriomaithe	86 + 112
scótráil	hack, mangle	scótráil	scótráilte	96
scrábáil	scrawl, scratch	scrábáil	scrábáilte	96
scrabh	scratch, scrape	scrabhadh	scrafa	88
scraith	strip sward	scrathadh	scraite	18 + 87
scréach	screech, shriek	scréachach	scréachta	88

gas/fréamh stem/root	Béarla English	ainm briathartha verbal noun	aidiacht bhr. verbal adjective	briathar gaolta verb type
scread	scream	screadach	screadta	88
screamhaigh	encrust, fur	screamhú	screamhaithe	86
screamhchruaigh	case-harden	s.chruachan	screamhchruaite	26
scríob	scrape	scríobadh	scríobtha	88
scríobh	**write**	**scríobh**	**scríofa**	**88**
scrios	destroy, ruin	scriosadh	scriosta	88
scriúáil	screw	scriúáil	scriúáilte	96
scrobh	scramble (egg)	scrobhadh	scrofa	88
scrúd	try, torment	scrúdadh	scrúdta	88
scrúdaigh	examine	scrúdú	scrúdaithe	86
scuab	brush	scuabadh	scuabtha	88
scuch	go, depart	scuchadh	scuchta	88
scuitseáil	scutch	scuitseáil	scuitseáilte	96
seachaid	deliver, pass	seachadadh	seachadta	93
seachain	**avoid, evade**	**seachaint**	**seachanta**	**89**
seachránaigh	go astray, err	seachránú	seachránaithe	95
seachródaigh	shunt	seachródú	seachródaithe	95
seachthreoraigh	by-pass	seachthreorú	seachthreoraithe	95
seachtraigh	exteriorize	seachtrú	seachtraithe	95
sead	blow, wheeze	seadadh	seadta	90
seadaigh	settle (down)	seadú	seadaithe	95
seadánaigh	parasitize	seadánú	seadánaithe	95
séalaigh	seal	séalú	séalaithe	95
sealbhaigh	possess, gain	sealbhú	sealbhaithe	95
seamaigh	rivet	seamú	seamaithe	95
séamáil	rabbet, groove	séamáil	séamáilte	85
seamhraigh	hurry, bustle	seamhrú	seamhraithe	95
séan	mark with sign	séanadh	séanta	90
séan	deny, refuse	séanadh	séanta	90
seangaigh	slim, grow thin	seangú	seangaithe	95
seansáil	chance, risk	seansáil	seansáilte	85
seapán	Japan(ize)	seapánadh	seapánta	90
searbhaigh	sour, embitter	searbhú	searbhaithe	95
searg	waste, wither	seargadh	seargtha	90
searn	order, array	searnadh	searntha	90
searr	stretch, extend	searradh	searrtha	90
seas	**stand, last, keep**	**seasamh**	**seasta**	**90**
seiceáil	check	seiceáil	seiceáilte	85
séid	blow	séideadh	séidte	91
seiftigh	devise, provide	seiftiú	seiftithe	92
seilg	hunt, chase	seilg	seilgthe	91
seiligh	spit	seiliú	seilithe	92
séimhigh	thin, aspirate	séimhiú	séimhithe	92
seinn	play (music)	seinm	seinnte	91
seirbheáil	serve	seirbheáil	seirbheáilte	85
seithigh	skin	seithiú	seithithe	92
seol	sail, send	seoladh	seolta	90
siabhair	bewitch	siabhradh	siabhartha	89
sil	drip, drop	sileadh	silte	91
síl	think, consider	síleadh, -Istean, U	sílte	91
síl-leag	deposit (geol.)	sil-leagan	sil-leagtha	90
silicigh	silicify	siliciú	silicithe	92
sill	look, glance	silleadh	sillte	91
simpligh	simplify	simpliú	simplithe	92
sín	**stretch**	**síneadh**	**sínte**	**91**
sincigh	zincify	sinciú	sincithe	92
sindeacáitigh	syndicate	sindeacáitiú	sindeacáitithe	92
sínigh	**sign**	**síniú**	**sínithe**	**92**
sintéisigh	synthesize	sintéisiú	sintéisithe	92
síob	drift, lift	síobadh	síobtha	90
sioc	freeze	sioc	sioctha	90
siofón	siphon	siofónadh	siofónta	90
síog	streak, cancel	síogadh	síogtha	90
síogaigh	fail, fade away	síogú	síogaithe	95
síolaigh	seed, sow	síolú	síolaithe	95
síolchuir	sow, propogate	síolchur	síolchurtha	28
siolp	suck, milk dry	siolpadh	siolptha	90
síolraigh	breed	síolrú	síolraithe	95
siombalaigh	symbolize	siombalú	siombalaithe	95
sioncóipigh	syncopate	sioncóipiú	sioncóipithe	92
sioncrónaigh	synchronize	sioncrónú	sioncrónaithe	95
sionsaigh	delay, linger	sionsú	sionsaithe	95
síoraigh	perpetuate	síorú	síoraithe	95
siorc	jerk	siorcadh	siorctha	90

gas/fréamh stem/root	Béarla English	ainm briathartha verbal noun	aidiacht bhr. verbal adjective	briathar gaolta verb type
siortaigh	*ransack, search*	siortú	siortaithe	95
siortáil	*mistreat*	siortáil	siortáilte	85
sios	*hiss*	siosadh	siosta	90
siosc	*cut, clip*	sioscadh	siosctha	90
siosc	*sizzle, whisper*	sioscadh	siosctha	90
siostalaigh	*hackle*	siostalú	siostalaithe	95
síothaigh	*pacify*	síothú	síothaithe	95
síothlaigh	*strain, settle*	síothlú	síothlaithe	95
sir	*transverse, ask*	sireadh	sirthe	91
siséal	*chisel*	siséaladh	siséalta	90
siúcraigh	*saccharify, sugar*	siúcrú	siúcraithe	95
siúil	***walk, travel***	**siúl**	**siúlta**	**93**
siúnt	*shunt*	siúntadh	siúnta	111
siúntaigh	*joint*	siúntú	siúntaithe	95
/siúntáil, siúndáil		/siúntáil	/siúntáilte	/85
slac	*bat*	slacadh	slactha	90
slachtaigh	*finish, tidy*	slachtú	slachtaithe	95
slad	*raid, plunder*	slad	sladta	90
slaidh	*smite, slay*	slaidhe	slaidhte	91
slaiseáil	*slash, lash*	slaiseáil	slaiseáilte	85
slám	*tease (wool)*	slámadh	slámtha	90
slámáil	*pluck, gather*	slámáil	slámáilte	85
slánaigh	*make whole*	slánú	slánaithe	95
slaod	*mow down*	slaodadh	slaodta	90
slaon	*tease (wool)*	slaonadh	slaonta	90
slat	*beat with rod*	slatadh	slata	111
slatáil	*beat with rod*	slatáil	slatáilte	85
sleabhac	*droop, fade*	sleabhcadh	sleabhchta	lch 264 /7
	become limp	shleabhcfadh	shleabhcadh	p. 264 /7
sleacht	*cut down, fell*	sleachtadh	sleachta	111
sléacht	*kneel, genuflect*	sléachtadh	sléachta	111
sleáigh	*spear*	sleá	sleáite	7
sleamhnaigh	*slip, slide*	sleamhnú	sleamhnaithe	95
sliacht	*sleek, stroke*	sliachtadh	sliachta	111
sligh	*cut down, fell*	slí	slite	97
slíob	*rub, smooth*	slíobadh	slíobtha	90
slíoc	*sleek, smooth*	slíocadh	slíoctha	90
sliochtaigh	*lick clean*	sliochtú	sliochtaithe	95
slíom	*smooth, polish*	slíomadh	slíomtha	90
sliop	*snatch*	sliopadh	slioptha	90
slis	*beetle, beat*	sliseadh	sliste	91
slócht	*hoarsen*	slóchtadh	slóchta	111
slog	*swallow*	slogadh	slogtha	90
slóg	*mobilize*	slógadh	slógtha	90
sloinn	*tell, state name*	sloinneadh	sloinnte	91
sluaisteáil	*shovel, scoop*	sluaisteáil	sluaisteáilte	85
sluaistrigh	*earth, mould*	sluaistriú	sluaistrithe	92
smachtaigh	*control, restrain*	smachtú	smachtaithe	86
smailc	*gobble, puff*	smailceadh	smailcthe	87
smailc	*smack*	smailceadh	smailcthe	87
smálaigh	*tarnish, stain*	smálú	smálaithe	86
smaoinigh	***think***	**smaoineamh**	**smaoinithe**	**94**
smeach	*flip, flick, gasp*	smeachadh	smeachta	88
smeadráil	*smear, daub*	smeadráil	smeadráilte	96
smear	*smear, smudge*	smearadh	smeartha	88
sméid	*wink, signal*	sméideadh	sméidte	87
smid	*dress, make-up*	smideadh	smidte	87
smíocht	*smite, wallop*	smíochtadh	smíochta	111
smiog	*pass out, die*	smiogadh	smiogtha	88
smiot	*hit, smite*	smiotadh	smiota	111
smíst	*pound, cudgel*	smísteadh	smíste	108
smol	*blight*	smoladh	smolta	88
smúdáil	*smooth, iron*	smúdáil	smúdáilte	96
smuigleáil	*smuggle*	smuigleáil	smuigleáilte	96
smúitigh	*becloud, darken*	smúitiú	smúitithe	94
smúr	*sniff*	smúradh	smúrtha	88
smut	*truncate*	smutadh	smuta	111
snaidhm	*knot, entwine*	snaidhmeadh	snaidhmthe	91
snáith	*sip*	snáthadh	snáite	18
snáithigh	*grain*	snáithiú	snáithithe	92
snamh	*peel*	snamhadh	snafa	90
snámh	*swim, crawl*	snámh	snáfa	90
snap	*snap, snatch*	snapadh	snaptha	90
snasaigh	*polish, gloss*	snasú	snasaithe	95

gas/fréamh stem/root	Béarla English	ainm briathartha verbal noun	aidiacht bhr. verbal adjective	briathar gaolta verb type
snigeáil	snuff out, die	snigeáil	snigeáilte	85
snigh	pour down	sní	snite	97
sniog	milk dry, drain	sniogadh	sniogtha	90
sníomh	spin, twist	sníomh	sníofa	90
snoigh	cut, hew	snoí	snoite	97
socht	become silent	sochtadh	sochta	111
socraigh	**settle, arrange**	**socrú**	**socraithe**	**95**
soifnigh	snivel, whine	soifniú	soifnithe	92
sóigh	mutate	só	sóite	33
soiléirigh	clarify	soiléiriú	soiléirithe	92
soilsigh	shine	soilsiú	soilsithe	92
soinnigh	press, force	soinniú	soinnithe	92
sóinseáil	change	sóinseáil	sóinseáilte	85
soiprigh	nestle, snuggle	soipriú	soiprithe	92
soirbhigh	make easy	soirbhiú	soirbhithe	92
soiscéalaigh	preach gospel	soiscéalú	soiscéalaithe	95
sóisialaigh	socialize	sóisialú	sóisialaithe	95
soladaigh	solidify	soladú	soladaithe	95
sólásaigh	console, cheer	sólású	sólásaithe	95
soláthair	provide	soláthar	soláthartha	89
sollúnaigh	solemnize	sollúnú	sollúnaithe	95
soncáil	thrust, nudge	soncáil	soncáilte	85
sondáil	sound	sondáil	sondáilte	85
sonn	impale, press	sonnadh	sonnta	90
sonraigh	specify, notice	sonrú	sonraithe	95
sop	light with straw	sopadh	soptha	90
sorchaigh	light, enlighten	sorchú	sorchaithe	95
sórtáil	sort	sórtáil	sórtáilte	85
spadhar	enrage	spadhradh	spadhartha	Ich 264/7
spágáil	walk clumsily	spágáil	spágáilte	96
spaill	check, rebuke	spailleadh	spaillte	87
spairn	fight, spar	spairneadh	spairnthe	87
spall	scorch, shrivel	spalladh	spallta	88
spallaigh	gallet	spallú	spallaithe	86
spalp	burst forth	spalpadh	spalptha	88
spáráil	spare	spáráil	spáráilte	96
sparr	bar, bolt, secure	sparradh	sparrtha	88
spásáil	space	spásáil	spásáilte	96
speach	kick, recoil	speachadh	speachta	88
speal	mow, scythe	spealadh	spealta	88
spear	spear, pierce	spearadh	speartha	88
spéiceáil	knock stiff	spéiceáil	spéiceáilte	96
speir	hamstring	speireadh	speirthe	87
spíceáil	spike, nail	spíceáil	spíceáilte	96
spídigh	revile, slander	spídiú	spídithe	94
spíon	tease, comb	spíonadh	spíonta	88
spionn	animate, enliven	spionnadh	spionnta	88
spíosraigh	spice, flavour	spíosrú	spíosraithe	86
spladhsáil	splice	spladhsáil	spladhsáilte	96
splanc	flash, spark	splancadh	splanctha	88
spléach	glance	spléachadh	spléachta	88
spleantráil	splinter, chip	spleantráil	spleantráilte	96
spoch	castrate, geld	spochadh	spochta	88
spól	cut into joints	spóladh	spólta	88
spor	spur, incite	sporadh	sportha	88
spóraigh	sporulate	spórú	spóraithe	86
spotáil	spot, locate	spotáil	spotáilte	96
spraeáil	spray	spraeáil	spraeáilte	96
spréach	spark	spréachadh	spréachta	88
spreachallaigh	spatter, sprinkle	spreachallú	spreachallaithe	86
spreag	urge, inspire	spreagadh	spreagtha	88
spréigh	spread	spré / spréadh	spréite	66
sprioc	mark out, stake	spriocadh	sprioctha	88
spriúch	lash out, kick	spriúchadh	spriúchta	88
spruigeáil	sprig, embroider	spruigeáil	spruigeáilte	96
sprúill	crumble	sprúilleadh	sprúillte	87
spúinseáil	sponge	spúinseáil	spúinseáilte	96
srac	pull, tear	sracadh	sractha	90
sraithrannaigh	ordinate	sraithrannú	sraithrannaithe	95
sram	discharge, run	sramadh	sramtha	90
srann	snore, wheeze	srannadh	srannta	90
sraoill	flog, tear apart	sraoilleadh	sraoillte	91
sraon	pull, drag	sraonadh	sraonta	90
srathaigh	stratify	srathú	srathaithe	95

303

gas/fréamh stem/root	Béarla English	ainm briathartha verbal noun	aidiacht bhr. verbal adjective	briathar gaolta verb type
srathnaigh	spread	srathnú	srathnaithe	95
srathraigh	harness	srathrú	srathraithe	95
sreabh	stream, flow	sreabhadh	sreafa	90
sreang	drag, wrench	sreangadh	sreangtha	90
sreangaigh	wire	sreangú	sreangaithe	95
sreangtharraing	wire-draw	sreangtharraingt	s.tharraingthe	104
srian	bridle, curb	srianadh	srianta	90
sroich	reach	sroicheadh	sroichte	91
sroighill = sraoill	scourge	sroighleadh	sroigheallta	102
sruthaigh	stream, flow	sruthú	sruthaithe	95
sruthlaigh	rinse, flush	sruthlú	sruthlaithe	95
stad	stop, halt, stay	stad	stadta	88
stáirseáil	starch	stáirseáil	stáirseáilte	96
stáitsigh	stage	stáitsiú	stáitsithe	94
stálaigh	season, toughen	stálú	stálaithe	86
stalc	set, harden	stalcadh	stalctha	88
stampáil	**stamp**	**stampáil**	**stampáilte**	**96**
stán	stare	stánadh	stánta	88
stánaigh	tin, coat with t.	stánú	stánaithe	86
stánáil	beat, trounce	stánáil	stánáilte	96
stang	dowel	stangadh	stangtha	88
stang	bend, sag	stangadh	stangtha	88
stánphlátáil	tin-plate	stánphlátáil	stánphlátáilte	96
staon	abstain, desist	staonadh	staonta	88
stápláil	staple	stápláil	stápláilte	96
stéagaigh	season (wood)	stéagú	stéagaithe	86
steall	splash, pour	stealladh	steallta	88
steanc	squirt, splash	steancadh	steanctha	88
steiriligh	sterilize	steiriliú	steirilithe	94
stiall	strip, slice	stialladh	stiallta	88
stíleáil	style	stíleáil	stíleáilte	96
stíligh	stylize	stíliú	stílithe	94
stiúg	expire, perish	stiúgadh	stiúgtha	88
stiúir	direct, steer	stiúradh	stiúrtha	93 + 88
stobh	stew	stobhadh	stofa	88
stócáil	stoke	stócáil	stócáilte	96
stóinsigh	make staunch	stóinsiú	stóinsithe	94
stoith	pull, uproot	stoitheadh	stoite	18 + 87
stoithin	tousle (hair)	stoithneadh	stoithinte	102
stoll	tear, rend	stolladh	stollta	88
stolp	become stodgy	stolpadh	stolptha	88
stop	stop, halt, stay	stopadh	stoptha	88
stóráil	store	stóráil	stóráilte	96
straeáil	go astray	straeáil	straeáilte	96
straidhneáil	strain	straidhneáil	straidhneáilte	96
straidhpeáil	stripe	straidhpeáil	straidhpeáilte	96
strapáil	strap	strapáil	strapáilte	96
streachail	pull, struuggle	streachailt	streachailte	89
stríoc	strike, lower	stríocadh	stríoctha	88
stróic	stroke, tear	stróiceadh	stróicthe	87
stroighnigh	cement	stroighniú	stroighnithe	94
stromp	stiffen, harden	strompadh	stromptha	88
struipeáil	strip	struipeáil	struipeáilte	96
strustuirsigh	fatigue	strustuirsiú	strustuirsithe	94 + 114
stuáil	stow, pack	stuáil	stuáilte	87
stuamaigh	calm down	stuamú	stuamaithe	86
stuc	stook (corn)	stucadh	stuctha	88
stumpáil	stump	stumpáil	stumpáilte	96
suaimhnigh	quiet, pacify	suaimhniú	suaimhnithe	92
suaith	mix, knead	suaitheadh	suaite	18 + 90
suaithnigh	indicate	suaithniú	suaithnithe	92
suanbhruith	simmer	suanbhruith	suanbhruite	18 + 90
suaraigh	demean	suarú	suaraithe	95
subhaigh	rejoice	subhú	subhaithe	95
substain	subsist	substaineadh	substanta	91
súigh	absorb, suck	sú	súite	16
suigh	**sit**	**suí**	**suite**	**97**
suimeáil	integrate	suimeáil	suimeáilte	85
suimigh	add (figures)	suimiú	suimithe	92
suimintigh	cement	suimintiú	suimintithe	92
súisteáil	flail, thrash	súisteáil	súisteáilte	85
suiteáil	install	suiteáil	suiteáilte	85
sulfáitigh	sulphate	sulfáitiú	sulfáitithe	92
suncáil	sink, invest	suncáil	suncáilte	85

gas/fréamh stem/root	Béarla English	ainm briathartha verbal noun	aidiacht bhr. verbal adjective	briathar gaolta verb type
súraic	*suck (down)*	súrac	súraicthe	104 p 264 / 7
tabhaigh	*earn, deserve*	tabhú	tabhaithe	112
tabhair	*give*	**tabhairt**	**tugtha**	**98**
táblaigh	*tabulate, table*	táblú	táblaithe	112
tacaigh	*support, back*	tacú	tacaithe	112
tacair	*glean, gather*	tacar	tacartha	99
tacht	*choke, strangle*	tachtadh	tachta	111
tácláil	*tackle*	tácláil	tácláilte	81
tacmhaing	*reach, extend*	tacmhang	tacmhaingthe	113
tadhaill	*contact, touch*	tadhall	tadhalta	99
tafainn	*bark*	tafann	tafannta	lch 264 / 7
tagair	*refer, allude*	**tagairt**	**tagartha**	**99**
taibhrigh	*dream, show*	taibhreamh	taibhrithe	114
taibhsigh	*loom, appear*	taibhsiú	taibhsithe	114
taifead	*record*	taifeadadh	taifeadta	105
taifigh *see taithmhigh*	*analyse*	taifiú	taifithe	114
taighd	*poke, probe*	taighde	taighdte	113
táinsigh	*reproach*	táinseamh	táinsithe	114
táir	*demean*	táireadh	táirthe	113
tairbhigh	*benefit, profit*	tairbhiú	tairbhigh	114
tairg	*offer, attempt*	tairiscint	tairgthe	113
táirg	*produce*	táirgeadh	táirgthe	113
tairis	*stop, stay*	tairiseamh	tairiste	15
tairisnigh	*trust, rely on*	tairisniú	tairisnithe	114
tairneáil	*nail*	tairneáil	tairneáilte	81
tairngir	*foretell, promise*	tairngreacht	tairngirthe	102
taisc	*lay up, store*	taisceadh	taiscthe	113
taiscéal	*explore*	taiscéaladh	taiscéalta	105
taisealbh	*assign, ascribe*	taisealbhadh	taisealfa	105
taisligh	*deliquesce*	taisliú	taislithe	114
taispeáin	*show*	**taispeáint**	**taispeánta**	**100**
taisrigh	*damp, moisten*	taisriú	taisrithe	114
taistil	*travel*	**taisteal**	**taistealta**	**101**
taithigh	*frequent*	taithiú	taithithe	114
taithmhigh	*dissolve, annul*	taithmheach	taithmhithe	114
taitin	*shine*	**taitneamh**	**taitnithe**	**102**
tál	*yield milk*	tál	tálta	105
tall	*take away, lop*	talladh	tallta	105
talmhaigh	*dig (oneself) in*	talmhú	talmhaithe	112
támáil	*make sluggish*	támáil	támáilte	81
tamhain	*truncate*	tamhnamh	tamhanta	99
tanaigh	*thin, dilute*	tanú	tanaithe	112
taobhaigh	*approach, trust*	taobhú	taobhaithe	112
taobhrian	*offset*	taobhrianadh	taobhrianta	105
taom	*pour off, bail*	taomadh	taomtha	105
taosaigh	*paste*	taosú	taosaithe	112
taosc	*bail, pump out*	taoscadh	taosctha	105
tapaigh	*quicken, grasp*	tapú	tapaithe	112
tapáil	*tap*	tapáil	tapáilte	81
tar	*come*	**teacht /theacht**	**tagtha**	**103**
tarathraigh	*bore with auger*	tarathrú	tarathraithe	112
tarcaisnigh	*scorn, affront*	tarcaisniú	tarcaisnithe	114
tarchéimnigh	*transcend*	tarchéimniú	tarchéimnithe	114
tarchuir	*remit, refer*	tarchur	tarchurtha	28
tarfhuaigh	*overcast*	tarfhuáil	tarfhuaite	fuaigh
tarlaigh	*happen, occur*	tarlú	tarlaithe	112
tarlaigh	*haul, garner*	tarlú	tarlaithe	112
tarráil	*tar*	tarráil	tarráilte	81
tarraing	*pull, draw*	**tarraingt**	**tarraingthe**	**104**
tarramhacadamaigh	*tarmacadam*	tarramhacadamú	tarramhacadamaithe	112
tarrtháil	*rescue, deliver*	tarrtháil	tarrtháilte	81
tarscaoil	*waive*	tarscaoileadh	tarscaoilte	87
tástáil	*taste, sample*	tástáil	tástáilte	81
táthaigh	*weld, unite*	táthú	táthaithe	112
tathantaigh	*urge, incite*	tathantú	tathantaithe	112
tathaoir	*find fault with*	tathaoir	tathaoirthe	113
tatuáil	*tattoo*	tatuáil	tatuáilte	81
teacht	*hold, enjoy*	teachtadh	teachta	111
téacht	*freeze, congeal*	téachtadh	téachta	111
teagasc	*teach, instruct*	teagasc	teagasctha	105
teaglamaigh	*collect, combine*	teaglamú	teaglamaithe	112
teagmhaigh	*chance, meet*	teagmháil	teagmhaithe	112
téaltaigh	*creep, slink*	téaltú	téaltaithe	112
teangaigh	*tongue*	teangú	teangaithe	112

gas/fréamh stem/root	Béarla English	ainm briathartha verbal noun	aidiacht bhr. verbal adjective	briathar gaolta verb type
teanglaigh	*joggle*	teanglú	teanglaithe	112
teann	***tighten***	**teannadh**	**teannta**	**105**
teanntaigh	*hem in, corner*	teanntú	teanntaithe	112
tearcaigh	*decrease*	tearcú	tearcaithe	112
tearmannaigh	*harbour*	tearmannú	tearmannaithe	112
téarnaigh	*come out of*	téarnamh	téarnaithe	112
teasairg	*save, rescue*	teasargan	teasargtha	93
teasc	*cut off, lop*	teascadh	teasctha	105
teasdíon	*insulate*	teasdíonadh	teasdíonta	105
teastaigh	*want, need*	teastáil	teastaithe	112
teibigh	*abstract*	teibiú	teibithe	114
téigh	***go***	**dul (dhul/ghoil)**	**dulta**	**106**
téigh	*heat, warm*	téamh	téite	66
teilg	*throw, cast*	teilgean	teilgthe	113
teilifísigh	*televise*	teilifísiú	teilifísithe	114
teimhligh	*darken, stain*	teimhliú	teimhlithe	114
teinn	*cut, break open*	teinm	teinnte	113
teip	*fail*	teip	teipthe	113
teisteáil	*test*	teisteáil	teisteáilte	81
teistigh	*depose*	teistiú	teistithe	114
teith	*run away, flee*	teitheadh	teite	18
teorannaigh	*delimit, limit*	teorannú	teorannaithe	112
tíáil	*tee (golf)*	tíáil	tíáilte	81
tiarnaigh	*rule, dominate*	tiarnú	tiarnaithe	112
tibh	*touch, laugh*	tibheadh	tife	113
ticeáil	*tick, tick off*	ticeáil	ticeáilte	81
til	*control, rule*	tileadh	tilte	113
timpeallaigh	*go round, belt*	timpeallú	timpeallaithe	112
timpeallghearr	*circumcise*	t.ghearradh	t.ghearrtha	105
tinneasnaigh	*hurry, urge on*	tinneasnú	tinneasnaithe	112
tinnigh	*make sore*	tinniú	tinnithe	114
tíolaic	*bestow, dedicate*	tíolacadh	tíolactha	93
tiomáin	***drive***	**tiomáint**	**tiomáinte**	**107**
tiomain	*swear*	tiomaint	tiomanta	107
tiomairg	*bring together*	tiomargadh	tiomargtha	93
tiomnaigh	*bequeath*	tiomnú	tiomnaithe	112
tiompáil	*thump, butt*	tiompáil	tiompáilte	81
tiomsaigh	*accumulate*	tiomsú	tiomsaithe	112
tionlaic	*accompany*	tionlacan	tionlactha	93
tionnabhair	*fall asleep*	tionnabhradh	tionnabhartha	99
tionóil	*collect, covene*	tionól	tionólta	93
tionscain	*begin, initiate*	tionscnamh	tionscanta	99
tionsclaigh	*industrialize*	tionsclú	tionsclaithe	112
tiontaigh	*turn, convert*	tiontú	tiontaithe	112
tíopáil	*(determine) type*	tíopáil	tíopáilte	81
tíor	*dry up, parch*	tíoradh	tíortha	105
tirimghlan	*dry-clean*	tirimghlanadh	tirimghlanta	105 + 54
tit	***fall***	**titim**	**tite**	**108**
tiubhaigh	*thicken*	tiubhú	tiubhaithe	112
tiúin	*tune*	tiúnadh	tiúnta	93
tláthaigh	*allay, appease*	tláthú	tláthaithe	112
tlúáil	*ripple (flax)*	tlúáil	tlúáilte	81
tnáith	*weary, exhaust*	tnáitheadh	tnáite	18
tnúth	*envy*	tnúth	tnúite	111
tóch	*dig, root*	tóchadh	tóchta	105
tochail	*dig, excavate*	tochailt	tochailte	99
tochais	*scratch*	tochas	tochasta	93
tochrais	*wind thread*	tochras	tochrasta	93
tochsail	*distrain*	tochsal	tochsalta	99
tóg, tóig C	***lift, rear, take***	**tógáil**	**tógtha**	**109**
togair	*desire, choose*	togradh	togartha	99
togh	*choose, select*	toghadh	tofa	105
toghail	*sack, destroy*	toghail	toghailte	lch 264 / 7
toghair	*summon*	toghairm	toghairthe	113
toghluais	*move, abort*	toghluasacht	toghluaiste	113
toibhigh	*levy, collect*	tobhach	toibhithe	114
toiligh	*agree, consent*	toiliú	toilithe	114
toill	*fit, find room*	toilleadh	toillte	113
toimhdigh	*think, presume*	toimhdiú	toimhdithe	114
toirbhir	*deliver, present*	toirbhirt	toirbhearta	102
toirchigh	*make pregnant*	toirchiú	toirchithe	114
toirmisc	*prohibit, forbid*	toirmeasc	toirmiscthe	113
/ toirmeascaigh		/ toirmeascú	/ toirmeascaithe	/ 112
toitrigh	*fumigate*	toitriú	toitrithe	114

gas/fréamh stem/root	Béarla English	ainm briathartha verbal noun	aidiacht bhr. verbal adjective	briathar gaolta verb type
tolg	*attack, thrust*	tolgadh	tolgtha	105
toll	*bore, pierce*	tolladh	tollta	105
tomhaidhm	*erupt*	tomhadhmadh	tomhadhmtha	93
tomhail	*eat, consume*	tomhailt	tomhailte	99
tomhais	*measure, guess*	tomhas	tomhaiste	113
tonach	*wash (the dead)*	tonachadh	tonachta	105
tonaigh	*tone*	tonú	tonaithe	112
tonn	*billow, gush*	tonnadh	tonnta	105
tonnchrith	*vibrate, quiver*	tonnchrith	tonnchrite	18
tóraigh	*pursue, track*	tóraíocht	tóraithe	112
torchair	*fall, lay low*	torchradh	torchartha	lch 264 / 7
tornáil	*tack, zig-zag*	tornáil	tornáilte	81
tórraigh	*wake (dead)*	tórramh	tórraithe	112
torthaigh	*fruit, fructify*	torthú	torthaithe	112
tosaigh, toisigh U	*begin, start*	**tosú (toiseacht)**	**tosaithe**	**110**
tosáil	*toss*	tosáil	tosáilte	81
tost / tostaigh	*become silent*	tostadh / tostú	tosta / tostaithe	111 / 112
tóstáil	*toast*	tóstáil	tóstáilte	81
tothlaigh	*desire, crave*	tothlú	tothlaithe	112
trácht	*mention*	**trácht**	**tráchta**	**111**
trácht	*journey, travel*	trácht	tráchta	111
traenáil	*train*	traenáil	traenáilte	81
tráigh	*ebb, subside*	trá	tráite	7
trampáil	*tramp*	trampáil	trampáilte	81
traoch	*subdue, exhaust*	traochadh	traochta	105
traoith	*abate, subside*	traoitheadh	traoite	18
traost	*lay low*	traostadh	traosta	111
trasnaigh	*cross, traverse*	trasnú	trasnaithe	112
trasuigh	*transpose*	trasuí	trasuite	97
trátháil	*exploit*	trátháil	trátháilte	81
treabh	*plough*	treabhadh	treafa	105
treaghd	*pierce, wound*	treaghdadh	treaghdta	105
treáigh	*penetrate*	treá	treáite	7
trealmhaigh	*fit out, equip*	trealmhú	trealmhaithe	112
treamhnaigh	*curdle*	treamhnú	treamhnaithe	112
treapáin	*trepan*	treapánadh	treapánta	100
treascair	*overthrow*	treascairt	treascartha	99
tréaslaigh	*congratulate*	tréaslú	tréaslaithe	112
trébhliantaigh	*perennate*	trébhliantú	trébhliantaithe	112
tréghalaigh	*transpire*	tréghalú	tréghalaithe	112
tréig	*abandon*	tréigean, - tréigbheáil	tréigthe	113
treisigh	*reinforce*	treisiú	treisithe	114
tréithrigh	*characterize*	tréithriú	tréithrithe	114
treoraigh	*guide, direct*	treorú	treoraithe	112
treoráil	*sight (artillery)*	treoráil	treoráilte	81
treoshuigh	*orientate*	treoshuí	treoshuite	97
tréthál	*transude*	tréthál	tréthálta	105
triail / triáil	*try, test*	triail / triáil	triailte / triáilte	113 / 81
triall	*journey, travel*	triall	triallta	105
triantánaigh	*triangulate*	triantánú	triantánaithe	112
trilsigh	*braid, sparkle*	trilsiú	trilsithe	114
trinseáil	*trench, bury*	trinseáil	trinseáilte	81
triomaigh	*dry*	**triomú**	**triomaithe**	**112**
triosc	*interrupt*	triosc	triosctha	105
tríroinn	*trisect*	tríroinnt	tríroinnte	113 + 84
trochlaigh/trochail	*decay, profane*	trochlú/trochailt	trochlaithe/trochailte	112 / 99
troid	*fight, quarrel*	troid	troidte	113
troisc	*fast, abstain*	troscadh	troiscthe	113
tromaigh	*become heavier*	tromú	tromaithe	112
truaigh	*make lean*	trua	truaite	26
truailligh	*corrupt, pollute*	truailliú	truaillithe	114
truaillmheasc	*adulterate*	truaillmheascadh	truaillmheasctha	105
truipeáil	*trip, kick*	truipeáil	truipeáilte	81
truncáil	*pack, throng*	truncáil	truncáilte	81
trusáil	*truss, tuck*	trusáil	trusáilte	81
trust	*trust*	trustadh	trusta	111
tuaigh	*chop (with axe)*	tua	tuaite	26
tuairimigh	*conjecture*	tuairimiú	tuairimithe	114
tuairiscigh	*report*	tuairisciú	tuairiscithe	114
tuairteáil	*pound, thump*	tuairteáil	tuairteáilte	81
tuar	*augur, forbode*	tuar	tuartha	105
tuar	*bleach, whiten*	tuar	tuartha	105
tuargain pres. tuairgníonn	*pound, batter*	tuargaint	tuargainte	10

gas/fréamh stem/root	Béarla English	ainm briathartha verbal noun	aidiacht bhr. verbal adjective	briathar gaolta verb type
tuaslaig	solve, dissolve	tuaslagadh	tuaslagtha	93
tuasláitigh	solvate	tuasláitiú	tuasláitithe	114
tuathaigh	laicize	tuathú	tuathaithe	112
tubh	touch, accuse	tubha, tubhadh	tufa	105
tuig	**understand**	**tuiscint**	**tuigthe**	**113**
		tuigbheáil U		
tuil	flood, flow	tuile, tuileadh	tuilte	113
tuil	fall asleep	tuileadh	tuilte	113
tuill	earn, deserve	tuilleamh	tuillte	113
tuilsoilsigh	floodlight	tuilsoilsiú	tuilsoilsithe	114
tuirling	descend, alight	tuirlingt	tuirlingthe	104
tuirsigh	**tire, fatigue**	**tuirsiú**	**tuirsithe**	**114**
túisigh	incense church	túisiú	túisithe	114
tuisligh	stumble, trip	tuisliú	tuislithe	114
tuismigh	beget, engender	tuismiú	tuismithe	114
tum	dive, immerse	tumadh	tumtha	105
túschan	intone	túschanadh	túschanta	105
uachtaigh	will, bequeath	uachtú	uachtaithe	115
uaim	join together	uamadh	uamtha	93 + 77
uaisligh	ennoble, exalt	uaisliú	uaislithe	38
ualaigh	load, burden	ualú	ualaithe	115
uamhnaigh	frighten	uamhnú	uamhnaithe	115
uaschéimnigh	step up	uaschéimniú	uaschéimnithe	38
uathaigh	lessen	uathú	uathaithe	115
uathfhuaimnigh	cipher organ	uathfhuaimniú	uathfhuaimnithe	38
ubhsceith	ovulate	ubhsceitheadh	ubhsceite	18 + 77
úc	full, tuck	úcadh	úctha	78
uchtaigh	adopt	uchtú	uchtaithe	115
údaraigh	authorize	údarú	údaraithe	115
úim	harness	úmadh	úmtha	93 + 77
uimhrigh	number	uimhriú	uimhrithe	38
uirísligh	humble, abase	uirísliú	uiríslithe	38
uiscigh	water, irrigate	uisciú	uiscithe	38
ullmhaigh	**prepare**	**ullmhú**	**ullmhaithe**	**115**
umhlaigh	humble, submit	umhlú	umhlaithe	115
ung	anoint	ungadh	ungtha	78
uraigh	eclipse	urú	uraithe	115
úraigh	freshen	úrú	úraithe	115
urbhac	estop	urbhac	urbhactha	78
urbhearnaigh	breach, impair	urbhearnú	urbhearnaithe	115
/ urbhearn		/ urbhearnadh	/ urbhearnta	/ 78
urbhruith	decot	urbhruith	urbhruite	18 + 77
urchoill	inhibit	urchoilleadh	urchoillte	77
urchoisc	bar (jur.)	urchosc	urchoiscthe	77
urghabh	seize	urghabháil	urghafa	78
urghair	prohibit	urghaire	urghairthe	77
urghairdigh	gladden, rejoice	urghairdiú	urghairdithe	38
urghráinigh	loathe, terrify	urghráiniú	urghráinithe	38
urlaic	vomit	urlacan	urlactha	93 + 77
urmhais	aim at, hit	urmhaise -sin	urmhaiste	77
/ urmhaisigh		/ urmhaisiú	/ urmhaisithe	/ 38
urraigh	go surety for	urrú	urraithe	115
urramaigh	revere, observe	urramú	urramaithe	115
urscaoil	discharge	urscaoileadh	urscaoilte	77 + 87
urscart	clean out, clear	urscartadh	urscarta	5
úsáid	use	úsáid	úsáidte	77
úsc	ooze, exude	úscadh	úsctha	78
vacsaínigh	vaccinate	vacsaíniú	vacsaínithe	94
válsáil	waltz	válsáil	válsáilte	81
vótáil	vote	vótáil	vótáilte	81
X-ghathaigh	X-ray	X-ghathú	X-ghathaithe	75

Achoimre ar an Bhriathar: Synopsis of the Verb
An Briathar Rialta: The Regular Verb

The regular verb has, in the main, two conjugations:
1st conjugation i.e. 1 syllable but not ending in -igh. If the last vowel is a, o, u then the stem is 'broad'. If the last vowel is i, then the stem is 'slender'.
2nd conjugation i.e. 2 syllables or more ending in -gh. The ending -aigh is broad and the ending -igh is slender.

An aimsir chaite: The past tense

1st conj. broad	1st conj. slender	2nd conj. broad	2nd conj. slender
thóg mé	chuir mé	cheannaigh mé	d'éirigh mé
thóg tú	chuir tú	cheannaigh tú	d'éirigh tú
thóg sé/sí	chuir sé/sí	cheannaigh sé/sí	d'éirigh sé/sí
thógamar*	chuireamar*	cheannaíomar*	d'éiríomar
thóg sibh	chuir sibh	cheannaigh sibh	d'éirigh sibh
thóg siad	chuir siad	cheannaigh siad	d'éirigh siad
tógadh	cuireadh	ceannaíodh	éiríodh, var héiríodh

*Var thóg muid, chuir/cheannaigh/d'éirigh muid C, U

An aimsir láithreach: The present tense

tógaim	cuirim	ceannaím	éirím
tógann tú	cuireann tú	ceannaíonn tú	éiríonn tú
tógann sé/sí	cuireann sé/sí	ceannaíonn sé/sí	éiríonn sé/sí
tógaimid*	cuirimid*	ceannaímid*	éirímid*
tógann sibh	cuireann sibh	ceannaíonn sibh	éiríonn sibh
tógann siad	cuireann siad	ceannaíonn siad	éiríonn siad
tógtar	cuirtear	ceannaítear	éirítear

*Var tógann muid, cuireann/ceannaíonn/éiríonn muid C, U

An aimsir fháistineach: The future tense

tógfaidh mé	cuirfidh mé	ceannóidh mé	éireoidh mé
tógfaidh tú	cuirfidh tú	ceannóidh tú	éireoidh tú
tógfaidh sé/sí	cuirfidh sé/sí	cceannóidh sé/sí	éireoidh sé/sí
tógfaimid*	cuirfimid*	ceannóimid*	éireoimid*
tógfaidh sibh	cuirfidh sibh	ceannóidh sibh	éireoidh sibh
tógfaidh siad	cuirfidh siad	ceannóidh siad	éireoidh siad
tógfar	cuirfear	ceannófar	éireofar

*Var tógfaidh muid, cuirfidh/ceannóidh/éireoidh muid C, U
ceannóidh, éireoidh = ceannóchaidh, éireochaidh U

An Modh Coinníollach: The Conditional Mood

thógfainn	chuirfinn	cheannóinn	d'éireoinn
thógfá	chuirfeá	cheannófá	d'éireofá
thógfadh sé/sí	chuirfeadh sé/sí	cheannódh sé/sí	d'éireodh sé/sí
thógfaimis	chuirfimis	cheannóimis	d'éireoimis
thógfadh sibh	chuirfeadh sibh	cheannódh sibh	d'éireodh sibh
thógfaidís*	chuirfidís*	cheannóidís*	d'éireoidís*
thógfaí	chuirfí	cheannófaí	d'éireofaí

Var thógfadh/chuirfeadh/cheannódh/d'éireodh siad etc. U
cheannódh, d'éireodh = cheannóchadh, d'éireochadh U

An Aimsir Ghnáthchaite: The Imperfect Tense

thógainn	chuirinn	cheannaínn	d'éirínn
thógtá	chuirteá	cheannaíteá	d'éiríteá
thógadh sé/sí	chuireadh sé/sí	cheannaíodh sé/sí	d'éiríodh sé/sí
thógaimis	chuirimis	cheannaímis	d'éirímis
thógadh sibh	chuireadh sibh	cheannaíodh sibh	d'éiríodh sibh
thógaidís	chuiridís	cheannaídís	d'éirídís
thógtaí	chuirtí	cheannaítí	d'éirítí

The main preverbal particles for past tense regular

The main preverbal particles for pres., fut., condit. and imperf. regular

thóg	**d'ól**	**tógann**	**ólfaidh**
níor thóg	**níor** ól	**ní** thógann	**ní** ólfaidh
ar thóg?	**ar** ól?	**an** dtógann?	**an** ólfaidh?
gur thóg	**gur** ól	**go** dtógann	**go** n-ólfaidh
nár thóg	**nár** ól	**nach** dtógann	**nach** n-ólfaidh

Syncopated broad and slender: 2nd conj. endings:

ceangail 'tie', *cheangail, ceanglaíonn, ceanglóidh* etc.
inis 'tell', *d'inis, insíonn, inseoidh, d'inseodh* etc.

léigh, suigh, nigh etc., i.e. 1 syllable ending in -*igh*

léigh 'read', *léigh, léann, léifidh, léifeadh, léadh*
suigh 'sit', *shuigh, suíonn, suífidh, shuífeadh, shuíodh*

An Briathar Neamhrialta: The Irregular Verb

stem/vn		past	present	future
bí vn **bheith**	be	bhí ní raibh	tá/bíonn níl/ní bhíonn	beidh ní bheidh
déan vn **déanamh**	do, make	rinne ní dhearna	déanann ní dhéanann	déanfaidh ní dhéanfaidh
téigh vn **dul**	go	chuaigh ní dheachaigh	téann ní théann	rachaidh ní rachaidh
feic vn **feiceáil** U	see **feiscint** Std	chonaic ní fhaca	feiceann ní fheiceann	feicfidh ní fheicfidh
tar vn **teacht**	come	tháinig níor tháinig	tagann ní thagann	tiocfaidh ní thiocfaidh
faigh vn **fáil**	get	fuair ní bhfuair	faigheann ní fhaigheann	gheobhaidh ní bhfaighidh
tabhair vn **tabhairt**	give	thug níor thug	tugann ní thugann	tabharfaidh ní thabharfaidh
beir (ar) vn **breith**	bear, (catch)	rug níor rug	beireann ní bheireann	béarfaidh ní bhéarfaidh
abair vn **rá**	say	dúirt ní dúirt*	deir ní deir	déarfaidh ní déarfaidh
cluin, vn **cluinstin, cloisteáil**	= **clois** hear	chuala níor chuala	cluineann ní chluineann	cluinfidh ní chluinfidh
ith vn **ithe**	eat	d'ith níor ith	itheann ní itheann	íosfaidh ní íosfaidh

*níor úirt C, U

Some variant Ulster irregular forms
past:
chuaigh/ní theachaigh, rinn/ní thearn; tháinig/ní tháinig; thug/ní thug; chuala/ní chuala; dúirt/níor úirt

present:
ghní 'does', ní theán; tchí 'sees', ní fheiceann; tig 'comes', ní thig; gheibh 'gets', ní fhaigheann; bheir 'gives', ní thugann

future (same for conditional but -faidh > -fadh):
gheánfaidh 'will do', ní theánfaidh; tchífidh 'will see', ní fheicfidh; bhéarfaidh 'will give', ní thabharfaidh.

Roinnt Réamhfhocal Simplí: Some Simple Prepositions

ar	on	ag at	le with	de of	do for
orm	on me	agam	liom	díom	dom(h)
ort	on you *sg*	agat	leat	díot	duit
air	on him	aige	leis	de	dó
uirthi	on her	aici	léi	di	di
orainn	on us	againn	linn	dínn	dúinn
oraibh	on you *pl*	agaibh	libh	díbh	daoibh
orthu	on them	acu	leo	díobh	dóibh

i in	faoi under	ó from	as out	chuig towards	roimh before
ionam	fúm	uaim	asam	chugam	romham
ionat	fút	uait	asat	chugat	romhat
ann	faoi	uaidh	as	chuige	roimhe
inti	fúithi	uaithi	aisti	chuici	roimpi
ionainn	fúinn	uainn	asainn	chugainn	romhainn
ionaibh	fúibh	uaibh	asaibh	chugaibh	romhaibh
iontu	fúthu	uathu	astu	chucu	rompu

Ulster froms: *fríd* 'through' = *trí* Std; *fá* about (or *fá dtaobh do/de*) = *faoi*, *mar gheall ar* Std.

Réamhfhocail Chomhshuite: Compound Prepositions

i ndiaidh	os comhair	in éadan	os cionn
after	opposite	against	above
i mo dhiaidh	os mo chomhair	i m'éadan	os mo chionn
i do dhiaidh	os do chomhair	i d'éadan	os do chionn
ina dhiaidh	os a chomhair	ina éadan	os a chionn
ina diaidh	os a comhair	ina héadan	os a cionn
inár ndiaidh	os ár gcomhair	inár n-éadan	os ár gcionn
in bhur ndiaidh	os bhur gcomhair	in bhur n-éadan	os bhur gcionn
ina ndiaidh	os a gcomhair	ina n-éadan	os a gcionn

Others include: *fá choinne* 'for' *ar son* 'for', *ar lorg* 'after, looking for' *in aice* 'beside' *in ainneoin* 'in spite of', *i measc* 'among', *i gcuideachta* 'in the company of'.

Simple prepositions take dative: *leis an fhear* with the man.

Compounds usually take genitive, *i ndiaidh an fhir* after the man, but if compound preposition ends in a simple preposition, then dative follows: *fá dtaobh den fhear* about the man, = *mar gheall ar an fhear*.

An tAinmfhocal: The Noun

The noun in Irish is either masculine or feminine and there are four main cases:

Nominative   ordinary form of noun (subject & object)
Dative   the form used after prepositions
Genitive   possession (like English 's)
Vocative   addressing someone/something directly

An tAlt: The Article

The article is used before the nominative, dative and genitive. All forms (masculine & feminine, singular & plural) are followed by some form of mutation.

(i) **t** before vowel.
Nom. masc. sg., e.g. **athair** 5*m* 'father', **Chonaic mé an t-athair.** 'I saw the father'.
Consonants unchanged, e.g. **an balla** 4*m* 'the wall'; **an fear** 1*m* 'the man';
an seomra 4*m* 'the room'.

(ii) **asp.art**
The aspirating forms of the article place *h* after the letters *b, c, f, g, m* and *p* (as in ordinary aspiration) but *d*- and *t*- are unaffected, while *t* is placed before 'mutable' *s*- (i.e. all forms of *s*- except *sc*-, *sm*-, *sp*- and *st*-). Vowels are not affected.

Nom. fem. sg.
bróg 2*f* 'shoe', **an bhróg** 'the shoe'; **farraige** 4*f* 'sea', **an fharraige** 'the sea';
sráid 2*f* **an tsráid** 'the street'; **áit** 2*f*, **an áit** 'the place'.

Dat. sg. masc. & fem. – Ulster Irish
leis an athair 'with the father', **san áit** 'in the place'; **leis an bhalla** 'with the wall',
faoin bhróg 'under the shoe' (older **faoin bhróig**), **ag an fhear** 'at the man', **as an fharraige** 'out of the sea', **sa tseomra** 'in the room', **ar an tsráid** 'on the street'. In other dialects eclipsis can occur, **ag an bhfear**, **leis an mbean** etc.

Gen. sg. masc. (NB gen. sg. given in the dictionary)
barr an bhalla 'the top of the wall', **teach an fhir** 'the man's house',
doras an tseomra 'the door of the room', **carr an athar** 'the father's car'.

(iii) **h** before vowel
Gen. sg. fem.
muintir na háite 'the people of the place', **doras na hoifige** 'the office door' – consonants are unaffected, **barr na sráide** 'the top of the street'.

Nom. & dat. pl. (masc. & fem.)
(leis) na haithreacha '(with) the fathers', **(s)na hoifigí** '(in) the offices',
(do) na fir '(for) the men', **(faoi) na sráideanna** '(under) the streets'.

(iv) **eclipsis**
Gen. pl. m. & f. (NB use *pl* or *gpl* for this form).
n- before vowels: **barúil na n-aithreacha** 'the fathers' opinion', **ag glanadh na n-oifigí** 'cleaning the offices'.

> *m*b, *g*c, *n*d, *bh*f, *n*g, *b*p, *d*t

'ballaí 'walls', **barr na mballaí** 'the top of the walls'; **bróga** 'shoes', **luach na mbróg** 'the price of the shoes'; **cosa** 'feet', **ag ní na gcos** 'washing the feet'; **fir** 'men', **teach na bhfear** 'the men's house'

The Vocative Particle (aᵃˢᵖ) is placed before all nouns (*m., f., sg. & pl.*) when addressing them directly:

> **a dhochtúir(í)** *3m* oh doctor(s) **a bhanaltra(í)** *4f* oh nurse(s)

The only other change is that 1ˢᵗ declension m. nouns make the ending slender in voc. sg. **a fhir** 'oh man', **a mhic** 'oh son'. If noun is m. and gen. pl. = nom sg. then add **-a** for voc. pl., **a fheara** 'oh men', **a mhaca** 'oh sons'.

Roinnt ainmfhocal samplach: Some sample nouns

bádóir *3m* boatman, *gs* **-óra**, *pl* **~í**

nom	**an bádóir**	**na bádóirí**
dat	**leis an bhádóir**＊	**leis na bádóirí**
gen	**carr an bhádóra**	**teach na mbádóirí**
voc	**a bhádóir**	**a bhádóirí**

banaltra *4f* nurse, *gs* **~**, *pl* **~í**

nom	**an bhanaltra**	**na banaltraí**
dat	**don bhanaltra**	**do na banaltraí**
gen	**cóta na banaltra**	**teach na mbanaltraí**
voc	**a bhanaltra**	**a bhanaltraí**

aire *4m* (government) minister, *gs* **~**, *pl* **-rí**

nom	**an t-aire**	**na hairí**
dat	**chuig an aire**	**chuig na hairí**
gen	**oifig an aire**	**oifigí na n-airí**
voc	**a aire**	**a airí**

iníon *2f* daughter, *gs* **iníne**, *pl* **~acha** (NB níon *U*, *gs* **níne**, *pl* **níonacha**)

nom	**an iníon**	**na hiníonacha**
dat	**ag an iníon**	**ag na hiníonacha**
gen	**carr na hiníne**	**carr na n-iníonacha**
voc	**a iníon**	**a iníonacha**

sagart 1*m* priest, *gs/np* **-airt**, *gpl* ~

nom	**sagart**	**na sagairt**
dat	**ar an tsagart***	**ar na sagairt**
gen	**hata an tsagairt**	**hataí na sagart**
voc	**a shagairt**	**a shagarta**

seanbhean *irreg.f* old woman *gs/np* **seanmhná**, *gpl* **seanbhan**

nom	**an tseanbhean**	**na seanmhná**
dat	**ón tseanbhean**	**ó na seanmhná**
gen	**teach na seanmhná**	**teach na seanbhan**
voc	**a sheanbhean**	**a sheanmhná**

* *Alt* **leis an mbádóir, ar an sagart.**

An Aidiacht: The Adjective

Most attributive adjectives follow the noun. Nominative fem sg. aspirates – masc. nom. sg. does not change:

> **cóta** *m* **mór** a big coat
> **léine** *f* **bhán** a white shirt
> **teach** *m* **fada** a long house

The nominative plural forms add **-a** or **-e (-úil > -úla)** and do not *normally* aspirate. **Fada** 'long' has same sg. and pl.

> **cótaí móra** big coats
> **léinte maithe** good shirts
> **tithe fada** long houses

Note: only masc. nouns whose nom. pl. end in slender consonant aspirate, e.g. **fir mhóra** 'big men', **cnoic ghlasa** 'green hills' – yet **doctúirí móra** 'big doctors', **mná suimiúla** 'interesting women', **páistí cainteacha** 'talkative children'.

The comparative/superlative form makes the adjective slender and adds **-e** (or **-ach > aí; -úil >úla**), **deas** 'nice', **is deise** 'nicest', **níos deise (ná)** 'nicer (than)' – **is/níos óige** 'youngest/younger', **is/níos sine** 'oldest/older' etc.

nom. sg.	*nom. pl.*	*splve/comp.*	
glan clean	**glana**	**is glaine**	cleanest
salach dirty	**salacha**	**níos salaí ná**	dirtier than
suimiúil interesting	**suimiúla**	**is suimiúla**	most interesting
ciallmhar sensible	**ciallmhara**	**níos ciallmhaire ná**	more sensible than

For the regular adjective, the superlative/comparative = fem. gen. sg.
Some irregular adjectives have distinct superlative/comparative forms from
fem. gen. sg:

nom. sg.	nom. pl.	fem gen sg	splve/comp	
mór big	**móra**	**móire**	**(is) mó**	biggest
beag small	**beaga**	**bige**	**(is) lú**	smallest
maith good	**maithe**	**maithe**	**(is) fearr**	best
olc bad	**olca**	**oilce**	**(is) measa**	worst
furasta easy	**furasta**	**furasta**	**(is) fusa**	easiest

The equative is formed by placing **c(h)omh** in front of the adjective:
chomh mór le teach 'as big as a house'. Note that **chomh** (= **comh** U) places
h before a vowel, e.g. **ard** 'high', **chomh hard le crann** 'as high as a tree'.

Some adjectives come before noun, e.g. **sean-** 'old', **droch-** 'bad'. These are
same for sg. and pl.: **seanbhalla(í)** 'old wall(s)', **drochsheomra(í)** 'bad room(s)'.